本书由上海文化发展基金会图书出版专项基金资助出版

# 白居易与《庄子》

鲍鹏山 著

复旦大学出版社

鲍鹏山，文学博士，作家，上海开放大学教授，多所大学兼职教授，中国孔子基金会学术委员会委员。著有《寂寞圣哲》《孔子传》《论语导读》《风流去》《中国人的心灵》《鲍鹏山新说水浒》等，多篇作品被收入大、中学教材。

# 目　录

绪论　　　　　　　　　　　　　　　　　　　　　1

第一章　白居易与《逍遥游》　　　　　　　　　　12
　第一节　超越性逍遥——足性逍遥——遂性逍遥　　12
　第二节　从"圣界逍遥"到"人间逍遥"　　　　　22
　第三节　无待逍遥与有待逍遥　　　　　　　　　　29
　第四节　对伦理责任的摆脱：从社会拯救到个人逍遥　37

第二章　白居易与《齐物论》　　　　　　　　　　46
　第一节　《齐物论》的主旨及其逻辑层次　　　　　46
　第二节　从"齐物论"到"足性论"到"遂性论"　　51
　第三节　《齐物论》与白居易的庸人思想　　　　　61
　第四节　《齐物论》与白居易的"消心"　　　　　71
　第五节　《齐物论》与白居易的"人生如梦"　　　80

第三章　白居易的"闲适诗"与《庄子》　　　　　87
　第一节　"闲""适"的语源学内涵与《庄子》　　87
　第二节　白居易"闲适"观的道德内涵与《庄子》　93
　第三节　"闲适诗"的命名与《庄子》　　　　　　100
　第四节　"闲适诗"中的《庄子》思想　　　　　　107

第四章　白居易的道德意识与《庄子》　　　121
　　第一节　"兼济天下"时对《庄子》的反动　　　121
　　第二节　"独善其身"的道德依据与《庄子》　　　135
　　第三节　白居易的个性、物质欲望与《庄子》　　　144
　　第四节　从愧疚自省到沾沾自喜:士大夫精神的
　　　　　　失落与《庄子》　　　152
　　第五节　余论:白居易生活方式对后世的影响　　　165

附录　李白与《庄子》　　　171
参考文献　　　254
后记　　　258

# 绪　论

## 一

在中国文学史上,庄子有着极其深广的影响。

庄子的文章,本身就是汪洋辟阖、仪态万方的文学性散文,奇特的想象、深刻的思想、独特的视界、对世界和人生的深情感喟,使得他的文章不仅充满激情,给人以独特的艺术享受;还充满理性的精神,给人一个独特的世界观。这种独特的世界观,深刻地影响了后代作家,影响了他们的生活方式、人生态度和艺术形式。

首先,从哲学的角度而言,庄子和先秦其他诸子相比,有着自身的重要特征。其他诸子多从社会问题切入,讨论政治甚至政策、伦理以及礼仪、法律和权力等问题,而庄子则更为关注人生和人的命运,更多关心人类的生命和心灵问题。"对现实政治、现实社会……强烈的反抗情绪,使老子向往一个原始型的单纯社会,庄子则追求一个超越而又和谐的心灵王国。"[①]

由此,当其他诸子都在为社会政治出谋划策时,庄子则冷眼看穿了个体与全体命运的荒谬,并发而为深沉的感慨,

---

① 韦政通《中国思想史》第六章《庄子》,上海:上海书店出版社,2003年,第121页。

显示出庄子对生命的无比热爱和珍惜。这种感慨,非常容易引起后人的共鸣,尤其是后人中那些非常敏感又深被生活和社会政治灼伤者。唐代诗人"三李"之所以最为接近庄子,与此有关[①]。

第二,庄子哲学虽然立足于思考整个人类生活和社会体制的荒谬性,但是他的角度却是个体的。也就是说,他既是从个体的感受来体验生命,更是从个体的立场来评价社会。这与孔孟儒家从集体主义立场来评价个人并给个人树立行为准则,形成了极大的反差;甚至,庄子也与老子从道的角度和立场,以共性、规律性和不以人的意志为转移的客观历史现实来压榨个体的生存空间和表达自由,也大相径庭。孔孟气象森严,老子气质冷酷,而庄子气韵生动。如果说,孔孟的集体主义和老子的客体主义,更适合对世界作伦理学的表达和认识论的描述,是一种冷静的理性主义(老子相对于庄子就冷静得可怕),庄子的个体主义、感性主义,更贴近个体对世界的切身感受,更适合个体的情感倾诉。直言之,《庄子》本质上就是对世界和人类生活的个性化、诗性化的观照和感叹。从这一点看,《庄子》与诗人的立场和表达方式几乎完全一致,所以,他的感受最为诗人心仪,他的方式也最与诗人耦合。

第三,庄子的文章具有"诗性特征"。与孔子、孟子、老子、荀子、韩非子等更多理性思考、价值估量、现实计较和功利选择不同,庄子的文章中多的是感慨,是叹息,是描摹,充满着喜乐、悲伤、失望、无奈的情绪化的东西,这使得一部《庄子》,不像是一部哲学著作,倒像是一部抒情作品。而它抒发

---

① 参阅刘学锴师《李商隐传论》,合肥:安徽大学出版社,2002年,第701—702页。

的情绪,虽然非常激烈,却又并不执着纠缠,而是表达着一种遗弃、决绝、掉臂而去的态度,呈现出激情与超脱相融合的特征。李泽厚先生认为"庄子哲学是美学"[1],徐复观先生认为"庄子之所谓道,其本质是艺术性的","庄子所追求的道,与一个艺术家所呈现出的最高艺术精神,在本质上是完全相同。所不同的是,艺术家由此而成就艺术的作品,而庄子则由此而成就艺术的人生。庄子所要求、所待望的圣人、至人、神人、真人,如实地说,只是人生自身的艺术化罢了"[2]。

庄子善用寓言,善于编制故事,这些故事具有两个方面的特征:一是它往往是生活化的,它的场景或者可能很高远,但是,它所表达的情绪则是入情入理、合情合理的;二是它往往是心灵化的,庄子的故事往往是心灵的幻象,是情绪的对象化。这两个特征,与一般诗人在面对世界时的心灵感触非常一致。

追求人生自身的艺术化,在思想和艺术上具有如此独特的魅力——庄子被后世的作家追慕,思想被人接受,艺术被人模仿,甚至成为他们精神的支柱、思想的资源、表达的典范,就非常自然。在唐代诗人那里,庄子就是一个最具影响力的古代哲人。

## 二

庄子对唐代诗人的影响是合乎于逻辑的必然,又是见之于事实的现实。

---

[1] 李泽厚《庄玄禅漫述》,《中国古代思想史论》上,合肥:安徽文艺出版社,1999年。
[2] 徐复观《中国艺术精神·自叙》,上海:华东师范大学出版社,2001年。

从初唐的王绩、王梵志、"四杰"、陈子昂的诗歌创作,以及初唐歌行中表现出来的对生命的哀伤,唐诗在其刚刚拉开序幕之时,即已带上庄子及道家思想的色彩。王绩字"无功",显然来自《逍遥游》中的"神人无功",他"以《周易》《老庄》置床头,他书罕读也"(《唐诗选脉会通评林》)引陆钿语)。王梵志《吾有十亩田》道人生之乐;《道情诗》道人生之苦而羡死,都是《庄子》思想。"四杰"也深受《庄子》影响,王勃自称"别有江海心"(《上巳浮江宴韵得址字》),卢照邻"独好黄老之术"(《五悲文》《唐才子传》),骆宾王诗歌中大量直接使用《庄子》的典故和语词来表达自己的思想和情怀。

盛唐王孟为代表的山水田园诗派,从诗歌关注的山水田园以及诗人们隐逸的生活方式,都深受庄子的影响,实际上,正是《庄子》对于自然以及自然的生活方式的道德和审美肯定,才开创了中国古代蔚为壮观的山水诗和田园诗。王维自称"中年颇好道"(《终南别业》),其实,王维的佛"禅"在很大意义上就是老庄之"道",并且他的以道释禅极大地丰富了禅学的内涵,并影响了后人对禅的理解。孟浩然作为一个终身不仕的隐居者,对庄子自是别有一番亲切,他的体会是:"儒道虽异门,云林颇同调。"(《题终南翠微寺空上人房》)

被称为"诗仙"的李白,"李犹庄周"(《唐诗选脉会通评林》引胡元瑞语),"纵观李白一生,可知其受《庄子》的影响为大。他飘然涉世,洒脱不群,傲然王侯,不受羁绊,所追求的,也就是《逍遥游》中大鹏形象所体现的超越世俗的境界"。"太白诗与庄子文同妙"。即便是素守儒业的杜甫,只要看他的《饮中八仙歌》,就可以窥见他内心中对自由不羁、放浪形骸的羡慕和向往,这正是杜甫骨子里的另一面,《杜臆》评价《饮中八仙歌》,"亦诗中之仙也"。即使是边塞诗,"充分体现了儒家积极进取、建功立业的入世思想,但其具体的意象亦不乏道教奇异的想象和幻觉的色彩。"一言以蔽之,盛唐气象中少不得庄子的光芒。

而中唐,无论是"大历十才子",还是韩愈、白居易、元稹、柳宗元、刘禹锡、李贺,他们的思想和诗歌创作,受庄子的影响非常明显。即便在以排斥佛老自我标榜的韩愈及其代表的"韩孟诗派"那里,庄子的影响不仅深刻,而且全面,韩愈诗歌中的恢诡雄奇、狠重险丑,很容易让人联想到庄子的"举莛与楹,厉与西施,恢诡谲怪,道通为一"。正如陈炎、李红春《儒释道背景下的唐代诗歌》提到的:"就韩孟诗派而言,其崇奇尚怪的审美趣味和审美理想也与道家和道教文化有着千丝万缕的联系。分而言之,道家在深层的哲学层面为丑、怪、奇、异的事物及形式走进诗歌提供了可能性;道教则在浅层的物象层面使这种可能转变为现实。"

在晚唐诗人那里,李商隐的缠绵哀伤里,"庄生晓梦迷蝴蝶"是他对生命的感受;《庄子》对于生命描述的"劳生""浮生""梦生",对李商隐来说,感同身受,并且他以自己独特的诗歌天才地展现了那种人生的如梦感伤和迷离。与之相反,面对着"尘世难逢开口笑"的现实,杜牧的"菊花须插满头归"(《九日齐安登高》)却满怀着庄子式的旷达,这种带泪的笑也正是庄子的气质。再往后的皮陆,在他们的尖刻里,则是庄子的另一面:对世道恣意的嘲谑。陆龟蒙名中的"龟蒙"二字,本来就来自《庄子》;自号"江湖散人""天随子",又都取义《庄子》。罗隐本名横,改名为隐,在《水边偶题》中,他把孔孟、周召与庄子比较,独赏庄子,赞"蒙邑先生最有才"。——于是,庄子又成为末世诗人们感知生命的媒介和批判现实的武器。

由此可见,从初唐到晚唐,《庄子》一路陪伴着唐代的诗人,并通过他们的笔墨,把自己深深地融入了唐诗,成全了唐诗的瑰丽,又实现了自己对未来世界的介入。"释宗以因果,老氏以虚无,仲尼以礼乐,沿浅以洎深,藉微而为著,各适当时之器,相资为美。"(唐代梓州慧义寺沙门神清《北山录》卷一《圣人生第二》)唐诗的大美里,有庄子的形与色。

在这些深受庄子影响的诗人里,白居易是独特的一个。白居易自称"身着居士衣,手把南华篇"(《游悟真寺诗》),《庄子》对白居易的影响是全面的,深刻的。《庄子》影响了白居易的生活态度和价值观,影响了白居易的人生选择,甚至影响到了他的气质,影响到了他的文字风格。可以说,在唐代诗人中,白居易和《庄子》的关系最为紧密,《庄子》的影响在白居易身上表现得最为集中、显豁和深刻。研究《庄子》对白居易思想、气质和文学创作的影响,可以成为观照《庄子》对唐代文学甚至全部古代文学影响的一个标本。

## 三

事实上,对于唐诗与《庄子》的关系,包括中国古代文学批评家在内唐诗的研究者们,已经在一定程度上注意到了这个重要而有价值的问题。

古代的文学批评家中,注意到《庄子》对唐代诗人影响的大有人在,如朱熹、刘熙载、沈德潜等,都对此有过具体的指认。但总体而言,显得零碎,且往往与道教混杂来谈,缺少深入的、系统的、理论的梳理。

现当代学术界,从文学和美学的角度对《庄子》的研究也一直属于热点问题。从美学的角度言,徐复观在《中国艺术精神》中从"艺术精神主体之呈现"这个角度重新"发现"了庄子,把道家的"道"与艺术精神联系起来,从知觉活动、意识、共感、想象、审美观照、艺术创造与欣赏等各个角度细致而深入地研究了庄子思想的艺术特性,并概括成"为艺术而艺术"的精神,以区别儒家一系的"为人生而艺术"的精神,这是庄子研究领域的全新开拓。之后李泽厚于《庄玄禅漫述》一文里明确提出"庄子哲学是美学"的论断,并特别指出:"以庄子为代表的道家,实际上是对儒家的补充,补充了儒家当时还没有充分发展的人格——心灵哲学。"顺着这个思路,他认为其下玄学是以"人格本体"作为自身的理论追求,且实际上也是"庄学"。这一研究思路清理出了庄子思想生化衍变的轨迹,为我们理解庄子如何延伸至唐代文人的精神世界以及建构其价值基础提供了线索。刘介民的《道家文化与太极诗学》也尝试着对老庄诗学进行了一些描述。

对《庄子》文本的文学研究,如蔡宗阳的《庄子之文学》,着重探讨了《庄子》的文学价值,认为"庄子常用文学的技术来表现他高超的意境,所以庄子在文学上的地位,比他在哲学上的地位更加重要",并从神话、传说、散文、小说等诸方面具体分析了《庄子》的"文学特色"。

总的来说,对《庄子》文本进行直接研究的较多,而对《庄子》与后世文学之关系的研究则相对较少,唐诗领域的研究也存在着这样的问题。

从近年学术界情况看,此问题有所涉及。张爱民的《唐代文学家对庄子的接受》一文,以陈子昂和李白作为例子,论述了唐代文学家对庄子的接受问题,认为道家超越功名利禄、超然物化的思想,使唐代诗人设计了一个对待"化"与"隐"的人生奋斗目标,他们蓄养道义、启迪道性,创造条件等待从政的机会,达则兼济,穷则独处,功成身退,超然物外,保持精神的绝对自由和行动的不受拘束。他们继承以老庄为主的道家思想,放浪形骸,追求自由和逍遥,抨击社会,在艺术上驰骋纵横,在玄想中创造新生活、寻求新境界。庄子对"神人""至人"的描写,经过唐代道教的发展,在唐诗中体现为描写神仙世界的游仙之作;道家自然独秀、空灵飘逸的审美追求启迪了唐代诗歌的创作。可以说,这篇文章对唐代诗人对庄子的接受作了概括性的描述,惜乎它并没有把实际上与庄子关系最为密切的白居易作为重要例证。其他研究庄子与唐代文学关系的论文和著作中,这类遗憾普遍存在,如钱叶春《从大鹏形象看庄子与李白对生命境界的追求》、何念龙《大鹏:从文学意象到哲学自我——庄子、李白文化符号类型比较》、胡清芳《庄子美学与李白、苏轼的文艺观》,这些文章都把握到庄子对唐诗影响中一个关键问题,即李白诗歌深受庄子影响,却并没有关注到白居易。

其他如陈春燕《浮云世事改,孤月此心明——从杜诗用〈庄子〉典语辞考释说开去》一文研究了杜诗中运用《庄子》的语辞的情况,对杜诗中用到的"辙鲋""疲苶""劳生"三个语辞的考证,阐明了杜甫虽然认同庄子关于人生负面存在的阐述,但在如何对待世界上却与庄子产生了分歧,最终在生命抉择上偏向了儒家一面。王继承《王维山水诗境与庄子思想》一文则从唐时三教并存的客观现实出发,认为王维山水诗境除受禅宗影响外,亦受庄禅的影响。

此外,卢萃宁《庄子的"言不尽意"在唐代言情诗中的反映》一文也对庄子对唐代诗歌的影响作了简单描述,认为唐代言情诗完美地体现了庄子的"言不尽意"的文学主张。张春荣《庄子〈逍遥游〉与唐诗关系之试探》从"用意""用典"两个角度,举例说明了唐诗对《逍遥游》的引用情况。

近年来的学术专著对于庄子与唐诗的研究亦有不少涉及,但因不以此为中心而惜乎未究其详、不得其全。陈炎、李红春《儒释道背景下的唐代诗歌》从文化与文学关系的角度,说明了道教文化和道教思想在唐代诗歌中的影响。王凯的《自然的神韵》一书研究了道家的审美精神如何渗透进唐代的山水田园诗,并以孟浩然、王维、李白、杜甫以及中晚唐的韦应物诸人为个案。而葛兆光先生的《想象力的世界——道教与唐代文学》从意象的创造应用以及想象境界的扩展这一方面去捕捉道教精神在唐诗中所留下的踪迹。

周勋初先生的《李白评传》之《李白的思想》一章中,专列一节,论述"李白与道家"的关系,分别从"人生态度""道家哲学""神仙思想"三个方面,说明李白与道家及道教的关系,尤其是"道家哲学"一节,揭示了李白对庄子的"齐物"思想的接受,以及人格精神上受到的《逍遥游》中"大鹏"形象的影响。金启华的《杜甫诗论丛》中《论杜甫的思想》一文,认为杜甫"具有儒、道、佛三家的思想",他在华州辞官以后,"更多表现出道家思想",举例证明了杜甫亦有齐物思想,并且在晚年,他的"道家思想发展到了顶峰"。在《杜诗证子》一文中,则列举了杜甫诗歌用到的《庄子》典故二十处。

综上所述,学术界在关注《庄子》与唐代诗歌的关系时,主要将目光集中在李白、杜甫、王维、孟浩然等人身上,而对于《庄子》与白居易的关系研究则存在很大的空白。

当然,也有一些学者已经注意到了白居易与《庄子》之间的关系。

余恕诚先生《唐诗风貌》第五章论及白居易时,认为白居易属于"世俗才子型"进士,与韩愈等"儒学政教型"颇多不同,"大体上周孔的一套只用以应付官场和人事,而修身养性,自我调节,则仰赖佛道"。"受佛道处世哲学影响,白居易委顺思想发展得很突出。"这实际上是直接揭示了白居易的生活态度与《庄子》之间的关系。蹇长春的《白居易评传》在《白居易后期思想》一章中,也指出白居易后期的亦儒亦道、儒道互补的思想格局。毛妍君《白居易闲适诗研究》从白居易闲适诗的概念以及"道家思想对白居易闲适诗的影响及其在白诗中的表现"两个方面对《庄子》对于白居易的影响作了比较深入的探讨。尤为值得注意的是肖伟韬的《白居易生存哲学本体研究》一书,其第三章和第四章专门论述白居易与道家思想的关系,其中涉及《庄子》的部分颇为有见。

综合学界对相关问题的研究历史和现状,可以发现,在作为本民族文化心理基石的《庄子》和诗歌发展高峰的唐诗之间还留有可供深入研讨其关联的空间。因此,极有必要对此展开更为细致的梳理,这有可能为我们从更宽阔的视域下理解唐诗、理解诗歌、理解文学、理解文学和文化之间的交融互动提供一个新的途径。本书就是以白居易为案例做一个案研究。

关于本书,有两点需要说明。

第一,由于现存《庄子》三十三篇是否全是庄子本人所作存在较大疑问,为了避免不必要的麻烦,本书基于《庄子》现存全书三十三篇而立论,而不是基于"庄子"立论。也就是说,我的研究题目是"白居易与《庄子》",而不是"白居易与庄子"。这样做法,可以避免很多复杂的问题,并且这样做法也有合理性:唐代的诗人尤其是白居易,也是从《庄子》来理解"庄子"的,他们对于庄子的接受,也是通过《庄子》而发生的。

第二,由于道教在唐代特别盛行,唐代很多诗人都是道教的信徒(如李白),受道教影响极深。而道教的很多理论来自于《庄子》。研究《庄子》与唐诗的关系,这一块本来应当在考察之列。但是,这样一来,会出现非常复杂的情况,有些问题反而不大能说得清楚了,并且还和另外的研究课题如"道教与唐诗"产生交集。为此,本书也避开了这一复杂的区域,只是研究《庄子》这部著作对于白居易的"直接"影响。

# 第一章 白居易与《逍遥游》

白居易深受庄子《逍遥游》的影响。他作于元和十年的《赠杓直》说自己"早年以身代,直赴逍遥篇"。白居易作品中,仅就《全唐诗》统计,"鹏"字出现十一次,与"鹏"对比着说的"鷃"字五次。"彭殇"两次,"椿"(《庄子》以此对比短暂者)三次(二首),"鹪鹩"两次,"无何乡"(包括如"无何是我乡"等)五处。"逍遥"最多,有二十三处之多,可见《逍遥游》对他的影响。

但是,白居易对于传统思想的态度,往往是实用主义的。他既不是为了研究,也不是作为方法,借以认知世界和社会,他喜欢庄老,栖心佛梵,都只是为了给自己选定的生活和生活方式一个理论的注脚和道德的支撑,给自己的心灵一个安慰。

本文试图从白居易诗歌中呈现出来的世界观、价值观和审美观的角度,考察白居易对《庄子》的个人化改造和接受,从而揭示庄子对于白居易人生和诗歌创作的影响。

## 第一节 超越性逍遥——足性逍遥——遂性逍遥

《逍遥游》特别提示"小大之辩",值得我们关注并十分有意思的是,同样是对《逍遥游》的欣赏,白居易和李白接受的

## 第一章 白居易与《逍遥游》

却正是《逍遥游》中对立的"大小"两极:李白注目于"大鹏",而白居易则显然更倾心于那些"小"的一类。这正是他把老子的"知足"哲学和庄子的"逍遥"哲学结合后的必然产物。所以,白居易的"逍遥",是典型的"庸人"的逍遥。

对《庄子·逍遥游》非常心仪的李白,在他的全部诗作中,出现"逍遥"一词的只有一处:"群峭碧摩天,逍遥不记年。"①(《寻雍尊师隐居》)这可能是李白对"逍遥"这个词中所包含的那种不牵不挂、寂寥冷淡不喜欢。李白固然是享乐主义者,但他也是群体主义者,比如他喝酒,一人独饮,就感到索然寡味,实在不行,就"举杯邀明月,对影成三人"(《月下独酌四首》其一);和朋友一起,他就兴高采烈。而白居易却不是这样,他喝酒,尤其是晚年喝酒,大都是自斟自饮的——这才是他要的"逍遥",从群体中剥落出来,如庄子所说的"一而不党"(《马蹄》),独享生活的滋味和艺术的美。

如果说李白心中的逍遥和自由,是建立在"征服"一切的基础上的;那么,白居易的"逍遥",就是建立在"屈服"一切的基础上的。李白对自己很自信,即使面对唐玄宗,他虽然感激恩德,却并不自惭形秽,所以在宫中,他才能有那么从容的甚至放诞的表现。但是,白居易就不一样了,《醉后走笔酬刘五主簿长句之赠兼简张大贾二十四先辈昆季》:

> 元和运启千年圣,同遇明时余最幸。始辞秘阁吏王畿,遽列谏垣升禁闱。寒步何堪鸣珮玉,衰容不称著朝衣。阊阖晨开朝百辟,冕旒不动香烟碧。步登龙尾上虚空,立去天颜无咫尺。宫花似雪从乘舆,禁月如霜坐直

---

① 李白著、王琦注《李太白全集》卷二十三,北京:中华书局,1977年,第1076页。

庐。身贱每惊随内宴,才微常愧草天书。……谁会茫茫天地意,短才获用长才弃。我随鹓鹭入烟云,谬上丹墀为近臣。君同鸾凤栖荆棘,犹着青袍作选人。惆怅知贤不能荐,徒为出入蓬莱殿。月惭谏纸二百张,岁愧俸钱三十万。……

李白的时代倒真是一个如花似锦、烈火烹油的时代,可是他就是横挑鼻子竖挑眼。白居易的时代虽不说日薄西山,到底是《庄子·天下》中引用惠子的话"日方中方睨"了,可是白居易偏偏如此罔顾事实,歌功颂德。更大的不同是,"身贱每惊随内宴,才微常愧草天书",还有如《初授拾遗》的"惊近白日光,惭非青云器",这种面对权势的卑微感和自卑感,与李白差距很大,李白在宫中的表现,无论是他自己后来吹嘘的,还是后人传说的,都显示出他的狂放与傲慢。还有,"月惭谏纸二百张,岁愧俸钱三十万",对工作用纸和正当薪酬都惭愧难当,与李白拂袖而去时还带走千金,又大言不惭地宣称"天生我材必有用,千金散尽还复来",又是多大的区别。所以,从这个意义上说,白居易其实是一点也不"逍遥"的。

李白对人生,对社会,对政治,他充满"有力"感,六十多岁了,还要"为君谈笑净胡沙"(《永王东巡歌》),直到临死,才在《临路歌》中发出"大鹏飞兮振八裔,中天摧兮力不济"的哀叹,在此之前,他是信心满满的,是典型的"不见棺材不落泪"。而白居易除了短暂的元和十年间一时感激于皇帝的恩顾信任而激昂奋发外,更多的时候,他是充满"无力感"的,即使在任职左拾遗之时,当他的那些对时政的批评和建议被束之高阁,甚至给他自己带来压力时,他便无奈而无力,充满挫败感。但是有意思的是,这种挫败感、无力感,放到别人那里,或者变得忧郁、压抑,或者变得尖刻、苛酷,但是在白居易

## 第一章 白居易与《逍遥游》

这里,却变为个人逍遥的前提,甚至道德通行证。他的逻辑很清晰:既然我不能改变世界,我何妨自我逍遥。所以,白居易的逍遥,是建立在面对比自己强大的对手,自甘失败、自我矮化、自我小化的基础上的。下面这首《无可奈何歌》,最能看出白居易之"逍遥",乃是出于自身的无力感。

> 无可奈何兮,白日走而朱颜颓。少日往而老日催,生者不住兮死者不回。况乎宠辱丰领悴之外物,又何常不十去而一来?去不可挽兮来不可推,无可奈何兮,已焉哉。惟天长而地久,前无始兮后无终。嗟吾生之几何,寄瞬息乎其中。又如太仓之稀米,委一粒于万钟。何不与道逍遥,委化从容,纵心放志,泄泄融融。胡为乎分爱恶于生死,系忧喜于穷通。倔强其骨髓,龃龉其心胸。合冰炭以交战,只自苦兮厥躬。彼造物者,云何不为?此与化者,云何不随?或煦或吹,或盛或衰,虽千变与万化,委一顺以贯之。为彼何非,为此何是?谁冥此心,梦蝶之子。何祸非福,何吉非凶?谁达此观,丧马之翁。俾吾为秋毫之杪,吾亦自足,不见其小;俾吾为泰山之阿,吾亦无余,不见其多。是以达人静则吻然与阴合迹,动则浩然与阳同波。委顺而已,孰知其他。时邪命邪,吾其无奈彼何;委邪顺邪,彼亦无奈吾何。夫两无奈何,然后能冥至顺而合太和。故吾所以饮太和,扣至顺,而为无可奈何之歌。

这首诗里用了太多的《庄子》的典故,但是,值得指出的是,不是《庄子》在教他如何自我矮化,自甘失败,而是他自我矮化、自甘失败之后,用《庄子》来自我宽慰,用《庄子》来为自己的人生态度作注脚。这样的做法,还有如《喜杨六侍御同宿(一喜下有与字)》:

> 岸帻静言明月夜,匡床闲卧落花朝。二三月里饶春睡,七八年来不早朝。浊水清尘难会合,高鹏低鷃各逍遥。眼看又上青云去,更卜同衾一两宵。

这首诗很明白地告诉我们,不是《庄子》让白居易变成了"低鷃",而是白居易变成"低鷃"之后,用《庄子》来进行自我的心理按摩,实现心理平衡。

事实上,庄子《逍遥游》中出现的大鹏、斥鷃等等,他的原意是,由于各有所待,所以,高鹏也好,低鷃也罢,都不逍遥,真正逍遥的只有"乘天地之正,御六气之辩"的圣人、神人、至人。但有意思的是,李白读《逍遥游》,读出的是大鹏的逍遥;白居易则读出了"高鹏低鷃各逍遥"。一篇立意在于告诫我们为什么不逍遥的哲学论文,却被后人当成了描述何为逍遥的"心灵鸡汤",这是接受史上的幽默,却也不一定是黑色的。李白当然是以高飞九天的大鹏自居,而白居易,显然是自居为翱翔于蓬蒿之间"低鷃"的。这是不同的时代使然,也是不同的个性气质使然:李白有超人的气质,而白居易有庸人的气质。

白居易认可"高鹏低鷃各逍遥"、"飞沉随分各逍遥"(《梦得相过援琴命酒因弹秋思偶咏所怀兼寄继之待价二相府》),其实,在《代寿山答孟少府移文书》中,李白也认为:"且达人庄生,常有余论,以为斥鷃不羡于鹏鸟,秋毫可并于太山。由斯而谈,何小大之殊也?"可见,李白对二者分别的坚持,并非出于"认知"的问题,而是出于"认同"的问题。实际上,白居易自己也曾经在《读庄子》里说过二者不同:

> 庄生齐物同归一,我道同中有不同。遂性逍遥虽一致,鸾凰终校胜蛇虫。

可见,白居易对二者无别"各逍遥"的认识,也同样不是"认知"问题,而是"认同"问题。所以,大凡"误读",往往都有其主观选择的因素。这就提醒我们:对于"逍遥"的不同理解,不是"事实"问题,而是"观念"问题。而观念,又与接受者的时代、人生、个性等等有关,只有从这些角度,才能抓住问题的实质。

曾经认为"鸾凰终校胜蛇虫"的白居易,为什么后来又泯灭二者的区别? 我想,后期白居易归于平淡和平庸,不再追求卓越,这是一个很重要的原因。他自居于斥鷃小鸟境界,并且从中找到了乐趣。白居易的这种思想,是李白不具备或者不屑有者。所以,李白终生无法在平淡的生活中找到感觉,无法在平庸的人生中找到快乐和刺激、成就感。皮日休《七爱诗·李翰林(白)》说李白:

> 大鹏不可笼,大椿不可植。蓬壶不可见,姑射不可识。五岳为辞锋,四溟作胸臆。惜哉千万年,此俊不可得。①

皮日休看出了李白的气质和禀赋,看出了他的"大鹏不可笼,大椿不可植"。但是,他同样欣赏白居易——这个在对庄子接受上完全与李白不同的人。皮日休《七爱诗·白太傅(居易)》:

> 吾爱白乐天,逸才生自然。……何期遇訾毁,中道多左迁。天下皆汲汲,乐天独怡然。天下皆闷闷,乐天独舍旃。高吟辞两掖,清啸罢三川。处世似孤鹤,遗荣同脱蝉。仕若不得志,可为龟镜焉。②

---

① 皮日休《皮子文薮》卷第十,《四部丛刊》初编本。
② 皮日休《皮子文薮》卷第十,《四部丛刊》初编本。

皮日休说"乐天独怡然",这个结论有点武断,应该说,乐天试图让自己"怡然",不断地借助传统文化中的力量,来抵制自己内心的挫折感。白居易很多诗,不是出于情,不是情动于衷而形于言,而是出于一种说服自己的欲望,是出于理。不是情感的表现,而是思想的表达;不是抒发情怀,恰恰相反,是以理抑情,通过对理的认同而疏导自己压抑的内心情感。所以,我们看到白居易的很多诗,几乎就是在阐释哲理。而且越到后期,越是如此,后期的他,几乎患上了"说理癖"。可惜的是,白居易虽然爱思考,但是思考能力却又不是很强(这从他对《庄子》和佛典的肤浅理解可以看出来,这一点显然他比不上后来的苏轼)。所以,他的诗最后就成了对人生的日常感悟,是唐代的"心灵鸡汤"。

有意思的是,李白因为自视为超人而终身自视甚高、自许甚高,在获得充分的自我肯定的同时,也给自己带上了终身的重负。而白居易自居于庸人,也很是沾沾自喜自得其乐:他从平庸中获得了卸去重担的轻松,又能免去道德上的内疚;他从庸俗中享受那富贵的种种快活,又能因为自己"俗人"的自我认同而获得良心的赦免。后来多少文人都羡慕白居易,除了羡慕他那晚年闲雅富贵的境遇,也向往他在自轻自贱的幌子下脱逃责任的"智慧"——显然,这里我必须给这个词加上一个引号。

虽然李白对《逍遥游》有很大的误读(参阅《李白与〈逍遥游〉》),但是对于庄子的超越性逍遥,他还是把握住了。庄子的"逍遥",是一种纵向的或者说是向上的超越性的"逍遥",这从庄子一再描摹的超越性境界(时间和空间的双重超越)可以证明。庄子告诉我们,只有超越凡俗的自我,自振于庸常之境,自拔于流俗之中,莫之夭阏,才可能逍遥。这种对自我的否定和超越,用《齐物论》的话说就是"吾丧我"——只有否定了"我",才能让"吾"逍遥。在《逍遥游》中,达到逍遥之境的,是神人、圣人和至人,而不是凡人。这些人都是超凡脱俗的:

> 圣人不从事于务,不就利,不违害,不喜求,不缘道;无谓有谓,有谓无谓,而游乎尘垢之外。(《齐物论》)

> 藐姑射之山,有神人居焉,肌肤若冰雪,淖约若处子。不食五谷,吸风饮露,乘云气,御飞龙,而游乎四海之外。其神凝,使物不疵疠而年谷熟。(《逍遥游》)

> 至人神矣!大泽焚而不能热,河汉沍而不能寒,疾雷破山、飘风振海而不能惊。若然者,乘云气,骑日月,而游乎四海之外。死生无变于己,而况利害之端乎!(《齐物论》)

但是,建立在自我否定、自我超越前提下的超越性逍遥,在身处"名士少有全者"[①]、魏晋易代之际的郭象那里,却发生了根本性的变化,这个变化的核心是:自我是自足的。这一点与庄子《齐物论》倒并不矛盾甚至非常吻合,所以,也就使得他接下来对"逍遥"的界定获得了相当大的迷惑性——接下来他的观点就是:认同自我,就是"逍遥"。郭象注庄的核心观点,以"足性逍遥"为其最大发明。他注《逍遥游》篇名:

> 夫小大虽殊,而放于自得之场,则物任其性,事称其能,各当其分,逍遥一也,岂容胜负于其间哉!

注"蜩与学鸠笑之曰"一节:

> 苟足于其性,则虽大鹏无以自贵于小鸟,小鸟无羡

---

[①] 房玄龄等《晋书》卷四十九《阮籍传》,北京:中华书局,1974年,第1360页。

于天池,而荣愿有余矣。故小大虽殊,逍遥一也。

注"小知不及大知,小年不及大年"曰:

物各有性,性各有极,皆如年知,岂跂尚之所及哉!

注"众人匹之,不亦悲乎"曰:

夫年知不相及若此之悬也,比于众人之所悲,亦可悲矣。而众人未尝悲此者,以其性各有极也。苟知其极,则毫分不可相跂,天下又何所悲乎哉!夫物未尝以大欲小,而必以小羡大,故举小大之殊各有定分,非羡欲所及,则羡欲之累可以绝矣。夫悲生于累,累绝于悲去,悲去而性命不安者,未之有也。

注《齐物论》"天下莫大于秋毫之末"一节云:

夫以形相对,则大山大于秋豪也。若各据其性分,物冥其极,则形大未为有余,形小不为不足。苟各足于其性,则秋豪不独小其小而大山不独大其大矣。若以性足为大,则天下之足未有过于秋豪也;其若性足者为非大,则虽大山亦可称小矣。……无小无大,无寿无夭,是以蟪蛄不羡大椿而欣然自得,斥鷃不贵天池而荣愿以足。苟足于天然而安其性命,故虽天地未足为寿而与我并生,万物未足为异而与我同得。则天地之生又何不并,万物之得又何不一哉!

郭象的注影响极大,他完成了他自己在哲学上的建树,也奠定了他自己在哲学史上的地位,却也因此完成了对庄子的最大背弃和历史性曲解:庄子并不认为任一自我,都可逍遥,否则他就没有必要在《逍遥游》中挑起"小大之辩",无情嘲弄宵小之辈;没有必要在《秋水》篇中让河伯望洋而叹,见笑于大方之家,并写出著名的坎井之蛙的故事;没有必要借北海若之口告诫我们:"井蛙不可以语于海者,拘于虚也;夏虫不可以语于冰者,笃于时也;曲士不可以语于道者,束于教也。"更没有必要在《齐物论》一开头就揭开一个"吾丧我"的话题。

由于庄子的逍遥是超越性的逍遥,要达到圣人、神人、至人的境界才可以实现,所以,要达到"逍遥"之境,是要经过一系列的道德自我提升的,比如"心斋""坐忘"等等,而不是足性适意就可以的。而郭象的"足性逍遥",则把逍遥的条件降格为自我的自足而不是自我的超越,自我的认同而不是自我的否定,这就几乎不需要自我的超越性提升而只要对自我现状的认知和认同。这就给缺乏道德上进心的俗人提供了放纵自己至少是放松自己的理据。白居易正是循着郭象给出的"下达"(用孔子"小人下达"义)台阶,让自己在道德的高空实现了"软着陆"。有意义的是,他的诗歌里,没有"足性"这样哲学意味的词,有的是生活意味极强的"遂性",一字之差,把郭象"足性"中对个性"认知"的一面都省去了,只有了"认同"——顺遂自我性情的满足——这实际上也是他"闲适诗"所谓的"闲适",而这闲适,也就是他的"逍遥":

> 海水无风时,波涛安悠悠。鳞介无小大,遂性各沉浮。(《题海图屏风(元和己丑年作)》)
>
> 一年十二月,每月有常令。君出臣奉行,谓之握金镜。由兹六气顺,以遂万物性。(《赠友五首》)
>
> 山木多翳郁,兹桐独亭亭。……雄鸡自断尾,不愿为牺牲。况此好颜色,花紫叶青青。宜遂天地性,忍加刀斧刑。(《和答诗十首·答桐花》)
>
> 动植飞沉皆遂性,皇泽如春无不被。(《昆明春——思王泽之广被也》)

> 五步一啄草,十步一饮水。适性遂其生,时哉山梁雉。(《山雉》)
>
> ……见彼物遂性,我亦心适然。心适复何为,一咏逍遥篇。此仍著于适,尚未能忘言。(《犬鸢》)
>
> 鱼鸟人则殊,同归于遂性。(《春日闲居三首》其二)
>
> 穷途绝粮客,寒狱无灯囚。劳生彼何苦,遂性我何忧。(《新沐浴》)

还有大量虽然没有直接出现"遂性"一词,却是类似意思的表达,比如《春池闲泛》:"飞沉皆适性,酣咏自怡情"等等,不一而足。

所以,白居易的"逍遥",即是"遂性"。庄子的超越性逍遥,需要对自我的否定和超越;郭象的自足性逍遥,需要对自我的认知;而白居易的遂性逍遥,只要对自我物质和精神性欲望的认同和顺遂。万物无论小大,各有其性,认同和顺遂自身之性,即是逍遥,所以,无关乎超越,无关乎修行,无关乎境界,于是,这种"逍遥",必然是"小"者的逍遥,是庸者、弱者甚至失败者的"逍遥"。宣称无须努力、无须境界、无须超越即可逍遥,固然给弱小者提供了生活的希望,甚至从某种意义上说,给了他们道德的尊严,但是,也可能松懈他们的意志,放纵他们的欲望,瓦解他们道德上进的愿望。

## 第二节　从"圣界逍遥"到"人间逍遥"

庄子的"逍遥",场所是"游乎尘垢之外""游乎四海之外",主人公是圣人、神人和至人,我们可以把这样的"逍遥"称之为"圣界逍遥",人必须经过相应的修行过程,成为神圣,才可以达到。而白居易"逍遥"的一个重要内涵是,他把"逍遥"理解为"自由"——一种对自我的满足,从而个人物质生活的享受和精神世界的娴雅,成为他心目中真正的"逍遥"。这是"人间逍遥",与庄子的"圣界逍遥"截然不同。他把庄子的至大至高的逍遥境界,降格为平凡庸常的生活中的"快活",这种快活,需要的不是精神的高超,而是物质的丰裕,当然,还加上他那士大夫的艺术爱好和鉴赏能力。于是,庄子逍遥的那种超越高迈的精神境界,在白居易这里,一变而为庸人的生活方式和生活态度,甚至,生活的理想或理想的生活。

如上所述,在白居易那里,哲学意义上的"个体自足",变成了现实生活中的"个人自遂"。《庄子》的"逍遥"依赖于"无待","无待"就是"丧我"——超越一切"我"之局限,从而入于自由无碍之境。所以,"无待"是个体"自由"的条件。可以说,庄子的"逍遥"在某种程度上可以对应着现代哲学概念中的"自由"。有意思的是,白居易的诗歌里,大量地出现了"自由"这个词。但是,白居易理解的"自由",就是"自遂",就是"由自"——由着自己的性子来。《全唐诗》中的白居易诗,"自由"出现了二十次。相比较而言,杜甫的只有三次,李白的竟然没有,韩愈的也只有三处,白居易的终身好友元稹有九次,考虑到白居易诗歌相比较而言惊人的数量,至少他相比于元稹,没有百分比上的优势。所以,问题不在于数量,而在于白居易在什么样的意义下使用这个词以及他的用法与庄子之间的关系。简言之,白居易的"自由"不是哲学意义上的和"必然"相对的"自由",也不是政治、法律和社会学意义上的个人权利、个人意志的"自由",而庄子则正是在这样的两个意义上来讨论个人"逍遥"的。所以,庄子的"逍遥"里有着针对逻辑命运和针对现实社会的双重反抗,有着自己的一腔孤愤,有着直面人类群体悲剧性存在的勇气,还有着为全人类的局限不自由而痛苦的灵魂。我们在庄子那里,看不到无关他人和社会的纯然个人的逍遥,看到的是他对人类群体局限于有限的知识经验,拘束于狭隘价值观而不能自由的警告和忧患。但白居易的"自由"或"逍遥",则是孤悬于社会政治现状之外,营造一种全然个人的闲适的生活状态,这种状态建立在自己个人的特殊政治地位和经济地位之上,也建立在自己独特的精神和艺术修养之上,所以,它与个人的物质和精神条件有关,却与政治现状、社会现实和人类的逻辑命运无关——恰恰相反,政治越是黑暗,社会越是不自由,他的个人生活越是逍遥而自由;人类的逻辑命运越是悲剧性,他的个人精神世界越是轻松而乐观——因为,政治的黑暗给了他"独善其身"的道德依据,使他的这种面对社会苦难掉转头去享受个人逍遥有了某种道德上的高尚性;而人类逻辑命运的悲剧性,也给了他无可奈何、及时行乐的合理性。于是,"快活"成了他的人生追求。他有一诗的题目就叫《快活》:

> 可惜莺啼花落处,一壶浊酒送残春。可怜月好风凉夜,一部清商伴老身。饱食安眠消日月,闲谈冷笑接交亲。谁知将相王侯外,别有优游快活人。

这种快活的生活,需要的是春花秋月,是美酒饱食,是琴声鸟语,当然还有闲淡的心境,还有慵懒的权利,《晚起》:"烂熳朝眠后,频伸晚起时。暖炉生火早,寒镜裹头迟。融雪煎香茗,调酥煮乳糜。慵馋还自哂,快活亦谁知。"而与"王侯将相"无关,与政治无关,与社会无关,与民生无关,与一切宏大叙事无关,而这种宏大叙事,正好是他在元和年间创作的《新乐府》和《秦中吟》的特色。这种极其鲜明的对比,可以看出白居易心态的变化。

《再授宾客分司》这样描述自己的逍遥快活:"俸钱七八万,给受无虚月。分命在东司,又不劳朝谒。既资闲养疾,亦赖慵藏拙。宾友得从容,琴觞恣怡悦。乘篮城外去,系马花前歇。"这样的快活,"但问适意无,岂论官冷热"。《自戏三绝句·心问身》:"心问身云何泰然,严冬暖被日高眠。放君快活知恩否,不早朝来十一年。"《对酒劝令公开春游宴》更是宣称:"时泰岁丰无事日,功成名遂自由身。前头更有忘忧日,向上应无快活人。"《想归田园》:"恋他朝市求何事,想取丘园乐此身。……快活不知如我者,人间能有几多人。"

显然,白居易认识到,要逍遥快活,必须摆脱官场的羁绊——身在魏阙,心在江湖。身在魏阙,可以享受体制的待遇;心在江湖,可以享受自我的逍遥。《偶作二首》:

扰扰贪生人,几何不夭阏。遑遑爱名人,几何能贵达。伊余信多幸,拖紫垂白发。身为三品官,年已五十八。筋骸虽早衰,尚未苦羸惙。资产虽不丰,亦不甚贫竭。登山力犹在,遇酒兴时发。无事日月长,不羁天地阔。安身有处所,适意无时节。解带松下风,抱琴池上月。人间所重者,相印将军钺。谋虑系安危,威权主生杀。焦心一身苦,炙手旁人热。未必方寸间,得如吾快活。

日出起盥栉,振衣入道场。寂然无他念,但对一炉香。日高始就食,食亦非膏粱。精粗随所有,亦足饱充肠。日午脱巾簪,燕息窗下床。清风飒然至,卧可致羲皇。日西引杖屦,散步游林塘。或饮茶一醆,或吟诗一章。日入多不食,有时唯命觞。何以送闲夜,一曲秋霓裳。一日分五时,作息率有常。自喜老后健,不嫌闲中忙。是非一以贯,身世交相忘。若问此何许,此是无何乡。

也就是从此年开始,五十八岁的白居易以太子宾客分司东都,中间一为河南尹,期年辄去,再除同州刺史,不拜,雍容无事,顺适其意而满足其欲者十有六年。《咏兴五首·小庭亦有月》:

> 小庭亦有月,小院亦有花。可怜好风景,不解嫌贫家。菱角执笙簧,谷儿抹琵琶。红绡信手舞,紫绡随意歌。村歌与社舞,客哂主人夸。但问乐不乐,岂在钟鼓多。客告暮将归,主称日未斜。请客稍深酌,愿见朱颜酡。客知主意厚,分数随口加。堂上烛未秉,座中冠已峨。左顾短红袖,右命小青娥。长跪谢贵客,蓬门劳见过。客散有余兴,醉卧独吟哦。幕天而席地,谁奈刘伶何。

自称"贫家""蓬门",却还有"菱角执笙簧,谷儿抹琵琶,红绡信手舞,紫绡随意歌"。句下自注云:"菱、谷、紫、红,皆小臧获名也。"一下子就是四个歌妓,还不包括有名的樊素和小蛮。大约五十四岁左右,他去苏州任刺史,家中开始有了妓乐,有诗《对酒吟》为证:"公门衙退掩,妓席客来铺。"白居易到底有多少歌妓,简直是个谜。《野客丛书》卷六"乐天姬侍":

> 《随笔》云:世言乐天侍儿,惟小蛮、樊素二人。予读集中有诗曰:"菱角执笙簧,谷儿抹琵琶,红绡信手舞,紫绡随意歌。"自注云:菱、谷、紫、红,皆臧获名。若然,红、紫二绡亦妓也。仆谓乐天之妓,又不止此。观《刘梦得集》中有《赠小樊》一诗曰"花面丫头十三四,春来绰约向人时。终须买取名春草,处处将行步步随。"又《同州与

乐天诗》注曰：春草，白君之舞妓也。则知乐天姬侍，又有本集所不言者。白诗曰："小奴捶我足，小婢捶我背。"又不知小奴、小婢者，是何名也。①

此则中提到的"小奴捶我足，小婢捶我背"出自《自在》：

> 杲杲冬日光，明暖真可爱。移榻向阳坐，拥裘仍解带。小奴捶我足，小婢搔我背。自问我为谁，胡然独安泰。安泰良有以，与君论梗概。心了事未了，饥寒迫于外。事了心未了，念虑煎于内。我今实多幸，事与心和会。内外及中间，了然无一碍。所以日阳中，向君言自在。

题目就很自在，就很自得。"小奴捶我足，小婢搔我背"，何等"自在"惬意，事了（物质丰盈），心了（心宽体胖），内外中间，了无一碍。既然如此，又何必大张旗鼓宣传"此心知止足，何物要经营"（《江州赴忠州，至江陵已来，舟中示舍弟五十韵》）——按你老诗中所言，要经营的"物"多了去了！

《咏兴五首·出府归吾庐》：

> 出府归吾庐，静然安且逸。更无客干谒，时有僧问疾。家僮十余人，枥马三四匹。慵发经旬卧，兴来连日出。出游爱何处，嵩碧伊瑟瑟。况有清和天，正当疏散日。身闲自为贵，何必居荣秩。心足即非贫，岂唯金满室。吾观权势者，苦以身徇物。炙手外炎炎，履冰中栗栗。朝饥口忘味，夕惕心忧失。但有富贵名，而无富贵实。

此诗作于大和七年（833），此时白居易六十二岁。诗前有一

---

① 王楙《野客丛书》卷六，明嘉靖四十一年长洲王氏重刊本。

总序,序曰:"(大和)七年四月,予罢河南府,归履道第,庐舍自给,衣储自充,无欲无营,或歌或舞,颓然自适,盖河洛间一幸人也。遇兴发咏,偶成五章,各以首句命为题目。"看看这个序,再看看这首诗,我们觉得白居易非常之"虚伪":一边过着"幸人"的富足生活:自给,自充,或歌,或舞,家僮十余人,枥马三四匹。有这么多的物质条件,过着"安且逸"的生活,却要标榜"心足即非贫",并且嘲笑"权势者":"但有富贵名,而无富贵实。"他此时官居二品,闲雅富贵皆而有之,还要批评别人,不免矫情。

白居易虽然鼓吹"知足"的唯心主义幸福观,但是他自己的幸福安逸却是建立在"唯物主义"的基础上的。庄子的"逍遥",条件是"无待",而白居易的"逍遥",条件是"有待"多多,缺一不可。《雪中晏起偶咏所怀兼呈张常侍、韦庶子、皇甫郎中》:

> 穷阴苍苍雪雰雰,雪深没胫泥埋轮。东家典钱归碍夜,南家籴米出凌晨。我独何者无此弊,复帐重衾暖若春。怕寒放懒不肯动,日高眠足方频伸。瓶中有酒炉有炭,瓮中有饭庖有薪。奴温婢饱身晏起,致兹快活良有因。上无皋陶伯益廊庙材,的不能匡君辅国活生民。下无巢父许由箕颍操,又不能食薇饮水自苦辛。君不见南山悠悠多白云,又不见西京浩浩唯红尘。红尘闹热白云冷,好于冷热中间安置身。三年俙幸忝洛尹,两任优稳为商宾。非贤非愚非智慧,不贵不富不贱贫。冉冉老去过六十,腾腾闲来经七春。不知张韦与皇甫,私唤我作何如人。

这首诗的关键词是两个反义词:"有"和"无"。有什么?有复帐重衾,有酒有炭,有饭有薪,有奴有婢,所以"致兹快活良有因",他明确告诉我们,他的逍遥快活是"有因"的,有待的。他的逍遥和庄子的逍遥,一下子判然分别了。无什么?无皋陶伯益廊庙才,无巢父许由箕颍操——无才无德,也是个人逍遥的条件——他也算是说破了人生的真相。值得提醒的是,皋陶伯益是儒家赞扬的人物,巢父许由是庄子肯定的人物,白居易却来了个全盘否定——不儒,不道,后来晚明袁宏道推崇的"适世"的"不紧要之人",白居易是高高祖。

## 第三节 无待逍遥与有待逍遥

白居易"逍遥观"既然是庸人的逍遥,是建立在放弃人生责任基础之上的追求一己快活,那么,这样的"快活逍遥",就不是精神性的,而更多的是物质性的,是需要有丰裕的物质基础的。于是,庄子的植根于"无待"基础之上的精神性的逍遥,就一变而为植根于"有待"基础上的肉体性的逍遥。

白居易《咏史(九年十一月作)》:

> 秦磨利刀斩李斯,齐烧沸鼎烹郦其。可怜黄绮入商洛,闲卧白云歌紫芝。彼为葅醢机上尽,此为鸾皇天外飞。去者逍遥来者死,乃知祸福非天为。

去者掉头而去,江湖逍遥;来者误落尘网,肝脑涂地。庄子是去者,屈原是来者;陶渊明是去者,谢灵运是来者。血迹斑斑,历史上的教训在案斑斑。尤其是陶渊明,面对着"密网裁而鱼骇,宏罗制而鸟惊"的现实,"彼达人之善觉,乃逃禄而归耕"(陶渊明《感士不遇赋》),与白居易有更多的亲切感,白居易是陶渊明的向慕者,他曾自称是"异世陶元亮"(《醉中得上都亲友书以予停俸多时忧问贫乏偶乘酒兴咏而报之》)。别人也这么看他,元好问《论诗三十首》"一语天然万古新"自

注:"陶渊明,晋之白乐天。"①我们看白居易的两首诗,《咏兴五首·四月池水满》:

> 四月池水满,龟游鱼跃出。吾亦爱吾池,池边开一室。人鱼虽异族,其乐归于一。且与尔为徒,逍遥同过日。尔无羡沧海,蒲藻可委质。吾亦忘青云,衡茅足容膝。况吾与尔辈,本非蛟龙匹。假如云雨来,只是池中物。

《玩松竹二首》其一:

> 龙蛇隐大泽,麋鹿游丰草。栖凤安于梧,潜鱼乐于藻。吾亦爱吾庐,庐中乐吾道。前松后修竹,偃卧可终老。各附其所安,不知他物好。

这两首诗都是把陶渊明和庄子糅为一体。陶渊明《读山海经·其一》中,"众鸟欣有托,吾亦爱吾庐"是白氏这两首诗的张本。至于《庄子》,这两首诗明确使用了庄子典故,如"人鱼乐一""逍遥""栖凤安梧"等。"当结九万期,中途莫先退。"(李白《赠从弟宣州长史昭》)李白用《逍遥游》与他人互相勉励,相期于进;白居易呢?"尔无羡沧海,蒲藻可委质。吾亦忘青云,衡茅足容膝。""各附其所安,不知他物好。"这六句实际上也是源自于庄子,但是,白居易却是用庄子自慰,安逸于退。

事实上,《全唐诗》收录的白居易诗中,由陶渊明"吾亦爱吾庐"而来的"吾庐"一词,出现了十四次之多,还有以《吾庐》为题的诗一首。《常乐里闲居偶题十六韵兼寄刘十五公舆王十一起……时为校书郎》:"谁能雠校闲,解带卧吾庐。窗前

---

① 元好问《遗山先生文集》卷第十一,《四部丛刊》初编本。

有竹玩,门外有酒酤。"《松斋自题(时为翰林学士)》:"夜直入君门,晚归卧吾庐。形骸委顺动,方寸付空虚。"《寄皇甫七》:"孟夏爱吾庐,陶潜语不虚。"《春日闲居三首》:"陶云爱吾庐,吾亦爱吾屋。"再看这样两首——《履道西门二首》:

> 履道西门有弊居,池塘竹树绕吾庐。豪华肥壮虽无分,饱暖安闲即有余。行灶朝香炊早饭,小园春暖掇新蔬。夷齐黄绮夸芝蕨,比我盘飧恐不如。
>
> 履道西门独掩扉,官休病退客来稀。亦知轩冕荣堪恋,其奈田园老合归。跛鳖难随骐骥足,伤禽莫趁凤凰飞。世间认得身人少,今我虽愚亦庶几。

虽然他自以为很像陶渊明,事实上,他与陶渊明只是形似,陶渊明经受得住穷困潦倒的考验,白居易则竭尽所能避免自己落入穷困,"饱暖安闲即有余",陶渊明四十二岁辞官后绝不复出,"吾驾不可回"(《饮酒》其九),而白居易为了避免穷困,一直恋栈到七十岁,到了这个时候致仕,还说自己通达,《达哉乐天行(一作健哉乐天行)》:"达哉达哉白乐天,分司东都十三年。七旬才满冠已挂,半禄未及车先悬。"如此自我欣赏,自我标榜,不免让人齿寒,就是明代对他极为欣赏并奉之为生活榜样的袁宗道,也对此有微词。袁宏道《识伯修遗墨后》记袁宗道"酷爱白、苏二公",又记伯修言"昔乐天七十致仕,尚自以为达,故其诗云:'达哉达哉白乐天',此犹白头老寡妇以贞骄人,吾不学也。"①这种讽刺,妙极!

白居易并没有像陶渊明那样"逃禄归耕",他的逍遥不是庄子的哲学和认知的境界,而是生活和审美的境界,需要基

---

① 钱伯城笺校《袁宏道集笺校》卷三十五,上海:上海古籍出版社,1981年,第1111页。

本的甚至是较为丰裕的生活保障。元和十一年(816)二月,白居易游庐山,访陶渊明旧宅,写下《访陶公旧宅并序》:

> 余夙慕陶渊明为人,往岁渭上闲居,尝有《效陶体诗》十六首,今游庐山,经柴桑,过栗里,思其人,访其宅,不能默默,又题此诗云。

> 垢尘不污玉,灵凤不啄膻。呜呼陶靖节,生彼晋宋间。心实有所守,口终不能言。永惟孤竹子,拂衣首阳山。夷齐各一身,穷饿未为难。先生有五男,与之同饥寒。肠中食不充,身上衣不完。连征竟不起,斯可谓真贤。我生君之后,相去五百年。每读五柳传,目想心拳拳。昔常咏遗风,著为十六篇。今来访故宅,森若君在前。不慕樽有酒,不慕琴无弦。慕君遗荣利,老死此丘园。柴桑古村落,栗里旧山川。不见篱下菊,但余墟中烟。子孙虽无闻,族氏犹未迁。每逢姓陶人,使我心依然。

其实,他之所以如此钦慕陶渊明的"肠中食不充,身上衣不完。连征竟不起,斯可谓真贤",乃是自知自己做不到;"不慕樽有酒,不慕琴无弦。慕君遗荣利,老死此丘园",这个"慕"应该是"钦慕"而不是"羡慕"。"钦慕"与"羡慕"的区别在于:羡慕是看见别人有某种长处、好处或有利条件而希望自己也有;钦慕并不表示自己也想如此,恰恰相反,可能正是自省到自己达不到,所以才愈加表示敬意。白居易绝不愿意像陶渊明那样过着艰苦的生活,他的生活,尤其是晚年生活,由于他多年的经营,尤其是最后十三年官闲俸厚的洛阳留守生涯,使他积累了足以享受丰裕物质的生活条件。实际上,他后期的为官与恋栈,其目的,只有一个:为安享晚年而积聚财富。《洛阳有愚叟》:

## 第一章 白居易与《逍遥游》

> 洛阳有愚叟,白黑无分别。浪迹虽似狂,谋身亦不拙。点检盘中饭,非精亦非粝。点检身上衣,无余亦无阙。天时方得所,不寒复不热。体气正调和,不饥仍不渴。闲将酒壶出,醉向人家歇。野食或烹鲜,寓眠多拥褐。抱琴荣启乐,荷锸刘伶达。放眼看青山,任头生白发。不知天地内,更得几年活。从此到终身,尽为闲日月。

白居易无数次在诗歌中标榜自己"拙",比如《东南行一百韵寄通州元九侍御澧州李十一舍人……窦七校书》:"况我身谋拙,逢他厄运拘。"但是,对比此诗中"谋身亦不拙"及其聪明的谋生技巧和高超的谋生能力,我们相信,他那些标榜自己的"拙"的话,不过是借以表明他和陶渊明境界相同,外加一份矫情罢了。再看《饱食闲坐》:

> 红粒陆浑稻,白鳞伊水魴。庖童呼我食,饭热鱼鲜香。箸箸适我口,匙匙充我肠。八珍与五鼎,无复心思量。扪腹起盥漱,下阶振衣裳。绕庭行数匝,却上檐下床。箕踞拥裘坐,半身在日旸。可怜饱暖味,谁肯来同尝。是岁太和八,兵销时渐康。朝廷重经术,草泽搜贤良。尧舜求理切,夔龙启沃忙。怀才抱智者,无不走遑遑。唯此不才叟,顽慵恋洛阳。饱食不出门,闲坐不下堂。子弟多寂寞,僮仆少精光。衣食虽充给,神意不扬扬。为尔谋则短,为吾谋甚长。

这样的晚年生活,几乎是人人向羡的人间天堂。陶渊明是"守拙归园田"(《归园田居》),白居易虽然一再申明他是庸人,才短,迂拙,但是,至少他不愿意像陶渊明一样"守拙",更不会像陶渊明一样"归园田",因为如果那样,就太不"逍遥"

了——贫乏的物质条件,如何闲适,没有闲适,何来逍遥?我们举他的一首《咏拙》诗为证:

> 所禀有巧拙,不可改者性。所赋有厚薄,不可移者命。我性愚且蠢,我命薄且屯。……慕贵而厌贱,乐富而恶贫。同此天地间,我岂异于人。性命苟如此,反则成苦辛。以此自安分,虽穷每欣欣。葺茅为我庐,编蓬为我门。缝布作袍被,种谷充盘飧。静读古人书,闲钓清渭滨。优哉复游哉,聊以终吾身。

这是他服丧期间退居渭上时所作,那是他极为矫情的时候,"缝布作袍被,种谷充盘飧",他真的这样想吗?但他真是这样说的,《归田三首》第一首:"不如归山下,如法种春田。"第二首:"种田意已决,决意复何如。……更待明年后,自拟执犁锄。"

第三首:

> 三十为近臣,腰间鸣佩玉。四十为野夫,田中学锄谷。何言十年内,变化如此速。此理固是常,穷通相倚伏。为鱼有深水,为鸟有高木。何必守一方,窘然自牵束。化吾足为马,吾因以行陆。化吾手为弹,吾因以求肉。形骸为异物,委顺心犹足。幸得且归农,安知不为福。况吾行欲老,瞥若风前烛。孰能俄顷间,将心系荣辱。

这三首诗作于元和七年,白居易服丧期满,而诏命尚未至,他便焦躁如此!他的题目是《归田》,显然是对陶渊明《归园田居》的捕风捉影,但他哪里有陶渊明那样的坚定!整首诗多用庄子典故,但渭水之滨的白居易,又哪里有濮水岸边庄子的淡定!

第一章　白居易与《逍遥游》

所以,事实是,白居易正可能是从陶渊明后期的极度贫困中,发现辞官的可怕——可能由于早年家庭的独特经历,他本来就是一个安全感缺乏的人——他是极其恋栈,绝不会"税驾"的。写于大和三年(829)的《自题》表明了这一点:

> 老宜官冷静,贫赖俸优饶。热月无堆案,寒天不趁朝。傍看应寂寞,自觉甚逍遥。徒对盈尊酒,兼无愁可销。

要优饶的俸禄才能不会出现陶渊明那样的贫寒,才会自觉逍遥。虽然要冷静,但是官还是要的,要一个冷静的官就是了。是年白居易五十八岁,以太子宾客,分司东都,这正是一个俸禄优饶而又闲适无事的冷静之官。白居易后来虽任河南尹两年,又曾除同州刺史,不拜,所以,我们可以把这一年看作是白居易彻底告别朝廷、优游岁月的开始。也就在这一年,他写下了《中隐》一诗:

> 大隐住朝市,小隐入丘樊。丘樊太冷落,朝市太嚣喧。不如作中隐,隐在留司官。似出复似处,非忙亦非闲。不劳心与力,又免饥与寒。终岁无公事,随月有俸钱。君若好登临,城南有秋山。君若爱游荡,城东有春园。君若欲一醉,时出赴宾筵。洛中多君子,可以恣欢言。君若欲高卧,但自深掩关。亦无车马客,造次到门前。人生处一世,其道难两全。贱即苦冻馁,贵则多忧患。唯此中隐士,致身吉且安。穷通与丰约,正在四者间。

他以"愚拙人""不才者"自居,这实际上是在和他的教育背景作背叛,中国古代的教育,是"士"的教育,这种教育,培养出一种独特的"士大夫精神",这就是精英意识和担当精神,这样的士大夫,固然要求比普通人更多的社会地位和资源,但是也自觉地承担更多的社会责任,有更多的牺牲精神和奉献精神。所以,白居易对自己"愚拙人""不才者"身份的一再提示和标榜,其目的就是要推卸责任和承担。江州以后的白居易,逐渐背弃了此前他认同并以此自我标榜的士大夫精神。白居易若一生平顺,不失为一正直有为之"大臣",但一遇挫折,即堕落为一委顺苟活之"具臣",这与他的"愚拙人""不才者"的自我定位是有关系的——他放弃了对自己的道德要求。

分司东都的生活给了他所要的一切:丰裕的物质生活,闲适的精神生活,他常常表白他对陶渊明的敬意,但是,正如中国古代的很多文人(如王维,如公安三袁)一样,他是敬慕陶渊明的境界却惧怕陶渊明的生活。现在,他终于可以圆满了。所以,我们看到,他的诗歌中,有太多的诗歌颂太子宾客分司这一职位。《咏所乐》:

> 兽乐在山谷,鱼乐在陂池。虫乐在深草,鸟乐在高枝。所乐虽不同,同归适其宜。不以彼易此,况论是与非。而我何所乐,所乐在分司。分司有何乐,乐哉人不知。官优有禄料,职散无羁縻。懒与道相近,钝将闲自随。昨朝拜表回,今晚行香归。归来北窗下,解巾脱尘衣。冷泉灌我顶,暖水濯四肢。体中幸无疾,卧任清风吹。心中又无事,坐任白日移。或开书一篇,或引酒一卮。但得如今日,终身无厌时。

其他如:"唯有分司官恰好,闲游虽老未能休。"(《勉闲游》)"始知洛下分司坐,一日安闲直万金。"(《闲卧有所思二首》)"月俸百千官二品,朝廷雇我作闲人。"(《从同州刺史改授太子少傅分司》)"优哉分司叟,心力无苦辛。"(《书绅》)分司官的好处,是给了他逍遥的物质条件,还给了他逍遥的闲暇——而他的逍遥,就是建立在丰裕的物质和充裕的闲暇之上。这种"逍遥",已经完全不同于庄子的逍遥,却又明明白白来源于庄子的逍遥,是庄子逍遥的变种。庄子的"无待逍遥"改造成了"有待逍遥",从而,一种适合庸人的人生哲学得以建立。

## 第四节 对伦理责任的摆脱:从社会拯救到个人逍遥

白居易逍遥观的重要内涵是,从伦理的责任中摆脱出来,放弃对社会的担当。

白居易把庄子超凡脱俗的圣人、神人、至人的圣界逍遥转变成了凡人、俗人、庸人的人间逍遥。这种独特的"逍遥"观还混杂着一种不被重用的牢骚和不负责任的冷眼,与庄子有联系却又不同:庄子也不负责任,但庄子的不负责任是哲学的超脱,白居易的不负责任是政治的牢骚;庄子的不负责任出于对世事的超越,白居易的不负责任乃是对世事的冷漠。《刘十九同宿(时淮寇初破)》:

> 红旗破贼非吾事,黄纸除书无我名。唯共嵩阳刘处士,围棋赌酒到天明。

《诏下》:

> 昨日诏下去罪人,今日诏下得贤臣。进退者谁非我事,世间宠辱常纷纷。我心与世两相忘,时事虽闻如不闻。但喜今年饱饭吃,洛阳禾稼如秋云。更倾一尊歌一曲,不独忘世兼忘身。

世事"非我事",天下不相关,只要自己有饱饭吃,有美酒喝,再有琴棋诗画,足矣。其实,他心中耿耿的,大概还是"黄纸除书无我名"和自己不在进宠者之列吧。"我心与世两相忘",他真正在意的,也是别人把他忘了。在"非我事""无我名""两相忘"中,他感受到了别人对他的轻贱,在无奈的世事面前,他也感觉到了自己的无能、无力和无补于事。一种个人的渺小感油然而生。《和答诗十首·和思归乐》:

> 人生百岁内,天地暂寓形。太仓一稊米,大海一浮萍。身委逍遥篇,心付头陀经。尚达死生观,宁为宠辱惊。中怀苟有主,外物安能萦。任意思归乐,声声啼到明。

其实,庄子《秋水》篇的主题并不是贬低人类,而是要戒绝人类的狂妄自大和自以为是。庄子所谓的太仓稊米,九牛一毛,也不过是要告诉我们,世界之大,超出了我们的知识和经验,也超越了我们的是非,因此,无论是我们对世界的认知,还是对世界的占有,都显得可笑。庄子的内在理路是从认识论到伦理学,从对世界的认知到对自我的认知。所以,我们看到,《逍遥游》几乎不涉及任何人生问题和伦理问题,它只锁定认识论问题。《齐物论》的立足点仍然是认识论问题,"齐同物论"是它的题中之义。但是,庄子在这里显然无法避开一个逻辑环节:既要"齐同物论",则无法跨越"齐同万物"。于是,《齐物论》就有了两个意义层面:"齐物"和"齐论"。并且,"齐物"还必须逻辑在先。正是在这样的逻辑之路上,庄子的哲学从认识论延伸进入了伦理学。接下来,《养生主》《人间世》《德充符》《大宗师》《应帝王》,伦理学的色彩越来越重,使《庄子》几乎成为一部人生哲学。但是,庄子在伦理学上见解的起点却是否定伦理——他要通过对现行价值体系、价值观的否定,来打破我们认识论上的枷锁,从而解放我们的认知。在他看来,人类的传统价值观,正如人类的知识、经验、常识一样,是人类认知空间的局限,或者说,是对人类认知空间的局限。但是,吊诡的是,当庄子否定伦理时,却出人意外地建立了一种"万物皆种"(《寓言》)的平等思想,既然"道在屎溺"(《知北游》),那么,道也将赋予屎溺以尊严,屎溺也因为同为道所生,而获得与万物的平等。从这个意义上说,庄子哲学的一个重要伦理学成果,就是为弱小者、失败者等等论证了他们的道德尊严,以及更为重要或先在的生存权利。但是,对于传统士大夫而言,生存权利的核心,不是生理或身体的,而是心理或精神的,也就是说,"道德尊严"不是生存的某个较高阶段才出现需求的东西,而是生存的前提。中国人所谓的"士可杀而不可辱"、"匹夫不可以夺志",西方人所谓的"不自由,毋宁死",就是这种意识的体现,所以,庄子的这份哲学工作,对于弱者的有尊严的生存,实在是功莫大焉。

  白居易显然没有庄子那样重大的哲学问题需要解决,他也没有庄子那样巨大的对于世界的困惑和荒诞感。恰恰相反,他拒绝一切"重大的任务",拒绝一切"困惑和荒诞感"——他需要在这个世界"闲适"地生活,他必须和这个世界达成默契,他必须和这个世界妥协——世界给他充裕的物质,他则放弃对世界的拷问,转而歌颂这个世界的丰富——自然之美、艺术之美、饮食之美,还有他老而不辍的美女之美——它们共同组成了他的生活之美。他不再关注世界的"本质",他只关注世界的"物质"(他的很多诗都在描写他生活的物质基础);他也不再关注自己生命的"本质",他只关注自己生命的"体质"(他更是写了很多担忧衰老、疾病的诗）——只有好的体质才能更好地消受世界的物质。孟子说"养其小者为小人，养其大者为大人"（《告子上》），白居易真的变小了。据谢思炜等人的研究，白居易自认"中人"，其实，"中人"的本质就是"小人"。他从世界之大和自身之小，得出的是人类的渺小感、无力感，从而他不但不去从伦理学角度认知人生的价值，恰恰相反，他是要以此摆脱人的伦理责任，实行个人的非道德（当然不是不道德）逍遥。

我们看他下一首诗——从对自己的贬低开始，然而得出的结论不是愧疚，恰恰相反，是逍遥——《养拙》：

> 铁柔不为剑，木曲不为辕。今我亦如此，愚蒙不及门。甘心谢名利，灭迹归丘园。坐卧茅茨中，但对琴与尊。身去缰锁累，耳辞朝市喧。逍遥无所为，时窥五千言。无忧乐性场，寡欲清心源。始知不才者，可以探道根。

不才不但不是缺点，不但不是面对人生责任的缺陷，反而成了一种优势——可以探道根。

《答崔侍郎、钱舍人书问，因继以诗》中云：

> 吾有二道友，蔼蔼崔与钱。同飞青云路，独堕黄泥泉。岁暮物万变，故情何不迁。应为平生心，与我同一源。……泥泉乐者鱼，云路游者鸾。勿言云泥异，同在逍遥间。

自己是"独堕黄泥泉"，人家是"同飞青云路"，差距很大，但是，却"与我同一源"——这是典型的庄子"齐物"思想——"物固有所然，物固有所可；无物不然，无物不可。故为是举莛与楹、厉与西施、恢恑憰怪，道通为一。"（《齐物论》）所以，"勿言云泥异，同在逍遥间"，白居易的"逍遥"是建立在《齐物论》上的"逍遥",这也就能理解,为什么如此喜欢《逍遥游》的李白,却不喜欢"逍遥"这个词——因为,他不喜欢自己与他人"齐物",他要的是超越群伦,而白居易要的是泯然众人。对于李白来说,庄子是强大者和胜利者的旗帜;对于白居易来说,庄子是弱小者和失败者的降幡。李白从庄子那里看到的是"超脱"——超凡脱俗,白居易在庄子那里看到的是"摆脱"——摆脱牵挂。所以,白居易的《逍遥咏》这样阐释"逍遥":

> 亦莫恋此身,亦莫厌此身。此身何足恋,万劫烦恼根。此身何足厌,一聚虚空尘。无恋亦无厌,始是逍遥人。

"无恋亦无厌,始是逍遥人"——很明白地告诉我们,他对于伦理的摆脱。白居易思想的核心问题是道德伦理问题。他的"讽喻诗"是他在表明他的道德立场,实行并展示他的道德化生活;而他的"闲适诗"则是在脱卸道德责任之后,需要一种新的哲学来解释自己的"非道德生活"——庄子是最现成的。"犹嫌庄子多词句,只读逍遥六七篇。"(《赠苏炼师》)这可能是指他只读庄子的内篇,但事实是,他对庄子的外、杂篇的引用率非常高。

在这样的观念之下,一些人间天伦的缺陷甚至都能变为优势,《赠邻里往还》:

> 问予何故独安然,免被饥寒婚嫁牵。骨肉都卢无十口,粮储依约有三年。但能斗薮人间事,便是逍遥地上仙。唯恐往还相厌贱,南家饮酒北家眠。

白居易缺儿少女,人丁寥落。但是,这种人间缺憾也被他当作个人逍遥的条件之一,《金銮子晬日》:

> 行年欲四十,有女曰金銮。生来始周岁,学坐未能言。惭非达者怀,未免俗情怜。从此累身外,徒云慰目前。若无夭折患,则有婚嫁牵。使我归山计,应迟十五年。

此诗作于元和五年(810),此时他也才三十九岁,唯一的女儿周岁了,他当然高兴,爱意融融,但是,他还是想到了"累",想到了"婚嫁牵"。他对人生责任有着过度的恐惧。《酬赠李炼师见招》:"刘纲有妇仙同得,伯道无儿累更轻。"《狂言示诸侄》:"人老多忧累,我今婚嫁毕。"《自咏五首》其五:"既无婚嫁累,幸有归休处。"《戊申岁暮咏怀三首》:"唯生一女才十二,只欠三年未六旬。婚嫁累轻何怕老,饥寒心惯不忧贫。"

《自咏五首》其二:

> 一家五十口,一郡十万户。出为差科头,入为衣食主。水旱合心忧,饥寒须手抚。何异食蓼虫,不知苦是苦。

这首诗作于宝历二年,此时白居易任苏州刺史。客观地说,白居易在做地方官时,都是颇有政绩的,都是很负责任,很是尽心尽力的。但也许正是这种尽心尽力,让他苦不堪言,让他感受到责任对人的压迫,让他悟出,人伦的责任是人生的负累。于是,他羡慕"上无罗弋忧,下无羁锁牵"(《犬鸢》)的生活。

一个很有意思的现象是:这个对人生责任有着过度恐惧的人,和作《新乐府》《秦中吟》并宣称"文章合为时而著,歌诗合为事而作"、高举道德大旗者,两者是同一人,二者是如此奇妙地结合在一起。问题是:二者之间转化的关捩在哪里?直言之,从高举道德大旗,自我标榜为道德卫士、社会正义的代言人,一变而为独善其身、不关世事者,从"拯救者"一变而

## 第一章 白居易与《逍遥游》

为"逍遥者",白居易如何为自己的这个转变寻找道德的台阶?

实际上,这个台阶,还是《庄子》,是《庄子》中的"不才"思想。《春游二林寺》:

> 下马二林寺,翛然进轻策。朝为公府吏,暮作灵山客。……身闲易飘泊,官散无牵迫。缅彼十八人,古今同此适。是年淮寇起,处处兴兵革。智士劳思谋,戎臣苦征役。独有不才者,山中弄泉石。

朱金城《白居易集笺校》笺云:"作于元和十一年(八一六)春,四十五岁,江州,江州司马。城按:元和九年九月,淮西节度使吴少阳卒,其子元济匿丧,自总兵权,乃焚劫舞阳等四县。……元和十年二月……李师道、王承宗阴助元济……至元和十一年春,战火犹连绵不绝。故白氏此诗云:'是年淮寇起,处处兴兵革。'即指此数年间事,非谓元和十一年淮寇始反也。"[1]谢思炜《白居易诗集校注》对这一时期朝廷和藩镇的战争注释更详,可参阅[2]。对这一连绵数年的藩镇之乱及其造成的国家和人民的损失,很多人都在担当,将士们浴血奋战于前线,对白居易本人颇为关照提携的裴度等人也殚精竭虑谋划于帷幄,而五六年前创作《新乐府》和《秦中吟》(《新乐府》创作开始于元和四年,《秦中吟》开始于元和五年),数月前(元和十年十二月)作《与元九书》,声称"文章合为时而著,歌诗合为事而作"的白居易,却冷眼旁观,不仅宣称"官散无牵迫",还颇为自得地说自己"独有不才者,山中弄泉石",摆

---

[1] 朱金城《白居易集笺校》卷第七,上海:上海古籍出版社,1988年,第374—375页。"春游二林寺",朱金城《白居易集笺校》作"春游西林寺"。
[2] 谢思炜《白居易诗集校注》第二册,北京:中华书局,2006年,第611页。

出一副了不相关的面孔，超然事外，这已经让人费解；"智士劳思谋，戎臣苦征役"二句还对裴度等人及前方将士也不无揶揄，不要说一般读者会觉得奇怪，难道白居易自己就不觉得他这样的态度需要有一个道德的支撑吗？实际上，这个道德支撑，就是"不才"二字。国家有难，而我无才，我既无才，自可脱责。——庄子的"不才"是揭露世道的凶险，白居易的"不才"则成为自己逃脱责任的借口。《道场独坐》："朝谒久停收剑珮，宴游渐罢废壶觞。世间无用残年处，只合逍遥坐道场。"这是牢骚，也是推卸责任的最好托辞：不是我不负责任，是我无用武之地，于是，我只能自我逍遥。

《三谣·蟠木谣》：

> 蟠木蟠木，有似我身；不中乎器，无用于人。下拥肿而上轇輵，楩不楩兮轮不轮。天子建明堂兮既非梁栋，诸侯斫大辂兮材又不中。唯我病夫，或有所用。用尔为几，承吾臂支吾颐而已矣。不伤尔性，不枉尔理。尔快快为几之外，无所用尔。尔既不材，吾亦不材，胡为乎人间裴回？蟠木蟠木，吾与汝归草堂去来。

既"不中乎器，无用于人"，天子不用，诸侯不采，则只有"归草堂去来"。于是，心安理得，遂性适意，何等逍遥快活！

《闲卧有所思二首》其二：

> 权门要路是身灾，散地闲居少祸胎。今日怜君岭南去，当时笑我洛中来。虫全性命缘无毒，木尽天年为不才。大抵吉凶多自致，李斯一去二疏回。

此诗作于大和九年(835)年底，白居易六十四岁，距离他高标道德之时已经二十多年，他也不必再需要什么道德遮丑布了。本年九月，除同州刺史(代杨汝士)，不拜。十月，改授太子少傅,分司东都,进封冯翊县侯。年底所作此诗倒是颇合庄子原意:在凶险的世道里,不才之人,反而可以保全自己。在中国的传统文化里,不仅仅是道家鼓吹保护自己,就是儒家,对于为了保全自己而做出的道德牺牲,也是默许甚至赞许的。叶梦得《避暑录话》卷上:

> 方大和、开成、会昌之间,天下变故,所更不一,元稹以废黜死,李文饶以谗嫉死,虽裴晋公犹怀疑畏,而牛僧孺、李宗闵皆不免万里之行,所谓李逢吉、令狐楚、李珏之徒,泛泛非素与游者,其冰炭低昂,未尝有虚日,顾乐天所得岂不多哉![1]

用事大臣们的遭遇,不仅从反面证明了白居易忘怀世事自我逍遥的道德根据,甚至还证明了他明察秋毫的政治眼光,证明了他退避远祸的智慧!《和皇甫郎中秋晓同登天宫阁言怀六韵》:

> 碧天忽已高,白日犹未短。玲珑晓楼阁,清脆秋丝管。张翰一杯酎,嵇康终日懒。尘中足忧累,云外多疏散。病木斧斤遗,冥鸿羁绁断。逍遥二三子,永愿为闲伴。

《全唐诗》白居易诗歌中,"不才"十九处,"不材"两处,这都是借《庄子》之口,吐自我心声。宋人叶适说:"自周之书出,世之悦而好之者有四焉:好文者资其辞,求道者意其妙,汩俗者遣其累,奸邪者济其欲。"[2]——汩俗而遣其累者,其白居易乎!

---

[1] 叶梦得《避暑录话》卷上,《丛书集成新编》,台北:新文丰出版公司,1985年,第84册第620页。
[2] 叶适《水心别集》卷六,《丛书集成续编》,台北:新文丰出版公司,1988年,第129册第829页。

# 第二章 白居易与《齐物论》

## 第一节 《齐物论》的主旨及其逻辑层次

《齐物论》之主旨,题目中即已包含。前人揭示出"齐物"和"齐论"两层意思,今人又认为还包含着"齐物我"这一层①。其实,"齐物我"本来就包含在"齐物"之中,因为从庄子哲学的眼光来看,"我"也是万物之一。其实,这个题目中更重要的问题是:这个"齐"字是什么意思?"齐"可以是:①形容词,则"齐物"之意为万物等齐;②动词,则"齐物"之意为整齐万物。但是,庄子《齐物论》中的"齐",既非"万物等齐"之意("万物等齐"的说法,在逻辑上就不通,既然等齐,只有一物;既是万物,必不等齐),也非"整齐万物"之意,而恰恰是鼓吹、肯定"不齐",并给予世界上林林总总不齐之物以等齐的权利。从①的角度说,万物不齐,这是基本事实,儒家也不否定,《孟子·滕文公上》:"夫物之不齐,物之情也。"但是,儒家出于一种强烈的社会责任感,以及民胞物与的情怀,倡导"己欲立而立人,己欲达而达人"②,试图用一种道德标准来"整齐万物",承诺并推行一种普适的幸福。儒家的价值观,可以概括为三个层次的理想:理想的社会,理想的政治,理想的人

---

① 参阅陈少明《〈齐物论〉及其影响》,北京:北京大学出版社,2004年。
② 《论语·雍也》。

格。在这三重保障之下,我们每一个人就有了理想的(或说幸福的)人生。我们姑且不论这些理想确切的基本内涵是什么,至少有一点是肯定的,那就是儒家认为,应该也可以给这个林林总总、光怪陆离、千奇百怪的世界以及世界上的各色人等一个统一的价值标准,从而实现世界的"大同"——从这个意义上说,儒家是要整齐万物的,并把这种行为赋予极高的道德意义。

但是,作为对儒家价值观的反动,庄子《齐物论》的立意,却并非在认知上认为万物等齐,更非在价值观上认同、鼓吹整齐万物,恰恰相反:他在事实层面认可万物不齐,在价值层面力证不齐之万物,又有着平等齐一的存在权利和合理性。所以,《齐物论》的主题之一"齐物",其内涵并非"齐物",而是要为千差万别的不齐之物"齐权"——争取齐等的价值评判和存在权利。这颇有黑格尔的"一切存在皆合理"的味道。

为此,庄子必须证明不齐的"合理性"——在道家的理念里,这个"理",就是"道";合理,就是合乎于"道"。

> 物固有所然,物固有所可。无物不然,无物不可。故为是举莛与楹,厉与西施,恢恑憰怪,道通为一。

这段话的关键在最后一句四个字,前面是结论,或主张,最后一句是根据,或理据。就是,因为万物都来源于道,道也就使得它们平等齐一,没有是非、大小、贵贱的分别。所以,下面接着说:

> 其分也,成也;其成也,毁也。凡物无成与毁,复通为一。

无分,无成,无毁,因为有道在。在道那里,物分、物成、物毁,

还是道。类似的表达在《寓言》篇里也有:

> 恶乎然？然于然。恶乎不然？不然于不然。恶乎可？可于可。恶乎不可？不可于不可。物固有所然，物固有所可，无物不然，无物不可。非卮言日出，和以天倪，孰得其久！万物皆种也。

"万物皆种"，就是万物有一个共同的源头、共同的母体，这个"种"，这个母体，就是"道"。如果西方政治学最后揭橥出一个"天赋人权"的大道理，那么，《庄子》早在两千多年前，就揭橥出"道赋物权"的大道理——且这个"道赋物权"包含了"天赋人权"。

《知北游》:

> 东郭子问于庄子曰:"所谓道，恶乎在?"庄子曰:"无所不在。"东郭子曰:"期而后可。"庄子曰:"在蝼蚁。"曰:"何其下邪?"曰:"在稊稗。"曰:"何其愈下邪?"曰:"在瓦甓。"曰:"何其愈甚邪?"曰:"在屎溺。"东郭子不应。

东郭子心中，道既然至高无上，一定也体现在尊贵之物上。没想到庄子说出了"道在蝼蚁"的命题。其实，庄子选择蝼蚁这样在常人看来"低贱"之物来承载在东郭子看来至高无上的"道"，既是道无所不在的题中应有之义，也是想借这种巨大的落差来更好地、极端地说明这个题中应有之义。但是这种回答给东郭子带来了极大的困惑甚至震撼，面对着东郭子"何其下邪"的疑问，庄子发现了东郭子对万物的高低贵贱的"分别之心"，并且他可能还以为，只有高贵之物才合乎道，才有道的存在。于是，庄子意识到，他不仅要解答"道在何处"的问题，他还要打消东郭子对万物的是非分别之心，于是，他干脆把"震撼"进行到底:蝼蚁尚是动物,稊稗就是植物,瓦甓更是无机物——如此每下愈况,直到一般人分外恶心、去而远之的"屎溺",结果是"东郭子不应"——东郭子也把"困惑"进行到底:他可能以为庄子在跟他开玩笑。

在"东郭子不应"这个细节里,包含着人心的一个大偏见:那就是世界万物之间,存在着高低贵贱之分,不同之物对应着不同的价值,比如蝼蚁等低贱之物就不能对应"道"这样至高的价值。《齐物论》作为庄子哲学的核心,就是为了纠正这样的偏见。但是,东郭子们并没有意识到他们是有成心和偏见的,他们可能认为,他们是有知识和经验的,是有是非和善恶的,有对事实的认知和对于价值的认同,而这正是他们自豪的地方。因为,对于世界有"意见",是人类的自负。其实,"意见"就是"臆见",就是偏见。对世界有"意见"的人类,最终通过"意见"歪曲了世界:心外无物,凡物都是被感知到的物,都是心中的物,也就是臆见或偏见中的物,所以,不存在完全客观的物,因为不存在完全不受主观臆见认知和想象的物。所以,世界被认知,就意味着被歪曲。更严重的是,人类并不认为自己的认知歪曲了世界,他们甚至认为他们赋予世界以"价值"——虽然从"照之于天"或"以明"的角度看,万物之没有分别乃是一个"事实";但是,从人心的成见上看,万物之必须有贵贱高下却是一个"价值"①。所以,《齐物论》到

---

① 如《尹文子·逸文》:"两智不能相使,两贵不能相临,两辨不能相屈,力均势敌故也。"(《意林》、《太平御览》四百三十)《荀子·王制》:"众齐则不使。有天有地,而上下有差;明王始立,而处国有制。夫两贵之不能相事,两贱之不能相使,是天数也。势位齐,而欲恶同,物不能澹则必争;争则必乱,乱则穷矣。先王恶其乱也,故制礼义以分之,使有贫富贵贱之等,足以相兼临者,是养天下之本也。书曰:'维齐非齐。'此之谓也。"

底是齐物,还是齐论,历史上有争论,我的看法,庄子的目标还是"齐论",整篇文章的绝大篇幅也都是在做"齐论"的工作,至于"齐物"的论证,只不过是为了"齐论"有一个基本事实的前提和逻辑的前提。所以,《齐物论》乃是一篇就价值立论的哲学论文,而不是就事实立论的科学论文。

《齐物论》从论证的逻辑上讲,分为三个层次:①事实层面上认知万物无差异;②价值层面上认同万物无差异;③实践层面上践行万物无差异。庄子对前面两个层面,是"论述",对后面一个层面,是"描述",有意思的是,前面两个层面的论述往往倒是附着在第三个层面的描述上的。比如,文章一开头就写到的"南郭子綦隐机而坐"的故事,其对南郭子綦"吾丧我"的描述,既是一种齐物的实践,也是有关齐物的论述。

庄子显然意识到,就人类的视角和认知而言,物的存在,就是心的存在,就是"成心"的存在,就是"我"的存在。由于人类在认识事实和判断价值时,总有"随其成心而师之"的毛病,所以,世界的本来面目就被人心遮蔽了。鉴于此,《齐物论》一开始就写了一个"吾丧我"的故事,"吾丧我"是纠正"我"的偏见的前提,也是回归"吾"的本性的前提,更是恢复被分割、歪曲和遮蔽的世界本来面目的前提,所以,是《齐物论》的核心论题。"我"常常取代了"吾",如鬼魅之附身。为了解救"吾",必须"丧我"。"吾丧我"的表现就是"形如槁木,心如死灰"。因为这个需要丧亡的"我",就是充满自我意识和排他意识的"心",就是被"成心"所控制、又师心自用的"我",所以,"心如死灰"就是"我"如死灰,"我"如死灰了,"吾"就复活了。需要指出的是,这个"我",不仅仅是"吾"有

"我",每个人都有"我",你有"我",他有"我",这么多"我"互相排他地纠缠在一起,就把世界的本来面目切割得支离破碎又互相悬隔,世界的本相就被无限多的"我"分割和遮蔽了。所以,"吾"需要"丧我",丢掉成心,丢掉这个"是其所非而非其所是"的分别之心,才能看见世界,才能看见世界的本相。同时,"吾丧我"也是所有的人都"丧我",所有的人都没用了排他性的"我",大家彼此就是对方,自然也就没有"人我之别",这样才能"齐物"并"齐物我"。可见,齐物,也就是齐心,就是齐论——二者并不截然分开,而是逻辑上的自然延伸或展开。

"吾丧我"是"齐物论"的最高境界,也是"齐物论"的必然途径,还是"齐物论"的事实证明和价值体现。《齐物论》沿着"吾丧我"的核心而展开的轨迹是:先描述最高境界为"心如死灰";再说明"吾丧我"之实现途径是"为是不用而寓诸庸";最后,揭示出"物化"——写出人生如梦的荒谬感,从而破除人们心中的执着,解放人们的心灵。

可见,《齐物论》之"齐物",或"齐论",或"齐物我",既是一种认知方式,更是一种生活方式,一种生存方式,一种生命方式。正是由于这样,庄子的哲学才不仅仅是抽象晦涩的思维逻辑,而且是活泼生动的人生哲学,引起后人的广泛共鸣。白居易就是其中最为突出的一位。

## 第二节 从"齐物论"到"足性论"到"遂性论"

白居易对于《齐物论》的基本观点,是充分认同并以之作为自己的人生注脚的。"外身宗老氏,齐物学蒙庄。"(《渭村退居,寄礼部崔侍郎、翰林钱舍人诗一百韵》)①下面这首写于元和十年(815)的《岁暮道情》,就明确地表达了他试图借庄子平复自己内心的愿望:

> 壮日苦曾惊岁月,长年都不惜光阴。为学空门平等法,先齐老少死生心。

事实上,正如超凡脱俗的李白喜欢《逍遥游》,即凡而俗的白居易更喜欢的是《齐物论》以及与之相近的《庄子》的其他篇目。他除了两首《读庄子》、一首《逍遥咏》外,还有以"齐物"为题的诗歌二首《齐物二首》和以"隐几"及"隐几赠客"为题的诗各一首,可见白居易对《齐物论》的偏好。我们看《齐

---

① 虽然他也曾经有这样的诗——《读庄子》:"庄生齐物同归一,我道同中有不同。遂性逍遥虽一致,鸾凰终校胜蛇虫。""同"是他的基本认同,"不同",也很正常,白居易一生漫长,一时之间有些不同想法,形之于诗,在诗人中很常见。据朱金城的编年,这首诗作于大和八年(834),同时还有作《读老子》和《读禅经》,对老子,他甚至有着更大的疑问甚至是质问:"若道老君是知者,缘何自著五千文?"这简直是要抹杀老子,但我们岂能据此来论证白居易对老子的基本态度。另外,白居易还有《池上寓兴二绝》,也是故意和庄子作对:"濠梁庄惠谩相争,未必人情知物情。獭捕鱼来鱼跃出,此非鱼乐是鱼惊。水浅鱼稀白鹭饥,劳心瞪目待鱼时。外容闲暇中心苦,似是而非谁得知。"第一首极其肤浅,迹近无聊。所写"獭捕鱼来鱼跃出"和庄子、惠子濠梁之辩的情景完全不同,所以,完全没有针对性。后一首针对《养生主》中"泽雉十步一啄,百步一饮,不蕲畜乎樊中。神虽王,不善也"而发,但是境界上也比庄子低:庄子是要说明自由比物质重要,心灵比肉体重要。而白居易则似乎倾向于认为,没有物质的保障,没有身体的闲适,心灵的快乐难以保证。这样肤浅的事实庄子何尝不明白。但是,就哲学来说,阐明事实不如论证价值;说出人人心中所有、所想、所认可的现实感悟,不如指出人人心中所无、所难以认可却又为人类不可或缺的价值并坚持这样的价值;贴近事实不如超越现实。宋张戒《岁寒堂诗话》说白居易诗:"专以道得人心中事为工。"清范士楫编《历代诗家》言白居易诗:"汲汲乎下偶俗好",并批评他"取易解以快浅人"(二引皆转引陈友琴《古代文学研究资料汇编·白居易卷》)。上引三首诗,与其说是白居易对庄子哲学的思考,不如说是白居易对俗世风俗的描述。要看白居易对庄子的真实态度,还要看他如何把庄子的思想用以解释自己内心的纠结,诠释自己的人生。

物二首》:

> 青松高百尺,绿蕙低数寸。同生大块间,长短各有分。长者不可退,短者不可进。若用此理推,穷通两无闷。
>
> 椿寿八千春,槿花不经宿。中间复何有,冉冉孤生竹。竹身三年老,竹色四时绿。虽谢椿有余,犹胜槿不足。

我们看得出来,白居易的哲学思维能力并不是很强,他对庄子"齐物"的理解显然很浅显,他的很多思考还只是日常生活的感悟加上古代圣贤的语录,还不能上升到哲学层面。这也能解释为什么在中唐,韩愈、柳宗元、李翱等等可以在哲学史上光彩熠熠,而白居易却不见踪影。但是,正是这种浅显,使得他的诗歌摆脱了晋代玄言诗的淡乎寡味和抽象晦涩,而呈现出形象生动、通俗易懂的风格特征。所以,我们在哲学层面上对白居易的批评,并不影响在文学层面上对他的肯定。他的以老庄释梵思想为底色的描写自己人生感受的诗歌(我们可以把它们都笼统地称之为"闲适诗")之所以超越玄言诗,就是因为,玄言诗的作者太想在哲学思辨上逞才卖弄,以至于把玄言诗弄成"柱下之旨归,漆园之义疏";而白居易则是很本分地坚守诗歌的立场,他只是借哲学来阐释自己的生活及生活态度,表明自己的人生及对人生的理解,也就是说,他只想说出自己的生活感悟,而并不想表示自己的哲学见解。哲学——无论老庄还是释梵,都是他解释心中郁结、舒缓世俗压力、享受生活乐趣、放下社会责任并抵御相关道德诘难的工具,而不是他思考的对象和思维的目的。

值得注意的是这两首诗中表现出来的"本分"思想(第一

首)和"知足"思想(第二首)。而且我们还能发现,只有"本分"思想才能和"知足"思想很好地实现逻辑上的转换。如果说,"知足"思想来源于老子,那么,"本分"思想则来源于庄子。但是,吊诡的是,"本分"思想却是对庄子思想的"反动"——要知道,"本分"是建立在"分别"的基础上的,而庄子并不赞成"分别",庄子认可万物"自身的分别",但是,他坚决反对"比较的分别","自身的分别"是自我的呈现,是万物之"德"的体现;"比较的分别"则以贵凌贱,以大欺小,以众暴寡,是自我的屈辱,是对万物之"德"的伤害。他认为万物各随其性,其性自足,无须和他者比较,直言之,和他者比较本身,即是对物自身之"德"的不尊重。

> 天下莫大于秋毫之末,而太山为小;莫寿于殇子,而彭祖为夭。天地与我并生,而万物与我为一。(《齐物论》)

我们一般人不会拿不同类事物比大小,而庄子则在此基础上再往前一步:同类中不同个体也不比大小,即此一点,他就走向了对个体的尊重。

> 以差观之,因其所大而大之,则万物莫不大;因其所小而小之,则万物莫不小;知天地之为稊米也,知豪末之为丘山也,则差数睹矣。(《秋水》)

但是,白居易显然不能从哲学的意义上理解"齐物"的价值,虽然他借用了庄子的典故[①]。陈寅恪说白居易的思想全然出

---

[①] 诗中"大块""穷通",都来源于庄子。"长短各有分"则取自《庄子·骈拇》:"长者不为有余,短者不为不足。是故凫胫虽短,续之则忧;鹤胫虽长,断之则悲。故性长非所断,性短非所续,无所去忧也。"

## 第二章 白居易与《齐物论》

自老子①,而不提庄子,陈寅恪先生当然不是对白居易诗歌中大量存在的庄子典故熟视无睹,而是他看出了白居易所理解的庄子,与真实的庄子,是有绝大的区别的,白居易之理解庄子,还停留在世俗经验的层次上。

必须指出,一个人对前人思想的理解能力、对前人思想的接受是否合乎前人的真实,并不是判断一个人是否受前人影响的标准。误读也是一种解读,误解也是一种理解,"影响"本来就是"影"与"响",本来就是在对前人"影"与"响"揣测的基础上的认知和接受,由此而受到前人的"影响"。所以,我们指出白居易对《庄子》的误读、误解甚至故意曲解,并不是要否认《庄子》对白居易的影响,恰恰是为了说明《庄子》对白居易产生了什么样的影响。

檀作文的《试论白居易的闲适精神》对白居易的相关用词有统计:"在白居易近三千首诗中,'遂性'一词出现 8 次,若加上其它以'遂'字为中心的同义词,则共达 17 次之多。'适性'以及以'适'字为中心的同义词共出现 36 次。'逍遥'一词出现 21 次;'自足'一词出现 8 次;'知足'出现 9 次;'知止'出现 2 次;'止足'出现 7 次;表示知足的'此外无所求'一类的'此外'一词出现 16 次;'委顺'一词出现 8 次(引者按:仅就《全唐诗》所收白居易 2611 首诗统计,'委顺'一词出现 9 次,包括以'委顺'为题的一次,该诗中出现'委顺'一词一

---

① 陈寅恪《元白诗笺证稿》附论(乙)《白乐天之思想行为与佛道之关系》:"乐天之思想,一言以蔽之曰'知足'。'知足'之旨,由老子'知足不辱'而来。盖求'不辱',必知足而始可也。此纯属消极,与佛家之'忍辱'主旨富有积极之意如六度之忍辱波罗蜜者大不相侔。故释迦以忍辱为进修,而苦县则以知足为怀,藉免受辱也。斯不独为老与佛不同之点,亦乐天安身立命之所在。由是言之,乐天之思想乃纯粹苦县之学,所谓禅学者不过装饰门面之语。"北京:三联书店,2001 年,第 337 页。

次);'任运'、'委命'二词各出现3次,加上'委化'、'委运'、'委心'等同义词,表现委运顺化这一意思的词共出现20多次。"①

确实,庄子的"齐物论"在白居易这里变成了"遂性论"和"本分"论。"遂性论"就是顺遂自己本性之欲求,最后实际上就是自己身体的舒适和精神的闲适,不仅需要高雅的精神类享受,如歌妓,如琴诗,还需要丰裕的物质条件。所以,白居易被后人诟病为"俗",朱熹说他:"乐天,多说其清高,其实爱官职。诗中凡与富贵处,都说得口津津地涎出。"②这一点都没有冤枉他——既要"遂性逍遥",岂能没有富贵的保障。

而"本分论"则有另外的历史渊源,庄子讲万物有德,这个"德"就是从"道"那里分得的自我的"分",庄子是从哲学的角度来谈"德"。人皆有分,这也是荀子的礼学观点,与庄子的区别在于,荀子是从政治的角度来谈这个分。根据这个"分",确定人的"身份"(即身分),根据"身分",确定一个人在社会上占有的"份额"(实际即"分额"),这就是每个人的"本分"。所以,分者,分(动词)也,本来是讲"分别"的,但是,又因为这个"分"是根据每个人的"性"(本性)来确定的,就这一点而言,则又是各安其性的,所以,又是不分的,又是平等的,这也是荀子所说的"不齐之齐"③。

从哲学史的角度说,白居易的"遂性论""本分论"与庄子的"齐物论"之间,应该有一个逻辑过渡,这个过渡就是郭象的"足性论"(关于"遂性论",见《白居易与〈逍遥游〉》一章)。

---

① 檀作文《试论白居易的闲适精神》,《安庆师范学院学报》(社会科学版)2000年2月第1期。
② 《朱子语类》卷一百四十《论文》下。
③ 《荀子·王制》。

## 第二章 白居易与《齐物论》

郭象注《庄》,对后世的影响极大,唐陆德明《经典释文·庄子》、成玄英《庄子疏》和清郭庆藩《庄子集释》都以郭本为主。白居易显然也是接受了郭象对庄子的理解,并引申出自己的结论。

写于大和九年(835)的《闲园独赏(因梦得所寄蜂鹤之咏,因成此篇以和之)》:

> 午后郊园静,晴来景物新。雨添山气色,风借水精神。永日若为度,独游何所亲。仙禽狎君子,芳树倚佳人。蚁斗王争肉,蜗移舍逐身。蝶双知伉俪,蜂分见君臣。蠢蠕形虽小,逍遥性即均。不知鹏与鷃,相去几微尘。

我们知道,李白在鹏与鷃之间,是毫不犹豫地认同大鹏的,而白居易则毫不羞愧地自认斥鷃。他认为,这就是他的"本分"。写于同一年的《自题小草亭》就是典型的蜩与鷽鸠斥鴳的心态:

> 新结一茅茨,规模俭且卑。……龌龊豪家笑,酸寒富室欺。陶庐闲自爱,颜巷陋谁知。蝼蚁谋深穴,鹪鹩占小枝。各随其分足,焉用有余为。

各随其分,各遂其性,豪家也好,富室也罢,我只守我本分,而我之本分,亦能予我快乐。《和微之诗二十三首·和我年三首》其一:

> 我年五十七,荣名得几许。甲乙三道科,苏杭两州主。才能本浅薄,心力虚劳苦。可能随众人,终老于尘土。

庄子的"齐物论"在白居易这里,变成了他的"幸福论""快乐论",成了他阐述幸福的前提。

作于开成二年(837)的《寄献北都留守裴令公》诗,先是盛夸裴度:

> 天上中台正,人间一品高。休明值尧舜,勋业过萧曹。始擅文三捷,终兼武六韬。动人名赫赫,忧国意忉忉。荡蔡擒封豕,平齐斩巨鳌。两河收土宇,四海定波涛。……

但是说到自己,却是:

> 眷恋心方结,踟蹰首已搔。鸾皇上寥廓,燕雀任蓬蒿。欲献文狂简,徒烦思郁陶。可怜四百字,轻重抵鸿毛。

别人是"鸾皇",自己是"燕雀",并且在蓬蒿之间自得其乐。顺便说一下,"鸾皇上寥廓,燕雀任蓬蒿"还可见白居易的用典风格,这地方如果换上别人,可能会写成"大鹏上寥廓,鹭鸠(或斥鷃)任蓬蒿"。但白居易并不在意原典出处的准确使用,恰恰相反,他是根据需要,对之做相应的改动。

第二年(开成三年,838),他又作《奉和裴令公三月上巳日游太原龙泉忆去岁禊洛见示之作》:

> 去岁暮春上巳,共泛洛水中流。今岁暮春上巳,独立香山下头。风光闲寂寂,旌旆远悠悠。丞相府归晋国,太行山碍并州。鹏背负天龟曳尾,云泥不可得同游。

对方是大鹏,自己则是曳尾于涂的田中之龟,云泥之别,不但不会让他自卑自惭,反而成为他自慰自得的理由。这时候的白居易已经六十七岁,优游东都,安享官闲俸厚的晚年,"所居有池五六亩,竹数千竿,乔木数十株,台榭舟桥,具体而微,先生安焉"(《醉吟先生传》)。他确实"安"了。这时候,他与太子宾客分司刘禹锡等人交游,时有唱和。《梦得相过,援琴

## 第二章 白居易与《齐物论》

命酒,因弹秋思,偶咏所怀,兼寄继之待价二相府》:

> 闲居静侣偶相招,小饮初酣琴欲调。我正风前弄秋思,君应天上听云韶。时和始见陶钧力,物遂方知盛圣朝。双凤栖梧鱼在藻,飞沉随分各逍遥。

杨嗣复(继之)和李珏(待价)二人此时为相(同平章事),而白居易是年六十七岁,在洛阳,为太子太傅,分司东都,实际上这是一个清闲肥缺:"优稳四皓官,清崇三品列。伊予再尘忝,内愧非才哲。俸钱七八万,给受无虚月。"(《再授宾客分司》)"分司有何乐,乐哉人不知。官优有禄料,职散无羁縻。懒与道相近,钝将闲自随。"(《咏所乐》)"月俸百千官二品,朝廷雇我作闲人。"(《从同州刺史改授太子少傅分司》)

但是他面对"相府",好像还是有些不自在,于是还得借庄子来打气。我在"风前",你们在"天上";我在"弄秋思",你们却在陪着皇上听"云韶"(此句下有白居易自注:"云韶,雅曲,上多与宰相同听之。")你们是双凤,且栖息在梧桐上,这是用庄子《秋水》典;而我,不过是在藻之鱼,这是用《诗经·小雅·鱼藻》:"鱼在在藻,有颁其首。"毛传:"鱼依蒲藻为得其性。"虽然他最后用庄子的大旗做了遮掩,"飞沉随分各逍遥",但是,由于前面已经做了那么多有意无意的"分别",最后哪里就能弥合如一?《庄子》不过是他自欺欺人之谈,是他的高级牢骚,是他的自我安慰剂罢了。

另外,这里还有一点值得注意,那就是白居易在这里很可能是故意曲解庄子。《庄子·秋水》篇中"惠子相梁"一节,原来是用"非梧桐不止,非练实不食,非醴泉不饮"的鹓鶵来比喻地位低下的自己,用贪吃腐鼠的鸱来比喻高居相位的惠子的。按照白居易和杨、李此时的地位,杨、李正在相位上,应该正是鸱才是。白居易这种皮里阳秋的做法,其实还是心中有不平衡在作怪。

事实上,白居易是非常渴望相位的,作于会昌元年(841)的《李留守相公见过,池上泛舟,举酒话及翰林旧事,因成四韵以献之》:

> 引棹寻池岸,移尊就菊丛。何言济川后,相访钓船中。白首故情在,青云往事空。同时六学士,五相一渔翁。

此时白居易已届七十,虽然不能说他此时还在揣摩着相位,但是,他以落后群体不得相位为憾却是明明白白的。《予与山南王仆射(起)、淮南李仆射(绅)事历五朝,逾三纪,海内年辈,今唯三人,荣路虽殊,交情不替,聊题长句,寄举之、公垂二相公》也是在与同辈的荣路对比中,流露出人生遗憾:

> 故交海内只三人,二坐岩廊一卧云。老爱诗书还似我,荣兼将相不如君。百年胶漆初心在,万里烟霄中路分。阿阁鸾凰野田鹤,何人信道旧同群。

王起(举之)、李绅(公垂)与白居易均元和初出仕,但二人皆曾为相。这就让白居易颇有"分别"之心。而消除"分别"之心的哲学良药,当然是《庄子》。

《早春》:

> 雪消冰又释,景和风复暄。满庭田地湿,荠叶生墙根。官舍悄无事,日西斜掩门。不开庄老卷,欲与何人言。

类似的"遂性""随分"思想,还体现在如下的诗歌里:《送毛仙翁(江州司马时作)》:"形骸既无束,得丧亦都捐。岂识椿菌异,那知鹏鷃悬。"《赠王山人》:"松树千年朽,槿花一日歇。毕竟共虚空,何须夸岁月。彭殇徒自异,生死终无别。"《放言

第二章　白居易与《齐物论》

五首》其五:"泰山不要欺毫末,颜子无心羡老彭。"《老病相仍以诗自解》:"荣枯忧喜与彭殇,都是人间戏一场。"这首诗作于开成五年(840),白居易已经六十九岁。

《咏怀》:

> 冉牛与颜渊,卞和与马迁。或罹天六极,或被人刑残。顾我信为幸,百骸且完全。五十不为夭,吾今欠数年。知分心自足,委顺身常安。故虽穷退日,而无戚戚颜。昔有荣先生,从事于其间。今我不量力,举心欲攀援。穷通不由己,欢戚不由天。命即无奈何,心可使泰然。且务由己者,省躬谅非难。勿问由天者,天高难与言。

这首诗中三次出现了"心"字,《长庆二年七月自中书舍人出守杭州,路次蓝溪作》:"冥怀齐宠辱,委顺随行止。我自得此心,于兹十年矣。""此心",就是委顺之心,"齐宠辱"之心。

实际上,《齐物论》中,"心"就是一个核心概念。

## 第三节　《齐物论》与白居易的庸人思想

无论是郭象的"足性论"还是白居易的"遂性论",都是对庄子超越性自由的反动,或者说庸俗化,却又是庄子《齐物论》的合乎逻辑的延伸。《齐物论》两次说到:"为是不用而寓诸庸",这一句颇为费解,其实,"不用"就是"不才",不逞才,就是老子的"无为":"万物作而弗始,生而弗有,为而弗恃,功成而不居。夫唯弗居,是以不去。"(第二章)而"寓诸庸",就是老子的"和其光,同其尘"(五十六章)。王博《庄子哲学·齐物论》如此解释"寓诸庸":"庸就是平常,庸常,淡淡的,没有光芒。对于这个在《齐物论》中出现过两次的说法,最好的也是最简单的解释,恐怕就是有意识地给自己带上庸人的面具。"①我觉得,王博教授的这种解释可能简单了些,但可能正切中白居易理解的庄子。我们看白居易对自己的定位:

>洛阳有愚叟,白黑无分别。浪迹虽似狂,谋身亦不拙。点检盘中饭,非精亦非粝。点检身上衣,无余亦无阙。天时方得所,不寒复不热。体气正调和,不饥仍不渴。闲将酒壶出,醉向人家歇。野食或烹鲜,寓眠多拥褐。抱琴荣启乐,荷锸刘伶达。放眼看青山,任头生白发。不知天地内,更得几年活。从此到终身,尽为闲日月。(《洛阳有愚叟》)

>太原一男子,自顾庸且鄙。……冥怀齐宠辱,委顺随行止。我自得此心,于兹十年矣。(《长庆二年七月自中书舍人出守杭州,路次蓝溪作》)

他真的认为自己是"愚叟","庸且鄙"吗?显然不是,他确实是"有意识地给自己带上庸人的面具"。但问题是:他为什么要装作"庸人"呢?结论实际上很简单:对于一个深受传统士大夫精神熏陶,原先有着绝大的道德承担和社会责任感的人,要他在无可奈何或者自觉无补于事或者不愿为世事付出牺牲的时候(庄子在哲学上反对牺牲,白居易在现实中不愿牺牲),明哲保身,既要保身(包括保住俸禄,不降低自己的生活水准),还要"明哲"——明晓善恶,辨知是非,不失道德上的自足,没有来自良心和社会的谴责,他必通过贬低自己的才德,来减轻自己的道德担负。白居易《杜佑致仕制》:"尽悴事君,明哲保身,进退始终,不失其道,自非贤达,孰能兼

---

① 王博《庄子哲学》,北京:北京大学出版社,2004年,第83页。

之?"①进退始终,不失其道,确实难,难就难在要找一个"道"来解释自己的"进退",这也是"明哲"的意思。孔子曾经说过:"邦有道,贫且贱焉,耻也。邦无道,富且贵焉,耻也。"②"邦有道,谷。邦无道,谷,耻也。"③这就是进退之际可能面临的"道德之耻"。面对这样来自道德上的羞耻,有时还真需要装傻,把自己打扮成无法承担道德重担的庸人。孔子还说过"邦无道,则愚"④。这也算是白居易行为的一个"儒家式"注脚吧——值得指出的是,孔子本人,确实有着很多接近道家的思想和人生态度。再看白居易的《登灵应台北望》:

> 临高始见人寰小,对远方知色界空。回首却归朝市去,一稊米落太仓中。

在茫茫人海之中,自己就如同"一稊米落太仓中"。这是庄子给白居易的惊心动魄的感受,也是白居易对自己存在的认知。但是,对于白居易来说,随着这样的认知而来的,不是庄子式的哲学上对人类处境的荒谬性的反思,而是对自己人生责任的放弃。简言之,一种无力感,可以导致哲学上的深思,也可以导致道德上的放下。白居易放下了。写于大和八年(834)的《对酒五首》其一、其二:

> 巧拙贤愚相是非,何如一醉尽忘机。君知天地中宽窄,雕鹗鸾皇各自飞。
>
> 蜗牛角上争何事,石火光中寄此身。随富随贫且欢乐,不开口笑是痴人。

---

① 《全唐文》卷六百六十。
② 《论语·泰伯》。
③ 《论语·宪问》。
④ 《论语·公冶长》。

如果说"一粞米落太仓中"是空间上的渺小感,那么,"石火光中寄此身"就是时间上的幻灭感。天地如此无边无际、无穷无尽,而吾人之人生又如此渺小短暂,争什么巧拙贤愚,争什么富贵贫贱?争什么是非曲直?乐吧,笑吧!由人生短暂可以合乎逻辑地转到放弃责任、及时行乐,这种逻辑转换在汉代的"古诗十九首"里就已经很明确地向我们展示过了。作于会昌二年(842)的《对酒闲吟,赠同老者》:

> 人生七十稀,我年幸过之。远行将尽路,春梦欲觉时。家事口不问,世名心不思。老既不足叹,病亦不能治。……百事尽除去,尚余酒与诗。兴来吟一篇,吟罢酒一卮。……于中我自乐,此外吾不知。寄问同老者,舍此将安归。莫学蓬心叟,胸中残是非。

"蓬心叟"是指庄子嘲笑的惠子,实际上,当庄子《逍遥游》用"蓬心"来批评惠子时,倒不是批评惠子"有是非",而是批评惠子倡导"有用"。白居易的目的也是这样:他要说明的就是自己的"无用",从而"为是不用而寓诸庸"。从这个角度,我们可以对白居易的"中人"思想做出道德和人性角度的说明。谢思炜等人指出,在白居易诗文中,"中人"一词的指称对象分为三类:"明确自指"、"非明确自指"和"明确他指"①。其实,白居易全部诗文中,用"中人"明确自指的,可以说没有。肖伟韬列出的两首所谓"明确自指"的诗,也经不起推敲。他列出的两首诗,一是《月夜登阁避暑》:

> 旱久炎气盛,中人若燔烧。清风隐何处,草树不动摇。……

---

① 参阅谢思炜《白居易集综论》,北京:中国社会科学出版社,1997年;肖伟韬《白居易生存哲学本体研究》,南京:南京大学出版社,2009年。

一是《咏怀》:

> 高人乐丘园,中人慕官职。一事尚难成,两途安可得。遑遑干世者,多苦时命塞。亦有爱闲人,又为穷饿逼。我今幸双遂,禄仕兼游息。未尝羡荣华,不省劳心力。妻孥与婢仆,亦免愁衣食。所以吾一家,面无忧喜色。

第一首肖伟韬也承认,若"中人"的"中"字作"去"声读,则"还不属于我们所讨论的范畴"①,其实,这里本来就必须作去声读,唐诗中有这样的例子,如皮日休《吴中苦雨因书一百韵寄鲁望》:"著树胜戟支,中人过箭镞。"其实,白居易自己的集子中就有,《五弦弹—恶郑之夺雅也》中的"杀声入耳肤血憯,寒气中人肌骨酸"。《蚊蟆》:"斯物颇微细,中人初甚轻。如有肤受谮,久则疮痏成。""中人若燔烧"与上引诸例完全一样,正当读作去声。而第二首,白居易只是说自己兼得高人和中人的丘园富贵之乐,并没有说自己就是"中人"。

我这样分辨并非为了取消问题,因为白居易确实有着"中人"意识,或者说,他有着"庸人"意识。其实,"中人"一词,最早并非如谢思炜所说:"人性的'中人'概念"乃是"经济的(阶级的)'中人'概念的一种折射。"②从词源的角度说,"中人"一词最早出现于《论语·雍也》:"中人以上,可以语上也;中人以下,不可以语上也。"与老子《道德经》第四十一章"上士闻道,勤而行之;中士闻道,若存若亡;下士闻道,大笑之"的"中士",意义相同。考虑到孔子"有教无类"的主张和学生中"经济的(阶级的)"成分复杂,孔子显然不是从这个角度来

---

① 肖伟韬《白居易生存哲学本体研究》第171页。
② 谢思炜《白居易集综论》第326页。

界定中人的,而更多地是从才能、禀赋、学习的悟性和道德的角度来立论。后来《史记》一再使用"中人"概念,大多也是在明确指认个人禀赋、才能的情况下,如说陈胜:"材能不及中人"(《陈涉世家》);说李蔡:"蔡为人在下中",接着就说"诸(李)广之军吏及士卒才能不及中人"(《李将军列传》);说郭解:"状貌不及中人"(《游侠列传》)等等,也都是在《论语》"中人"的意义上使用这个概念。当然,关键是,白居易也是在这个意义上使用这个概念的。他的《策林三十四　牧宰考课》中说:"臣闻贤者为善,不待劝矣。何哉?性不忍为恶耳。愚者为不善,虽劝而不迁也。何哉?性不能为善耳。贤愚之间,谓之中人,中人之心,可上可下,劝之则迁於善,舍之则陷於恶。"①《归田三首》其一:"人生何所欲,所欲唯两端。中人爱富贵,高士慕神仙。"《读史五首》其五:"富贵家人重,贫贱妻子欺。奈何贫富间,可移亲爱志。遂使中人心,汲汲求富贵。又令下人力,各竞锥刀利。随分归舍来,一取妻孥意。"都是在"道德"意义上使用"中人"的概念。肖伟韬正确地指出了"白居易也是以'平常人'、'普通人'来定位自己的",并举白居易《雪中晏起偶咏所怀兼呈张常侍、韦庶子、皇甫郎中》的"非贤非愚非智慧,不贵不富不贱贫"为例来说明。全诗如下:

穷阴苍苍雪雰雰,雪深没胫泥埋轮。东家典钱归碍夜,南家粜米出凌晨。我独何者无此弊,复帐重衾暖若春。怕寒放懒不肯动,日高眠足方频伸。瓶中有酒炉有炭,瓮中有饭庖有薪。奴温婢饱身晏起,致兹快活良有因。上无皋陶伯益廊庙材,的不能匡君辅国活生民。下

---

① 《全唐文》卷六百七十。

第二章 白居易与《齐物论》

无巢父许由箕颍操,又不能食薇饮水自苦辛。君不见南山悠悠多白云,又不见西京浩浩唯红尘。红尘闹热白云冷,好于冷热中间安置身。三年俙幸忝洛尹,两任优稳为商宾。非贤非愚非智慧,不贵不富不贱贫。冉冉老去过六十,腾腾闲来经七春。不知张韦与皇甫,私唤我作何如人。

"上无皋陶伯益廊庙材,的不能匡君辅国活生民。下无巢父许由箕颍操,又不能食薇饮水自苦辛。"就是典型的"有意识地给自己带上庸人的面具",从而可以心安理得地放弃责任,拒绝承担。其实,我们无须特别找这样的例子,因为,只要打开白居易的集子,弥漫的庸人气息就会扑面而来。《松斋自题(时为翰林学士)》:

非老亦非少,年过三纪余。非贱亦非贵,朝登一命初。才小分易足,心宽体长舒。充肠皆美食,容膝即安居。况此松斋下,一琴数帙书。书不求甚解,琴聊以自娱。夜直入君门,晚归卧吾庐。形骸委顺动,方寸付空虚。持此将过日,自然多晏如。昏昏复默默,非智亦非愚。

因为自认"才小",所以,对于他所得到的"分",就很满足。诗中"形骸""委顺""空虚""昏默"都是《庄子》典故,但是,我们读《庄子》,哪里是这种平庸无聊的感觉啊。由庄子哲学中高迈超脱的"个体自足",到政治上的"本分自足",是哲学的庸俗化。事实上,无论老庄哲学,还是释梵宗教,白居易都把它们庸俗化了,其目的就是为自己庸俗的生活找注脚,为自己庸人的幸福快活找理据,为自己放弃早年的道德宣言找遮掩。《渭村退居,寄礼部崔侍郎、翰林钱舍人诗一百韵》:"外身宗老氏,齐物学蒙庄。"他把《庄子》变成了自己的道德创可贴。

由于这种"庸人"思想充分体现在"本分"思想里,我们接下来对白居易"本分"思想论述中所举的例子能很好地展现白居易的庸人气息。这种庸人气息和不负责任、独享富贵快乐连在一起,也显得自私、奴性,使人生厌。但是白居易显然非常享受这种庸人的快乐,并且笔之于诗,对后世文人的享乐主义产生了深远的影响。

"为是不用而寓诸庸",甘心于平庸,并享受"平庸"带来的轻松感和解脱感,就必须认可这种平庸乃是自己的本分。袁枚曾经说:"韩子以知命之君子望天下之常人,而白傅又甘以常人自待。"①《庄子·齐物论》中的万物平等,经过郭象的"足性",到白居易变为"遂性",这个"性",就变成了自己的"本分"。我们看看他表达自己恪守本分、知足常乐的诗歌。

《何处堪避暑》作于大和九年(835):

> 何处堪避暑,林间背日楼。何处好追凉,池上随风舟。日高饥始食,食竟饱还游。游罢睡一觉,觉来茶一瓯。眼明见青山,耳醒闻碧流。脱袜闲濯足,解巾快搔头。如此来几时,已过六七秋。从心至百骸,无一不自由。拙退是其分,荣耀非所求。虽被世间笑,终无身外忧。此语君莫怪,静思吾亦愁。如何三伏月,杨尹谪虔州。

自认"拙退是其分,荣耀非所求",并用自己此时逍遥的生活和"杨尹谪虔州"对比,证明自己的这种自认自甘平庸才是最明智的人生选择。《宿西林寺,早赴东林满上人之会因寄崔

---

① 《小仓山房文集》卷二十。

第二章　白居易与《齐物论》

二十二员外》：

> 谪辞魏阙鹓鸾隔，老入庐山麋鹿随。薄暮萧条投寺宿，凌晨清净与僧期。双林我起闻钟后，只日君趋入阁时。鹏鷃高低分皆定，莫劳心力远相思。

这首诗写于元和十一年(816)，所以有"谪辞魏阙鹓鸾隔"之叹。在这样的时候，想到"鹏鷃高低分皆定"，给自己确定一个"分"，就是给自己一个安分守己的理由。并且，自己的分内，也自有分中的好处，那就是闲适，不劳心力。当别人清晨匆匆入阁，宵衣旰食，而他，则在东西林寺的钟声中悠然兴会，妙处难与君说。

《履道西门二首》：

> 履道西门有弊居，池塘竹树绕吾庐。豪华肥壮虽无分，饱暖安闲即有余。行灶朝香炊早饭，小园春暖掇新蔬。夷齐黄绮夸芝蕨，比我盘飧恐不如。
>
> 履道西门独掩扉，官休病退客来稀。亦知轩冕荣堪恋，其奈田园老合归。跛鳖难随骐骥足，伤禽莫趁凤凰飞。世间认得身人少，今我虽愚亦庶几。

余恕诚先生指出："讽人之嗜欲害性，不能省分知足，为白居易早年讽喻诗的重要内容之一。"并举白居易《感鹤》《和雉媒》《伤宅》《凶宅》等诗歌为例①。其实，他不仅嘲讽当代人，还要嘲弄古人，且是一个伟大的古人——屈原。元和十二年的《咏怀》：

> 自从委顺任浮沉，渐觉年多功用深。面上减除忧喜色，胸中消尽是非心。妻儿不问唯耽酒，冠盖皆慵只抱

---

① 余恕诚《唐诗风貌》(修订本)，北京：中华书局，2010年，第73—74页。

琴。长笑灵均不知命,江蓠丛畔苦悲吟。

前面提到,庄子的"委顺"思想被白居易反复提及。《全唐诗》所收白居易诗中,仅"委顺"一词就出现了九次,另外还有如《无可奈何歌》中的"委一顺""委邪顺邪",《读谢灵运诗》中的"穷通顺冥数",《逸老(庄子云:劳我以生,逸我以老,息我以死也)》"顺之多吉寿,违之或凶夭",《齿落辞》中的"委百骸而顺万化",《赠杓直》中的"外顺世间法,内脱区中缘"。

"委顺"在白居易看来,也就是"知命","知命"也就是知"本分",余恕诚先生指出:"白诗在情感表现上的另一特征,是通达识体,省分知足。有一种不忮不求,委运任化的态度。"①所以,他要嘲笑屈原"不知命"。屈原不知命,于是江畔苦吟。那么,屈原知命又当如何? 不就是放弃吗? 所以,白居易的"知命"和孔子的"知命",完全不是一回事,孔子的知命,是认同自己的道德承担,知其不可而为之;白居易的"知命",是认知自己的无可奈何而安之若命。孔子知其不可而为之的道德承担,在白居易这里,又一变而为安时处顺、安分守己的哲学托辞。

《池鹤八绝句·鸢赠鹤》:

> 君夸名鹤我名鸢,君叫闻天我戾天。更有与君相似处,饥来一种啄腥膻。

鸢的思想,看起来是"平等",其实不够"本分"——既不识本分之所在,又不守本分之藩篱,偏要高攀,高攀不成,又要把别人拉下来,以与自己平齐,这不是《齐物论》中"齐"的意思。所以,《池鹤八绝句·鹤答鸢》借鹤之口予以批评:

---

① 余恕诚《唐诗风貌》(修订本)第73页。

第二章 白居易与《齐物论》

> 无妨自是莫相非,清浊高低各有归。鸾鹤群中彩云里,几时曾见喘莺飞。

这一首《自咏》写于大和四年(830):

> 随宜饮食聊充腹,取次衣裘亦暖身。未必得年非瘦薄,无妨长福是单贫。老龟岂羡牺牲饱,蟠木宁争桃李春。随分自安心自断,是非何用问闲人。

用庄子《秋水》中神龟"曳尾于涂"的典故,却与庄子本意区别极大:庄子本来用以说明统治者之险恶,表明自己绝不合作。而白居易用以说明不守本分终将倒霉。这是典型的庸人思想,却偏要拿庄子这样的高人做幌子。

## 第四节 《齐物论》与白居易的"消心"

《齐物论》开头说到的"心如死灰",是一种得道的最高境界,是"吾丧我"的基本特征,也是"吾丧我"的前提条件。《齐物论》中,"心"字出现七次,有两次是在一般意义或者在比喻意义上使用的:"近死之心,莫使复阳也。""其形化,其心与之然,可不谓大哀乎?"它们指的(比喻的)是人的灵魂或精神,这是在正面和肯定的意义上使用"心"这个概念。《田子方》中"哀莫大于心死"也是此类,由于这种表述和"心如死灰"极其相似,很容易混淆,其实二者意义完全相反。白居易《自诲》一诗,就用的是《田子方》中的"哀莫大于心死":

> 乐天乐天,来与汝言。汝宜拳拳,终身行焉。物有万类,锢人如锁。事有万感,爇人如火。万类递来,锁汝形骸。使汝未老,形枯如柴。万感递至,火汝心怀。使汝未死,心化为灰。乐天乐天,可不大哀,汝胡不惩往而

念来。……

但是,《齐物论》中另外五次"心"字都是在否定的意义上使用的,如"成心",这样的心,因为是偏见、经验、知识、世俗价值观的集合,所以,是阻碍人类认知大道的障碍,人类要自由,要接近大道,必须"心如死灰"。而南郭子綦就是庄子借以说明"心如死灰"境界的得道高人。白居易对"心"的这种负面价值也是有警惕的,《寄元九》:"身为近密拘,心为名检缚。"《花下对酒二首》其二:"人心苦迷执,慕贵忧贫贱。愁色常在眉,欢容不上面。"《委顺》:"外累由心起,心宁累自息。"《感春》:"忧喜皆心火,荣枯是眼尘。"《知足吟(和崔十八未贫作)》:"是物皆有余,非心无所欲。"几乎可以说,心是万恶之源,是一切痛苦之源,是人之地狱:

乍来天上宜清净,不用回头望故山。纵有旧游君莫忆,尘心起即堕人间。(《冯阁老处见与严郎中酬和诗,因戏赠绝句》)

既然一切人生苦痛都源自尘心,那么,身体的安适,也要归功于一颗知足的心。大和八年(834)的《风雪中作》:

心为身君父,身为心臣子。不得身自由,皆为心所使。我心既知足,我身自安止。方寸语形骸,吾应不负尔。

这个"方寸"对"形骸"的自夸,白居易后来干脆写成了三首身心之间的问答《自戏三绝句》,写于开成五年(840)。

《心问身》:

心问身云何泰然,严冬暖被日高眠。放君快活知恩否,不早朝来十一年。

第二章　白居易与《齐物论》

《身报心》：

> 心是身王身是宫，君今居在我宫中。是君家舍君须爱，何事论恩自说功。

《心重答身》：

> 因我疏慵休罢早，遣君安乐岁时多。世间老苦人何限，不放君闲奈我何。

白居易是颇为自得于他的"消（销）心"的功夫的，《寄李相公、崔侍郎、钱舍人》："荣枯事过都成梦，忧喜心忘便是禅。"《咏怀》："面上减除忧喜色，胸中消尽是非心。"《闲吟》："自从苦学空门法，销尽平生种种心。"所谓"消心"，就是消除"成心"，消除心中的是非得失，消除心中的欲望和尘垢。

《官舍小亭闲望》：

> 数峰太白雪，一卷陶潜诗。人心各自是，我是良在兹。回谢争名客，甘从君所嗤。

"人心各自是"来自于庄子，也是白居易自己的体会。《赠吴丹》：

> 巧者力苦劳，智者心苦忧。爱君无巧智，终岁闲悠悠。尝登御史府，亦佐东诸侯。手操纠谬简，心运决胜筹。宦途似风水，君心如虚舟。泛然而不有，进退得自由。……人间有闲地，何必隐林丘。顾我愚且昧，劳生殊未休。一入金门直，星霜三四周。主恩信难报，近地徒久留。终当乞闲官，退与夫子游。

《庄子·列御寇》："巧者劳而知者忧，无能者无所求，饱食而敖游，汎若不系之舟，虚而敖游者也。"白居易在"智者忧"这一句庄子的名言中间，加上了一个"心"字，这不是仅仅为了凑字。下面还有他揶揄的"心运",这首诗可以参看他的《不二门》：

> 两眼日将暗,四肢渐衰瘦。束带剩昔围,穿衣妨宽袖。流年似江水,奔注无昏昼。志气与形骸,安得长依旧。亦曾登玉陛,举措多纰缪。至今金阙籍,名姓独遗漏。亦曾烧大药,消息乖火候。至今残丹砂,烧干不成就。行藏事两失,忧恼心交斗。化作憔悴翁,抛身在荒陋。坐看老病逼,须得医王救。唯有不二门,其间无夭寿。

这是白居易用自己的一生经历,为《齐物论》中的这一段作注脚：

> 大知闲闲,小知间间;大言炎炎,小言詹詹。其寐也魂交,其觉也形开,与接为构,日以心斗：缦者,窖者,密者。小恐惴惴,大恐缦缦。其发若机栝,其司是非之谓也;其留如诅盟,其守胜之谓也;其杀若秋冬,以言其日消也;其溺之所为之,不可使复之也;其厌也如缄,以言其老洫也;近死之心,莫使复阳也。喜怒哀乐,虑叹变慹,姚佚启态;乐出虚,蒸成菌。日夜相代乎前,而莫知其所萌。……
>
> 一受其成形,不忘以待尽。与物相刃相靡,其行尽如驰,而莫之能止,不亦悲乎！终身役役而不见其成功,苶然疲役而不知其所归,可不哀邪！人谓之不死,奚益！其形化,其心与之然,可不谓大哀乎？人之生也,固若是芒乎？其我独芒,而人亦有不芒者乎？

这样躁动的心灵是祸患,也是痛苦。《玩止水》：

> 动者乐流水,静者乐止水。利物不如流,鉴形不如

## 第二章 白居易与《齐物论》

> 止。凄清早霜降,淅沥微风起。中面红叶开,四隅绿萍委。广狭八九丈,湾环有涯涘。浅深三四尺,洞彻无表里。净分鹤翘足,澄见鱼掉尾。迎眸洗眼尘,隔胸荡心滓。定将禅不别,明与诚相似。清能律贪夫,淡可交君子。岂唯空狎玩,亦取相伦拟。欲识静者心,心源只如此。

这又是庄子《德充符》的义疏:"人莫鉴于流水而鉴于止水,唯止能止众止。"还有类似的表达如《自觉二首》其二:

> 朝哭心所爱,暮哭心所亲。亲爱零落尽,安用身独存。几许平生欢,无限骨肉恩。结为肠间痛,聚作鼻头辛。悲来四支缓,泣尽双眸昏。所以年四十,心如七十人。我闻浮屠教,中有解脱门。置心为止水,视身如浮云。

《答元八郎中、杨十二博士》:"身觉浮云无所著,心同止水有何情。""无情"也是庄子的概念,意思是反对一种为世俗所牵动的情感上的波动。事实上,心灵的躁动,除了人间的爱欲,更多地是为了名利。《过骆山人野居小池(骆生弃官居此二十余年)》:"名利驱人心,贤愚同扰扰。"《登商山最高顶》更是对自己名利之心的反思和自嘲:

> 高高此山顶,四望唯烟云。下有一条路,通达楚与秦。或名诱其心,或利牵其身。乘者及负者,来去何云云。我亦斯人徒,未能出嚣尘。七年三往复,何得笑他人。

既然意识到了一切的痛苦来自于躁动的心灵,那就要从医心开始。虽然"不须忧老病,心是自医王"(《斋居偶作》),但是,心灵的安顿需要相应的功夫和药饵。这个药饵,就是

"道"——这个不可道的"道"。《夜雨有念》:"以道治心气,终岁得晏然。"甚至需要暂时的、借酒而来的超脱:"时到仇家非爱酒,醉时心胜醒时心。"(《重到城七绝句·仇家酒》)醉时往往理性松懈,算计心减少,欲望暂时忘却,从而比较放松,放得下,所以,胜过"醒时心"。而为了减少欲望,甚至需要身体的病弱:

> 自学坐禅休服药,从他时复病沉沉。此身不要全强健,强健多生人我心。(《罢药》)

> 方寸成灰鬓作丝,假如强健亦何为。家无忧累身无事,正是安闲好病时。(《病中诗十五首·病中五绝句》其二)

由于心灵的波动主要产生于"分别之心",如《鹦鹉》诗中所说的"身囚缘彩翠,心苦为分明"。于是,"齐物"就是心灵修养的必然途径:"为学空门平等法,先齐老少死生心。"(《岁暮道情二首》其一)心灵修养的最高境界,就是心如死灰,就是"无心":

> 天平山上白云泉,云自无心水自闲。何必奔冲山下去,更添波浪向人间。(《白云泉》)

是"忘心":

> 默然相顾晒,心适而忘心。(《舟中李山人访宿》)

到了最后,白居易几乎成了"唯心主义":

> 庾信园殊小,陶潜屋不丰。何劳问宽窄,宽窄在心中。(《小宅》)

> 适情处处皆安乐,大抵园林胜市朝。(《谕亲友》)

> 苦乐心由我,穷通命任他。(《问皇甫十》)

## 第二章　白居易与《齐物论》

> 止足安生理,悠闲乐性场。是非一以遣,动静百无妨。岂有物相累,兼无情可忘。不须忧老病,心是自医王。(《斋居偶作》)
>
> 心足即为富,身闲乃当贵。富贵在此中,何必居高位。(《闲居》)
>
> 性慵无病常称病,心足虽贫不道贫。(《酬皇甫宾客》)
>
> 烦虑渐消虚白长,一年心胜一年心。(《老来生计》)

虚白,是用庄子《人间世》"虚室生白"之典,"一年心胜一年心",意思是他心灵的境界在节节攀升,直至心平气和,直至把自己修养成心如死灰——《隐几》:

> 身适忘四支,心适忘是非。既适又忘适,不知吾是谁。百体如槁木,兀然无所知。方寸如死灰,寂然无所思。今日复明日,身心忽两遗。行年三十九,岁暮日斜时。四十心不动,吾今其庶几。

前四句来自《庄子·达生》,接下来四句来自《齐物论》。他把庄子的"吾丧我"理解为身心的"适",这显然是对庄子哲学的肤浅化和生活化,同时又是对自己的抬高:令人惊讶的是,这首诗写于三十九岁,也就是说,白居易在他三十九岁时,他就以南郭子綦这样的庄子笔下的高人自况,又以孟子自比,似乎有点矫情和自大。同样作于元和年间的《谕友》也矫情地宣称:"平生青云心,销化成死灰。"作于元和九年的《渭村退居,寄礼部崔侍郎、翰林钱舍人诗一百韵》:"泥尾休摇掉,灰心罢激昂。"

作于元和十年的《梦旧》:

> 别来老大苦修道,炼得离心成死灰。平生忆念消磨

尽,昨夜因何入梦来。

此时白居易也不过四十四岁。作于江州时期的《赠韦炼师》:"浔阳迁客为居士,身似浮云心似灰。"《冬至夜》也不过作于元和十四年(819),白居易此时四十八岁,但他却已经宣称:"老去襟怀常濩落,病来须鬓转苍浪。心灰不及炉中火,鬓雪多于砌下霜。"

但是,需要提出的是,白居易在使用"心灰"这个意象时,既有庄子《齐物论》作为"吾丧我"之境界体现的"心如死灰",也有《田子方》的"哀莫大于心死"之意。兹举例如下:

> 五年不入慈恩寺,今日寻师始一来。欲知火宅焚烧苦,方寸如今化作灰。(《赠昙禅师(梦中作)》)

> 寂寞满炉灰,飘零上阶雪。对雪画寒灰,残灯明复灭。灰死如我心,雪白如我发。所遇皆如此,顷刻堪愁绝。回念入坐忘,转忧作禅悦。平生洗心法,正为今宵设。(《送兄弟回雪夜》)

> 鬓毛遇病双如雪,心绪逢秋一似灰。向夜欲归愁未了,满湖明月小船回。(《百花亭晚望夜归》)

> 瘴地风霜早,温天气候催。穷冬不见雪,正月已闻雷。震蛰虫蛇出,惊枯草木开。空余客方寸,依旧似寒灰。(《闻雷》)

简言之,"心如死灰"的表述是为了显示自己的境界,而"哀莫大于心死"的反复出现则显示出白居易内心的苦闷和内在的消沉。后者是真实的情感的流露,而前者——他在三十九岁就自诩达到的南郭子綦那样的"吾丧我"的境界——实际上是他的自我吹嘘,至多只是他自我的期许,或者,是对庄子笔下所描述的那种境界表达理性上的认可、赞许与向往,他实

## 第二章 白居易与《齐物论》

际上终生也没有达到这样的境界。我们看下面一首,《咏兴五首·出府归吾庐》:

> 出府归吾庐,静然安且逸。更无客干谒,时有僧问疾。家僮十余人,枥马三四匹。慵发经旬卧,兴来连日出。出游爱何处,嵩碧伊瑟瑟。况有清和天,正当疏散日。身闲自为贵,何必居荣秩。心足即非贫,岂唯金满室。吾观权势者,苦以身徇物。炙手外炎炎,履冰中栗栗。朝饥口忘味,夕惕心忧失。但有富贵名,而无富贵实。

此诗作于大和七年(833),此时白居易六十二岁。诗前有一总序,序曰:"(大和)七年四月,予罢河南府,归履道第,庐舍自给,衣储自充,无欲无营,或歌或舞,颓然自适,盖河洛间一幸人也。遇兴发咏,偶成五章,各以首句命为题目。"看看这个序,再看看这首诗,我们觉得白居易非常之"虚伪":一边过着"幸人"的富足生活:自给,自充,或歌,或舞,家僮十余人,枥马三四匹。有这么多的物质条件,过着"安且逸"的生活,却要标榜"心足即非贫",并且嘲笑"权势者":"但有富贵名,而无富贵实。"他此时官居二品,闲雅富贵皆而有之,还要批评别人,不免矫情。下面这首更是如此——《自在》:

> 杲杲冬日光,明暖真可爱。移榻向阳坐,拥裘仍解带。小奴捶我足,小婢搔我背。自问我为谁,胡然独安泰。安泰良有以,与君论梗概。心了事未了,饥寒迫于外。事了心未了,念虑煎于内。我今实多幸,事与心和会。内外及中间,了然无一碍。所以日阳中,向君言自在。

我们发现,他虽然鼓吹了那么多"唯心主义"的"幸福观",但是他自己的幸福"安泰"却是建立在"唯物主义"的基础上的。

当然,需要说明的是,白居易自诩而不是真正达到了"吾丧我"这样的境界,并不能因此就否定白居易向往这种境界的意义,更不能否定庄子的这种境界的价值——高山仰止,景行行止,虽不能至,然心向往之——有向往,就有希望,有向往,就有超越。知道向往与不知道向往,如同知道仰望星空与不知道仰望星空,二者之间的区别,就在于这个"知道"。"知道"和"不知道",不啻天壤。

## 第五节 《齐物论》与白居易的"人生如梦"

《齐物论》"吾丧我"之实现途径为"寓诸庸";最高境界为"心如死灰";事实证明和价值体现就是"物化"——人生如梦。庄周梦蝶的故事,美丽忧伤而又深刻,白居易不会对此无动于衷。我们看他的《无可奈何歌》:

> 无可奈何兮,白日走而朱颜颓。少日往而老日催,生者不住兮死者不回。况乎宠辱丰悴之外物,又何常不十去而一来?去不可挽兮来不可推,无可奈何兮,已焉哉。惟天长而地久,前无始兮后无终。嗟吾生之几何,寄瞬息乎其中。又如太仓之稊米,委一粒于万钟。何不与道逍遥,委化从容,纵心放志,泄泄融融。胡为乎分爱恶于生死,系忧喜于穷通。倔强其骨髓,龃龉其心胸。合冰炭以交战,只自苦兮厥躬。彼造物者,云何不为?此与化者,云何不随?或煦或吹,或盛或衰,虽千变与万化,委一顺以贯之。为彼何非,为此何是?谁冥此心,梦蝶之子。何祸非福,何吉非凶?谁达此观,丧马之翁。俾吾为秋毫之杪,吾亦自足,不见其小;俾吾为泰山之

阿,吾亦无余,不见其多。是以达人静则吻然与阴合迹,动则浩然与阳同波。委顺而已,孰知其他。时邪命邪,吾其无奈彼何;委邪顺邪,彼亦无奈吾何。夫两无奈何,然后能冥至顺而合太和。故吾所以饮太和,扣至顺,而为无可奈何之歌。

题目"无可奈何"就是庄子的思想——对世界和自身命运的感受和感伤,出自《人间世》:"知其不可奈何而安之若命,德之至也。""安之若命",就是委顺命运。其实,一部《庄子》,岂不都是无可奈何者"所以穷年"(《寓言》)之作。这首诗中直接使用《庄子》典故的,还至少有如下数处:

去不可挽兮来不可推——古之所谓得志者,非轩冕之谓也,谓其无以益其乐而已矣。今之所谓得志者,轩冕之谓也。轩冕在身,非性命也,物之傥来,寄者也。寄之,其来不可圉,其去不可止。故不为轩冕肆志,不为穷约趋俗,其乐彼与此同,故无忧而已矣。(《庄子·缮性》)

前无始兮后无终——化其万物而不知其禅之者,焉知其所终?焉知其所始?正而待之而已耳。(《庄子·山木》)

合冰炭以交战——今吾朝受命而夕饮冰,我其内热与?(《庄子·人间世》)郭象注:"人患虽去,然喜惧战于胸中,固已结冰炭于五藏矣。"

又如太仓之稊米,委一粒于万钟——计四海之在天地之间也,不似礨空之在大泽乎?计中国之在海内,不似稊米之在大仓乎?号物之数谓之万,人处一焉;人卒九州,谷食之所生,舟车之所通,人处一焉;此其比万物也,不似豪末之在于马体乎?(《庄子·秋水》)

或煦或吹——吹呴呼吸，吐故纳新，熊经鸟申，为寿而已矣；此道引之士，养形之人，彭祖寿考者之所好也。（《庄子·刻意》）

俾吾为秋毫之杪，吾亦自足，不见其小；俾吾为泰山之阿，吾亦无余，不见其多——天下莫大于秋毫之末而泰山为小，莫寿于殇子而彭祖为夭。（《齐物论》）

时邪命邪——古之所谓隐士者，非伏其身而弗见也，非闭其言而不出也，非藏其知而不发也，时命大谬也。（《庄子·缮性》）我讳穷久矣，而不免，命也；求通久矣，而不得，时也。……知穷之有命，知通之有时，临大难而不惧者，圣人之勇也。（《庄子·秋水》）

达人静则吻然与阴合迹，动则浩然与阳同波——知天乐者，其生也天行，其死也物化。静而与阴同德，动而与阳同波。（《庄子·天道》）

其他典出非一，却确实是《庄子》思想者，还有一些，如"为彼何非，为此何是"，就是《齐物论》中相关内容的综合，"何不与道道遥，委化从容"也是《庄子》一贯思想与概念，"胡为乎分爱恶于生死，系忧喜于穷通"也是《庄子·秋水》等等篇目中熟见的意思。当然，也有引用《道德经》的，如"天长地久"（第七章），"或煦或吹"既如上所示，来自《庄子》，也可以说来自《道德经》第二十九章之"或嘘或吹"。顺便说一下，白居易对《庄子》和《道德经》是作为一个整体看待的。他的《读道德经》诗中所引用的思想或典故，更多地是来自于《庄子》可证。

值得注意的是，在这首诗里，他把庄子称之为"梦蝶之子"，这个很有诗意和"爱意"的称呼，可以见出白居易对庄子以及"梦蝶"故事的喜爱。白居易涉及"梦蝶"这个忧伤而深刻的故事、慨叹"人生如梦"的诗歌，举例如下：

第二章　白居易与《齐物论》

非庄非宅非兰若,竹树池亭十亩余。非道非僧非俗吏,褐裘乌帽闭门居。梦游信意宁殊蝶,心乐身闲便是鱼。虽未定知生与死,其间胜负两何如。(《池上闲吟二首》其二)

……大抵宗庄叟,私心事竺乾。浮荣水划字,真谛火生莲。梵部经十二,玄书字五千。是非都付梦,语默不妨禅。……(《新昌新居书事四十韵,因寄元郎中、张博士》)

闻君梦游仙,轻举超世雰。……人生同大梦,梦与觉谁分。况此梦中梦,悠哉何足云。(《和微之诗二十三首·和送刘道士游天台》)

留春不住登城望,惜夜相将秉烛游。风月万家河两岸,笙歌一曲郡西楼。诗听越客吟何苦,酒被吴娃劝不休。从道人生都是梦,梦中欢笑亦胜愁。(《城上夜宴》)

……幻世春来梦,浮生水上沤。百忧中莫入,一醉外何求。未死痴王湛,无儿老邓攸。蜀琴安膝上,周易在床头。去去无程客,行行不系舟。……(《想东游五十韵》)

莫惊宠辱虚忧喜,莫计恩雠浪苦辛。黄帝孔丘无处问,安知不是梦中身。

鹿疑郑相终难辨,蝶化庄生讵可知。假使如今不是梦,能长于梦几多时。(《疑梦二首》,又作王维诗)

朝亦随群动,暮亦随群动。荣华瞬息间,求得将何用。形骸与冠盖,假合相戏弄。但异睡着人,不知梦是梦。(《自咏五首》其一)

《齐物论》解释庄周梦蝶:"周与胡蝶,则必有分矣。此之谓物化。"那么,什么是"物化"?《庄子·外物》:"圣人之生也天行,其死也物化。"显然,至少"死"是"物化"的体现之一。问题是,在庄子眼里,生死一体,不存在一个明显的区分和界限,所以,接下来,就是这样的句子:"其生若浮,其死若休。"汉语中"浮生"一词,来源于此,而中国人对于生命、生活、生存的感受,也就深深地烙上了飘摇浮沉的伤痕。在《全唐诗》所收的白居易诗歌里,"浮生"一词,出现了十一次。例举如下:

《垂钓》:"浮生多变化,外事有盈虚。"
《暮春寄元九》:"浮生都是梦,老小亦何殊。"
《重到渭上旧居》:"浮生同过客,前后递来去。"
《和梦游春诗一百韵》:"艳色即空花,浮生乃焦谷。"
《对酒》:"幻世如泡影,浮生抵眼花。"
《野行》:"浮生短于梦,梦里莫营营。"
《题谢公东山障子》:"贤愚共在浮生内,贵贱同趋群动间。多见忙时已衰病,少闻健日肯休闲。鹰饥受绁从难退,鹤老乘轩亦不还。唯有风流谢安石,拂衣携妓入东山。"

其生既然若浮,那么,贤愚也好,贵贱也罢,不过都是匆匆过客,又何必人事鞅掌,忙而不闲!齐物齐物,物之最终一"齐",就是"委化",就是"物化"!蝶化庄生,庄生化蝶,一切都在"化"中齐了!

当然,《庄子》中涉及梦的,不仅是《齐物论》中的"庄周梦蝶",《齐物论》中下面一段长梧子教训瞿鹊子的话,同样为人所熟知:

梦饮酒者,旦而哭泣;梦哭泣者,旦而田猎。方其梦

## 第二章 白居易与《齐物论》

也,不知其梦也。梦之中又占其梦焉,觉而后知其梦也。且有大觉而后知此其大梦也,而愚者自以为觉,窃窃然知之。君乎,牧乎,固哉! 丘也与女,皆梦也;予谓女梦,亦梦也。是其言也,其名为吊诡。万世之后而一遇大圣,知其解者,是旦暮遇之也。

请看白居易的《我身》:

我身何所似,似彼孤生蓬。秋霜剪根断,浩浩随长风。昔游秦雍间,今落巴蛮中。昔为意气郎,今作寂寥翁。外貌虽寂寞,中怀颇冲融。赋命有厚薄,委心任穷通。通当为大鹏,举翅摩苍穹。穷则为鹪鹩,一枝足自容。苟知此道者,身穷心不穷。

在穷通之间,通为大鹏,穷作鹪鹩。而他此时当然是不通之穷时:"昔游秦雍间,今落巴蛮中。昔为意气郎,今作寂寥翁。"游秦雍何等风光,落巴蛮何等萧条。秦雍者,热地也,巴蛮者,僻冷之地也。(《初授赞善大夫早朝,寄李二十助教》:"寂寞曹司非热地,萧条风雪是寒天。"五品的京官,只因无实权,便被他称为"非热地"。)甚至人都由年少之"郎"变为年衰之"翁"。身处寒地,时运不通,如何获得心理的平衡? 当然是"知足":苍穹可游,一枝足容,徘徊两间,无有悬隔。陈寅恪《白乐天之思想行为与佛道之关系》指出:"乐天之思想一言以蔽之曰'知足'",而且"'知足'之旨,由老子'知足不辱'而来"[1]。陈先生的话当然不错,但是,需要补充的是,《庄子·逍遥游》的逍遥思想和《齐物论》的个体自足思想,可能

---

[1] 陈寅恪《元白诗笺证稿》附论(乙)《白乐天之思想行为与佛道之关系》,北京:三联书店,2001年,第337页。

更加直接和感性地影响了白居易。

《答崔侍郎、钱舍人书问,因继以诗》:

> 旦暮两蔬食,日中一闲眠。便是了一日,如此已三年。心不择时适,足不拣地安。穷通与远近,一贯无两端。常见今之人,其心或不然。在劳则念息,处静已思喧。如是用身心,无乃自伤残。坐输忧恼便,安得形神全。……帝乡远于日,美人高在天。谁谓万里别,常若在目前。泥泉乐者鱼,云路游者鸾。勿言云泥异,同在逍遥间。……

这首诗作于元和十二年江州司马任上。是的,自元和十年到江州,至此已历三年。很显然,在这样特殊的时期,《庄子》一直陪伴着他。所引第五、六、七、十六、十七、二十一句,都或明或暗地使用了《庄子》的典故,当然,最明白的,还是第二十四句:"同在逍遥间"。这一句话可以说是白居易对《庄子》哲学的核心理解。与自大的李白一定要显示自己与众不同相反,自我矮化的白居易一定要证明即使是失败者、平庸者也拥有一份逍遥,因为只有这样他才能实现心理平衡。

# 第三章 白居易的"闲适诗"与《庄子》

## 第一节 "闲""适"的语源学内涵与《庄子》

白居易的闲适诗之"闲",是从门从月的"閒",不是从门从木的"閑",从门从木的"閑",意为"阑",栅栏之意。从门从月的閒才有白居易"闲适"之相关含义。古时亦多借用"閑"为"清閒"之閒,后来简化字直接合并了二者。"閒"有时与"间"同义,如《庄子·山木篇》:"周将处夫材不材之閒。"这也与白居易"闲适诗"之"闲"无关。

先秦典籍中,"閒"字《论语》出现两处:"子疾病,子路使门人为臣。病閒……"(《论语·子罕》)"齐景公待孔子,曰:'若季氏则吾不能,以季、孟之閒待之。'"(《论语·微子》)这两处都做"间"(间隙和之间)字解。还有"闲"字一处:"子夏曰:'大德不逾闲,小德出入可也。'"(《论语·子张篇》)乃从门从木之"閑",朱熹释为"阑","所以止物之出入"(《四书集注》)。也就是说,《论语》中的"閒"字,没有"闲暇、闲适、悠闲、宽裕、从容"等后来语法上的基本义项,这个义项被另一个词代替"燕"(或"宴"):"子之燕居,申申如也,夭夭如也。"(《述而》)却没有含义相同的"闲"(閒)。

《孟子》中,有类似含义的"閒"出现两次:"国家閒暇"二见(《公孙丑上》),实际上只能算一次。

《墨子》中,合乎"闲暇"之类的"閒"字,也与《孟子》一样,

只有两处:

《非儒下》:"孔某与其门弟子閒坐。"
《耕柱》:"见宋、郑之閒邑,则还然窃之。"

其他"幽閒"三见:《号令》:"穷巷幽閒无人之处",《明鬼下》:"莫放幽閒","故鬼神之明,不可为幽閒广泽……"。这三处"幽閒",意为幽暗无人之处,"閒"通"涧",与"闲暇"等后来的基本义不同。这种用法,《庄子》中也有,并显然来自于《墨子》:

为不善乎显明之中者,人得而诛之;为不善乎幽閒之中者,鬼得而诛之。(《庄子·庚桑楚》)

白居易"闲适诗"的"闲"所包含的"闲暇、闲适、悠闲、宽裕、从容"等含义,《庄子》最为多见,以此也可见庄子哲学的意蕴。兹例举如下:

俄而子舆有病,子祀往问之。曰:"伟哉夫造物者,将以予为此拘拘也!曲偻发背,上有五管,颐隐于齐,肩高于顶,句赘指天。"阴阳之气有沴,其心閒而无事,跰𰯂而鉴于井,曰:"嗟乎!夫造物者又将以予为此拘拘也!"(《大宗师》)

黄帝退,捐天下,筑特室,席白茅,閒居三月,复往邀之。(《在宥》)

天下有道,则与物皆昌;天下无道,则修德就閒;千岁厌世,去而上仙;乘彼白云,至于帝乡。(《天地》)

夫虚静、恬淡、寂漠、无为者,万物之本也。明此以南乡,尧之为君也;明此以北面,舜之为臣也。以此处上,帝王天子之德也;以此处下,玄圣素王之道也。以此退而閒游江海,山林之士服;以此进为而抚世,则功大名

## 第三章 白居易的"闲适诗"与《庄子》

显而天下一也。(《天道》)

就薮泽,处闲旷,钓鱼闲处,无为而已矣;此江海之士,避世之人,闲暇者之所好也。(《刻意》)

若夫不刻意而高,无仁义而修,无功名而治,无江海而闲,不道引而寿,无不忘也,无不有也,淡然无极而众美从之。此天地之道,圣人之德也。(《刻意》)

孔子问于老聃曰:"今日晏闲,敢问至道。"(《知北游》)

尝相与游乎无何有之宫,同合而论,无所终穷乎!尝相与无为乎!澹而静乎!漠而清乎!调而闲乎!寥已吾志,无往焉而不知其所至。(《知北游》)

阳子居南之沛,老聃西游于秦,邀于郊,至于梁而遇老子。……阳子居……膝行而前曰:"向者弟子欲请夫子,夫子行不闲,是以不敢。今闲矣,请问其过。"(《寓言》)

这里的"心闲"(《大宗师》)、"闲居"(《在宥》)、"修德就闲"(《天地》)、"闲游"(《天道》)、"闲旷"、"闲暇"(《刻意》)、"无江海而闲"(《刻意》)、"晏闲"(《知北游》)、"澹而静乎!漠而清乎!调而闲乎"(《知北游》)、"夫子行不闲……今闲矣"(《寓言》)等等,在语言学史上,确实是确立了"闲"在古代汉语和现代汉语中的基本内涵。而白居易正是在这样的基本内涵的基础上,使用"闲"的意义并与"适"字组合,以此标示他的那一类"又或退公,或卧病闲居,知足保和,吟玩性情"(《与元九书》)的诗歌的。

顺便说明一下,《齐物论》中有"大知闲闲,小知閒閒;大言炎炎,小言詹詹",显然这"閒閒"就是"间间"的含义,也就是区隔不通的意思,"大知闲闲"的"闲闲"历来都解释为广博之意,其实也错了,"闲闲"事实上也是方凿圆枘、互相阻隔的意思——庄子是不分什么大知小知,一律反对的。

毛妍君《白居易闲适诗研究》指出:"'闲'到了白居易那里,更成为其口头禅,有闲居、闲坐、闲游、闲眠、闲饮、闲行、闲息、闲题、闲乐、闲望、闲忙、闲卧、闲咏等。据统计,'闲'字在白居易诗中一共出现684次之多,在文学史上还没有哪位诗人像他一样写过如此多的'闲诗'。"[1]"'闲'与'适'出现次数极多,其诗文中以'闲'字打头的词语,如'闲居'、'闲坐'等共有450处之多,其中以'闲'为题的诗作共有56首,'适性'以及以'适'字为中心的同义词共出现36次。"[2]

实际上,"适"字使用最多的先秦典籍也是《庄子》。据涂光社《论庄子的"适"与"迹"》[3]统计,《庄子》全书用了八十五个"适"字,我据电脑统计是八十六个。虽然大多数做(1)动词"去""往",或(2)副词"恰巧""正当""方""刚"讲,但是,做(3)形容词"快适""适意""安便""顺畅"等意义的也很多,并且,正是这第三个义项的大量使用,使得庄子在这个词的词义上,与此前或同时的其他作家的著作形成鲜明对照。与《庄子》形成鲜明对比的是,《孟子》"适"字五见,或做动词,或为借字,无"适宜""舒适"意。《论语》适字九见(人名不算),一做借字,其他皆做动词"往""去"意,字并无上述的第(3)个义项。这是十分值得我们注意的现象。

松浦友久《论白居易诗中"适"的意义——以诗语史的独立性为基础》[4]中说:"与《庄子》一书中大量运用'适'字及其

---

[1] 毛妍君《白居易闲适诗研究》,北京:中国社会科学出版社,2010年,第19页。
[2] 毛妍君《白居易闲适诗研究》第45页。
[3] 涂光社《论庄子的"适"与"迹"》,《沈阳师范大学学报》2004年第5期。
[4] 松浦友久《论白居易诗中"适"的意义——以诗语史的独立性为基础》,《山西师大学报》1997年第1期。

## 第三章 白居易的"闲适诗"与《庄子》

对'适'倾注极大热情相比较,儒家的'四书'、'五经'这种关注便显得明显缺乏。"这是符合事实的。即使在《诗经》里,如《康熙字典》解释"适"字"安便也,自得也"义项时所举《诗·郑风》"适我愿兮"(《郑风·野有蔓草》)这样的例子,在《诗经》中似乎也仅此一例。松浦友久的文章还说:"在思想史的文献资料中,'适'字的适用和境界最受重视的恐怕要数《庄子》。"他还按照内篇——外篇——杂篇的顺序,把《庄子》运用"适"字的句子列举了六处。因为这是公共资料,我也列举如下,以减少读者查询之烦:

> 昔者庄周梦为胡蝶,栩栩然胡蝶也,自喻适志与!不知周也。(《齐物论》)
>
> 若狐不偕、务光、伯夷、叔齐、箕子、胥馀、纪他、申徒狄,是役人之役,适人之适,而不自适其适者也。(《大宗师》)
>
> 夫不自见而见彼,不自得而得彼者,是得人之得而不自得其得者也,适人之适而不自适其适者也。夫适人之适而不自适其适,虽盗跖与伯夷,是同为淫僻也。(《骈拇》)
>
> 夫若是者,以为命有所成而形有所适也,夫不可损益。……故先圣不一其能,不同其事。名止于实,义设于适,是之谓条达而福持。(《至乐》)
>
> 忘足,履之适也;忘要,带之适也;知忘是非,心之适也;不内变,不外从,事会之适也。始乎适而未尝不适者,忘适之适也。(《达生》)
>
> 子审仁义之间,察同异之际,观动静之变,适受与之度,理好恶之情,和喜怒之节,而几于不免矣。……忠贞以功为主,饮酒以乐为主,处丧以哀为主,事亲以适为

主,功成之美,无一其迹矣。事亲以适,不论所以矣。(《渔父》)

其实,还有一些例句,其"适"字的意思与上述相近,作为第(3)义项的,甚至更为典型,兹举七例为证:

庸也者,用也;用也者,通也;通也者,得也;适得而几矣。(《齐物论》)

造适不及笑,献笑不及排,安排而去化,乃入于寥天一。(《大宗师》)

且夫知不知论极妙之言,而自适一时之利者,是非垎井之蛙与?(《秋水》)

凫目有所适,鹤胫有所节,解之也悲。(《徐无鬼》)

恶乎其所适?恶乎其所不适?(《寓言》)

不择善否,两容颊适,偷拔其所欲,谓之险。(《渔父》)

其于本也,弘大而辟,深闳而肆,其于宗也,可谓稠适而上遂矣。(《天下》)

我花这么大的篇幅做语源学的梳理,目的就是要说明,从语源学的角度,白居易的"闲适诗",从诗歌内容到诗歌名称,都与《庄子》有着不可分割的渊源关系。可以这样说,没有《庄子》用"闲""适"二字来描述有关人生境界、人格理想,"闲""适"二字就没有闲雅、闲暇、舒适等相关内涵;没有庄子对这些相关内涵的描述、阐释和充实,白居易就不可能以之命名自己一生中创作数量最多、质量也最高的诗歌;没有《庄子》赋予"闲""适"二字安便、舒适、从容、自得这样的内涵,并对人生中的"闲""适"状态作出价值阐发和美学鼓吹,白居易也不会对这样的境界心向往之,并身体力行,在兼济天下的理想泡沫破灭之后,他几乎是全身心地拥抱了这样的"闲适"生活,并在诗歌中对此津津乐道,创作出大量的"闲适诗"。

实际上,在白居易那里,闲适闲适,闲了才适。适乃是中心,或说是核心,是目标,闲乃是"适"的条件或一种生活状态,是一种能够让自己感觉到"适"的最佳状态,这就是"闲"的意义或价值:没有"闲",一切人生的价值和美在客观上无法呈现,在主体上更无从体会。何况好逸恶劳是生理本质,没有闲逸,哪来舒适。对这一点,白居易很明白:"先务身安闲,次要心欢适。"(《咏怀》)——这很世俗,却也非常现实。

## 第二节 白居易"闲适"观的道德内涵与《庄子》

必须指出的是,在白居易那里,这个"闲",还不仅仅是闲暇、闲雅、悠闲等等,"闲"还有一份牢骚在,其实在古代中国这个特定的语言环境下,"闲"本来就包含着政治上的"赋闲"之意,与白居易同时代的韩愈就有"投闲置散"(《进学解》)的牢骚,北宋苏轼的"但少闲人如吾两人耳"(《记承天寺夜游》),南宋辛弃疾的"闲愁最苦"(《摸鱼儿·更能消几番风雨》)等等,都有不得已而"赋闲"的牢骚在。白居易亦然,至少在贬谪江州的时候,他并非自己自愿抽身而闲,而是别人把他投置在这样闲散无权的位置上,是被外放,被贬谪,被闲置。所以,他的"闲适"的歌唱,又绝类政治的牢骚。《题四皓庙(一作题商山庙)》:

> 卧逃秦乱起安刘,舒卷如云得自由。若有精灵应笑我,不成一事谪江州。

这是说"自由"吗?是说逍遥吗?更像牢骚。但是,如果白居易一直发牢骚,一直愤愤不平,那就不是白居易,而是李白,是韩愈,是屈原了,白居易之所以成为白居易,就是他能够和生活妥协,能够从生活的不甚如意的现状中,发现其中的"美",发现其中的滋味,然后,他不仅自己在其中活得津津有味,还对这种滋味津津乐道,告诉我们这就是"闲适"。甚至,他能在无法改变世界、无法改变现有环境的前提下,通过对自己人生原则、道德信条的改变,重新建构新的生活乐趣和生活方式,并找到"幸福"的感觉。所以,谢思炜说白居易有"奴性"的一面,非常正确①。从他能够从被动的生活中发现美、从他改变自己以适应世界这一角度而言,确实有奴才的心理。但是,从他从此抽身而去,不再为主子卖命负责,却还心安理得地占着朝廷便宜这一角度说,他还未必就比"武死战,文死谏"、一直忠心耿耿至死不渝甚至杀身以报的人更"奴性"。我们看这一首《从同州刺史改授太子少傅分司》:

　　承华东署三分务,履道西池七过春。歌酒优游聊卒岁,园林萧洒可终身。留侯爵秩诚虚贵,疏受生涯未苦贫。月俸百千官二品,朝廷雇我作闲人。

这里有着对朝廷的揶揄,也有着自己得计的得意。白居易即使有"奴性",但这样的"奴才",至少不那么忠心耿耿,肝脑涂地——他毕竟是有个性的。

　　还要注意的是,《庄子》对于"适"字,不仅把它作为一种人生境界来加以界定、塑造和推扬,更重要的是,他还对这种境界作了类别的区分和高下的界定。在《庄子》看来,"役人之役"的"适人之适"(《大宗师》)是"夫不自见而见彼,不自得而得彼","是得人之得而不自得其得者也,适人之适而不自适其适者也"。对这种儒家非常推崇的利他精神、牺牲精神

---

① 谢思炜《白居易集综论》第338页。

和殉道精神,《庄子》在哲学的层次上予以极端的贬低:"夫适人之适而不自适其适,虽盗跖与伯夷,是同为淫僻也。"(《骈拇》)——原来,道德的高地和洼地,在哲学上竟然呈现在同一透视点上。

同时,对于"自适其适",《庄子》还界定了身体之适、精神之适、安恬之适和最高境界之"忘适之适":

> 忘足,屦之适也;忘要,带之适也;知忘是非,心之适也;不内变,不外从,事会之适也。始乎适而未尝不适者,忘适之适也。(《达生》)

忘足忘腰,是身体之适,要依赖外物(如鞋子、腰带)的适合;精神之适需要不遣是非,不别黑白,不执着一端的通达;安恬之适即是安恬于当下以及一切风云际会的环境,这需要自我的淡定,"内不变志,外不从物"(王先谦语);而最高境界是一个否定之否定的自我肯定:既然一切都本之于"适",又以"适"为人生之目标,则"记住""计较"或"感受到"不适都是不应该的,因此,最高的境界是:忘记适与不适,而达之于无所不适的境界!

且看白居易三十九岁时的《隐几》诗:

> 身适忘四支,心适忘是非。既适又忘适,不知吾是谁。百体如槁木,兀然无所知。方寸如死灰,寂然无所思。今日复明日,身心忽两遗。行年三十九,岁暮日斜时。四十心不动,吾今其庶几。

此诗作于元和五年(810),此前左拾遗两年,他政治上"有阙必规,有违必谏,朝廷得失无不察,天下利病无不言"(《初授拾遗献书》);诗歌创作上,"誓心除国蠹,决死犯天威"(《答和诗十首》),"但歌民病痛,不识时忌讳"(《伤唐衢二首》其二)。

但是，这年五月，左拾遗秩满，白居易不仅没有优超授予员外郎（秩从六品上），甚至未循例转升补阙（秩从七品上），反而由内官转为外官，授予京兆府户曹参军。再加上此前三月，好友元稹被贬，深感失望的白居易，人生态度发生了极大的转折。这时，《庄子》就出现了。这首诗完全是上引《庄子·达生》中那段有关"适"的论述的"漆园义疏"。这样以诗的形式来疏解《庄子》、舒缓自己内心的紧张，还有《三适赠道友》：

> 褐绫袍厚暖，卧盖行坐披。紫毡履宽稳，蹇步颇相宜。足适已忘履，身适已忘衣。况我心又适，兼忘是与非。三适今为一，怡怡复熙熙。禅那不动处，混沌未凿时。此固不可说，为君强言之。

这首诗作于开成二年（837），此时白居易已经六十六岁。题目的"三适"，显然是来自于庄子《达生》，但是显然又与庄子的适之境界并不能一一对应——《庄子》的"适"有四重境界，而白居易只有三重。但白居易并不介意也并不机械，事实上，第一，白居易的哲学思辨能力显然不够强；第二，白居易对于古代的哲学和宗教，并不取研究的立场，而取实用的态度。白居易生命意识极敏感，富贵欲望极强烈，名利思想极严重，得失之心极计较，好逸恶劳极突出——这一切，交织成他一生的矛盾，释梵和老庄成了他的安慰和解脱。他要通过哲学和宗教对人生"适意"解答，对现实中的"不适"做出心理上的消解。所以，他对庄子哲学中深奥的哲理并不愿花费功夫，他只是在庄子这弱水三千中，取一瓢饮。庄子是深林，他是鹪鹩，只求一枝；庄子是大河，他是鼹鼠，只求满腹。他对释梵的态度，也是一样的。

可以看作对"适"字作"漆园义疏"的诗，还有下面这一首《犬鸢》：

## 第三章　白居易的"闲适诗"与《庄子》

> 晚来天气好,散步中门前。门前何所有,偶睹犬与鸢。鸢饱凌风飞,犬暖向日眠。腹舒稳贴地,翅凝高摩天。上无罗弋忧,下无羁锁牵。见彼物遂性,我亦心适然。心适复何为,一咏逍遥篇。此仍著于适,尚未能忘言。

鸢飞犬眠,飞者摩天,眠者贴地,上无罗弋,下无羁锁——这是白居易理解的《逍遥游》和《齐物论》:万物遂性,便各得逍遥,无分胜负高低。后两句,颇有玄禅之风,而无论是"适"还是"忘言",又都是《庄子》。类似的表达在白居易诗歌里比比皆是,已近于滥。如《新沐浴》:"形适外无恙,心恬内无忧。劳生彼何苦,遂性我何优。"

不过,白居易对于"闲适诗",却有着道德上的自我标榜。《与元九书》是按照儒家的价值观来定义他的"闲适诗":

> 古人云:穷则独善其身,达则兼济天下。仆虽不肖,常师此语。……故仆志在兼济,行在独善。奉而始终之则为道,言而发明之则为诗。谓之"讽谕诗",兼济之志也。谓之"闲适诗",独善之义也。

这个"古人"指的不是老庄,而是孟子。不过,"兼济天下",孟子原文是"兼善天下"——"穷则独善其身,达则兼善天下"(《孟子·尽心下》),这两个"善"字,都是动词,是指在道德上的自我完善以及对于天下人的修缮——孟子所谓"先觉觉后觉"的意思。"独善其身",对应着《大学》中的"明明德";"兼善天下",对应着《大学》中的"亲民"[1],所以,孟子"兼善天下"的意思,是欲改变世道,须从人格道德上下功夫,后世改"兼

---

[1] 程颐释为"新民",当从。见朱熹《四书章句集注》,北京:中华书局,1983年,第3页。

善天下"为"兼济天下",一字之改,乃入于事功。

白居易说他的"闲适诗"乃是"独善其身"之义,这不是对孟子的误解,就是对自己的标榜。他的这个"善",和孟子的"善",区别何啻天壤！孟子"独善其身",乃是"不得志,独行其道"(《孟子·滕文公下》)时之"独行",百折不挠时之"行道","善其身"也就是在道德上不断磨砺自己,打造自己,而毫无自我减压、得过且过、及时行乐之意。而白居易何曾有这样的"独行其道"的精神！他有的是"独得其闲","独享其适","独行其乐"！

在我们理解白居易的"闲适诗"之前,对这一点做一点小小的辨析,很有必要。

顺便提一下,上引白居易《与元九书》一节"常师此语"后省略处,是这样的文字：

> 大丈夫所守者道,所待者时。时之来也,为云龙,为风鹏,勃然突然,陈力以出；时之不来也,为雾豹,为冥鸿,寂兮寥兮,奉身而退。进退出处,何往而不自得哉？

这里当然有着孔孟的进退出处绰绰有余地的思想,但是,风鹏寂寥等用语,还是让我们看出庄老道家的影子。再看他的《君子不器赋》：

> 君子哉！道本生知,德由天纵。……审其时,有道舒而无道卷；慎其德,舍之藏而用之行。语其小,能立诚以修辞；论其大,能救物而济时。以之理心,则一身独善；以之从政,则庶绩咸熙。……何用不臧,何向不克。施之乃伊吕事业,蓄之则庄老道德。

我们知道,庄老的"道德"与孔孟的"道德"有着本质不同。孔孟的"道德",相当于伦理学的概念；庄老的"道德",则是一个认识论的概念。孔孟的"道德",趋向于"责任";庄老的"道德",则趋向于"权利"。白居易标榜他的"闲适诗"所出之"善",乃是"庄老道德",乃是指对自我的爱惜和善待,而绝非孔孟"道德"中自我的牺牲与坚持。这一点,亦不得不辨。

  陈寅恪先生关于白居易思想的论述也非常值得我们关注。陈先生说:"乐天之思想,一言以蔽之曰'知足'。'知足'之旨,由老子'知足不辱'而来。盖求'不辱',必知足而始可也。此纯属消极,与佛家之'忍辱'主旨富有积极之意如六度之忍辱波罗蜜者大不相侔。故释迦以忍辱为进修,而苦县则以知足为怀,藉免受辱也。斯不独为老与佛不同之点,亦乐天安身立命之所在。由是言之,乐天之思想乃纯粹苦县之学,所谓禅学者不过装饰门面之语。"① 这段话里,陈寅恪先生说白居易的禅学不过是"装饰门面",原因在于,他的思想,纯属消极的苦县(即老子)"知足不辱"思想,而绝无佛家"忍辱"精进之积极用意,可以说是一针见血。而揭示"知足不辱"的"不辱"的前提乃是"知足",更是说到了白居易的要害。要言之,白居易的"闲适",既无儒家的"独善",也无佛家的"进修",而是津津乐道于一种舒适闲雅的生活,这种生活,建立在对物质的主观愿望和物质的相对丰足基础之上,与精神的追求、道德的坚持,都没有关系。白居易《留别微之》:"五千言里教知足",他确实是只从老庄里捡如此肤浅的东西,自得其乐,自我释怀。

---

① 陈寅恪《元白诗笺证稿》附论(乙)《白乐天之思想行为与佛道之关系》,第337页。

## 第三节 "闲适诗"的命名与《庄子》

有一个比较是有意思的:作于元和四年的五十首"新乐府",其明确引用到《庄子》的,只有《昆明春——思王泽之广被也》之"龟尾曳涂鱼煦沫"和《驯犀——感为政之难终也》之"海鸟不知钟鼓乐"两处三典。作于元和五年的十首《秦中吟》,除了第一首《议婚》之"人间无正色"之"正色"勉强可以说是来自《庄子》外,也无一例。也就是说,在这个时候,《庄子》是被他屏蔽在灵感之外的。但是,元和七年,服丧下邽的他,作品中《庄子》出现的频率大大增加。毛妍君《白居易闲适诗研究》一书后附"白居易闲适诗一览表"[①],其明确归于白居易作于下邽的诗有《渭上偶钓》《隐几》《春眠》《闲居》《适意二首》《首夏病间》《晚春酤酒》《兰若寓居》《麹生访宿》《闻庾七左降,因咏所怀》《答卜者》《归田三首》《秋游原上》《九日登西原宴望(同诸兄弟作)》《寄同病者》《游蓝田山卜居》《村雪夜坐》《观稼》《闻哭者》《自吟拙什,因有所怀》《秋日》《新构亭台,示诸弟侄》《东坡秋意,寄元八》《闲居》《咏拙》《郊陶潜体诗十六首》《东园玩菊》《咏慵》《冬夜》《村中留李三固言宿》《友人夜访》《昼卧》《村夜》《渭村退居,寄礼部崔侍郎、翰林钱舍人诗一百韵》《清夜琴兴》《遣怀(自此后诗在渭村作)》等三十六题五十四首,而其明确用到《庄子》典故的,有十三题十五首之多:

《渭上偶钓》:"心在无何乡","人鱼又兼忘"。

《隐几》:"身适忘四支,心适忘是非。既适又忘适,

---

① 毛妍君《白居易闲适诗研究》第316—317页。

## 第三章 白居易的"闲适诗"与《庄子》

不知吾是谁。""百体如槁木,兀然无所知。方寸如死灰,寂然无所思。"

《春眠》:"至适无梦想,大和难名言。"

《适意二首》其一:"泛如不系舟","人心不过适,适外复何求"。

其二:"蟠木用难施,浮云心易遂。"

《首夏病间》:"内无忧患迫,外无职役羁。"

《闻庚七左降,因咏所怀》:"人生大块间,如鸿毛在风。或飘青云上,或落泥涂中。""衮服相天下,倘来非我通。布衣委草莽,偶去非吾穷。""外物不可必,中怀须自空。"

《归田三首》其三:"穷通相倚伏","为鱼有深水,为鸟有高木。何必守一方,窘然自牵束"。"化吾足为马,吾因以行陆。化吾手为弹,吾因以求肉。""形骸为异物,委顺心犹足。"

《观稼》:"世役不我牵,身心常自若。"

《闻哭者》:"乃知浮世人,少得垂白发。"

《效陶潜体诗十六首》其四:"忽然遗我物,谁复分是非。"

其十一:"念此忽内热,坐看成白头。"

《冬夜》:"不学坐忘心,寂莫安可过。兀然身寄世,浩然心委化。"

《渭村退居,寄礼部崔侍郎、翰林钱舍人诗一百韵》:"外身宗老氏,齐物学蒙庄。""珠沉犹是宝,金跃未为祥。""泥尾休摇掉,灰心罢激昂。""息乱归禅定,存神入坐亡。""不动为吾志,无何是我乡。"

《遣怀(自此后诗在渭村作)》:"此身是外物,何足苦忧爱。况有假饰者,华簪及高盖。此又疏于身,复在外物外。"

由此可见,王拾遗《白居易传》说白居易:"直到元和十一年才与道家真正发生联系。"①显然不确。只能说,元和十一年以后,白居易就极大地丧失了早期的斗志,并一步一步走向"独善其身"的人生,而与《庄子》或道家的联系,在元和七年就非常密切了。

当然,王拾遗指出的白居易从元和十一年开始,思想发生了巨大的变化,这是对的。这个转折的起点应该追溯到元和十年六月,时任太子左赞善大夫、四十四岁的白居易上疏请急捕刺杀宰相武元衡之贼,以雪国耻。宰相张弘靖、韦贯之恶居易以宫官而先谏官言事,忌之者复诬言居易母看花坠井死,而作《赏花》及《新井》诗,有伤名教,遂贬其为州刺史。中书舍人王涯复上言:"所犯状迹,不宜治郡。"乃追诏改授江州司马。接下来的几月里,他"检讨囊帙",自编诗集一十五卷。十二月,集成,作《与元九书》,宏论诗歌当继承国风、陈子昂、杜甫传统,以揭露民生疾苦为主旨,而不以嘲风雪、弄花草为能事。其中说到自己诗歌的编辑:

> 仆数月来,检讨囊帙中,得新旧诗,各以类分,分为卷目。自拾遗来,凡所遇所感,关于美刺兴比者;又自武德至元和,因事立题,题为"新乐府"者,共一百五十首,谓之讽谕诗。又或退公,或卧病闲居,知足保和,吟玩性情者一百首,谓之闲适诗。又有事物牵于外,情理动于内,随感遇而形于叹咏者一百首,谓之感伤诗。又有五言、七言、长句、绝句,自百韵至两韵者,四百余首,谓之

---

① 王拾遗《白居易传》,西安:陕西人民出版社,1983年,第8页。

## 第三章 白居易的"闲适诗"与《庄子》

> 杂律诗。凡为十五卷,约八百首。异时相见,当尽致于执事。

但是有意思的是,揆诸白居易一生诗歌创作,自此以后,他不仅在现实政治中避祸远嫌,不复谔谔直言;即使作诗,态度亦大有转变,"讽谕"之作渐少,闲适之作倒是积案盈箱、连篇累牍。也就是说,在《与元九书》中,白居易标榜的、振振有词的诗歌主张,像"文章合为时而著,歌诗合为事而作"等,不过是对自己此前部分创作的标榜、总结和自夸,不但不是对此后诗歌创作的自我期许,反而恰是对自己此前"为君、为臣、为民、为物、为事而作,不为文而作"(《新乐府序》)创作历史的哀伤而留恋的最后一瞥。从此,他将卸下道德重担,闲适去也,感伤去也。他在信中对陈子昂、李白、杜甫诗中风雅比兴的缺乏,提出了苛刻的批评。但是,正如我们知道的,在他留下来的两千八百多首诗里,索其风雅比兴诗作的比例,反而不及陈子昂、李白、杜甫!

这种尴尬,不仅我们今天看得清楚,其实,他自己何尝不明白、何尝不会想到,后人甚至他的同时代人就会以此质疑他。于是,他一定会意识到,由于他当初在道德上悬得太高、标榜太过,以至于他现在陷入了一个道德困境:要继续此前声明的道德路线,他力有不逮;要放弃当初的道德旗帜,他又如何自白于天下?

白居易试图用"达则兼济天下,穷则独善其身"这样传统知识分子的出处穷通理论为自己辩护,为自己现在的"独善其身"辩护,但是问题在于:第一,孟子"独善"的意思,并非独自享乐,而是独自坚持,这一点显然他无法做到,正如他虽然不断表示敬仰陶渊明,但陶渊明在极端匮乏的物质条件下坚持自己的德操与个性这一点,他显然无法也不愿真正学习。

第二,"穷则独善其身"在理论上的自足,就是那个"穷"字:只有"穷"了,才可以"独善其身"。而白居易后来一点都不"穷":"兼济天下"时,他的左拾遗才是位从八品上,"独善其身"后,他的官品反而不断擢升:长庆元年正月,他擢升主客郎中、知制诰,秩从五品上,不久,加朝散大夫著绯,接着又转视正二品的勋阶上柱国。在这一过程中,他对官阶的提升无一日不在牵挂,并且几乎心想事成,离位极人臣的宰相一职只有一步之遥,而这最后一步没有达成还使他颇为恨恨。这样的境遇,何能说是"穷"? 不穷之时,又何能打着"独善其身"的招牌?

所以,白居易此时对自己八百来首诗卷分十五,类别四种,实际上有着他自己的小算盘。我们看他的四分法:讽喻、闲适、感伤和杂律,历来人们对这种分法很困惑,这种困惑不仅源于杂律与前面三类属于逻辑上的不同类别从而会发生淆乱,即便前面三类,从内容上说,也难以截然分别。闲适诗中颇多讽喻和感伤,感伤诗中更多讽喻和闲适的意蕴。事实上,白居易的这种分法,其起因,或者他自己的心理缘起,实际上就是要把他自视甚高的《新乐府》《秦中吟》突显出来、推荐出来,以便引起读者的特别关注,从而凸显自己在诗教上的道德自觉,向一种载道的文化传统输诚,这与韩愈在散文上的自我期许和标榜是一样的。日本学者静永健《白居易诗集四分类试论——关于闲适诗和感伤诗的成立》中认为,白居易"把(一)遵循风雅传统的,为了奉呈天子的诗歌群;(二)为了公诸宫中同僚的诗歌群;(三)跟元稹等亲密朋友唱和赠答的诗歌群;和(四)五言、七言的今体诗群的四个项目为区分,而在元和十年的阶段,只是命名为'讽喻'、'闲适'、'感伤'、'杂律'而已"①。我觉得这样来理解白居易的分类非常接近白氏的最初本意。确实,他的讽喻诗是以天子为读者对象的,这是自《诗经》以来的"献诗"传统,目的当然是希望能够获得天子的"斟酌",以使国家大事"事行而不悖"(《国语·周语》上),这也是他在左拾遗任上尽职尽责的表现。白居易是一个道德意识极强的人,是一个士大夫意识极强的人,也是一个道德责任感和士大夫担当精神极强的人,但是,显然在他去江州的时候,他不仅意识到自己希图通过皇权实现"兼济天下"梦想的现实困境,他还意识到在这样的现实困境面前,他自己缺少一种义无反顾的牺牲精神。也就是说,他明确地意识到自己在道德上坚持不住了。以后很难像此前一样,抱着那么大的社会政治热情和道德勇气,冒着那么大的政治风险,去写作那些让"权豪贵近者相目而变色","执政柄者扼腕","握军要者切齿"(《与元九书》)的诗歌了。毛妍君说:"元和十年(815)以后,白居易的讽喻诗创作基本停止。"②所以,我们可以这样说,《与元九书》不是白居易的诗歌宣言,更不是他的"新乐府运动"的宣言,而是他对自己此前诗歌创作和人生历程的总结,是道德上的"述职"或"创作总结",而不是"创作计划"。这也就能够解释为什么白居易在那么年轻的时候就编辑自己的诗集——显然是一次阶段性的总结、阶段性成果的展示,更是对这一个阶段的告别和最后的回眸。

因此,我并不赞成静永健的下述结论:"闲适诗的分类标准,并不是依据白氏精神的闲居自适,而是按照写给他的同

---

① 静永健《白居易诗集四分类试论——关于闲适诗和感伤诗的成立》,《唐代文学研究》第五辑,桂林:广西师范大学出版社,1994年。
② 毛妍君《白居易闲适诗研究·绪论》,第1页。

僚、上司那样的社会方面,或者说跟他的仕途上进退有关。"我的结论是,他为了向人们突出展示他曾经的道德上的业绩,也为了给自己一个道德总结,他必须特别标出"讽喻诗"(事实上,这个概念本身就是自作多情和自我卖弄的——历史上哪个诗人的作品不是对自己时代的讽喻和批判)。而特别命名了"讽喻诗"这一类之后,他必须给剩下的诗歌一个名头,"闲适"和"感伤"——前者作为和"讽喻"在道德取向上形成极大反差的名称、后者作为和"讽喻"在态度取向上形成极大反差的名称就这样被捏造了出来。而不能归入上述三类的,就只好用"杂律"这种不伦不类的名称。

当然,这样说,并不是说白居易的"闲适诗"没有一个特定的内涵,事实是,这个特定的内涵,并非形成于他命名并以此编辑他的诗集时,恰恰相反,"闲适"诗的真正内涵和价值,要等到他江州以后的岁月中,才得以真正充实和饱满。

综上所述,"闲适诗"之得名,与白居易谪守江州思想之转变有莫大的关系,此前,元和七年至元和九年,三年丁忧,《庄子》已经在他的诗歌中频频出现;此后,他更是在告别儒家用世哲学的同时,拥抱了道家的自我逍遥。蹇长春《白居易评传》说:"以元和十年(815)贬江州司马为分界线,他的前期思想更多地反映了'兼济天下'、积极用世的儒家思想的积极面;而在其后期,他虽然说过'栖心释梵,浪迹老庄'(《病中诗十五首序》)的门面话,但是他既不佞佛,也不信道,而是以'执两用中'的儒家中庸之道,或者说以儒道互补的'知足保和'、'乐天知命'的中庸主义,作为支配其思想和行动的杠杆的。"①

---

① 蹇长春《白居易评传》第407页。

蹇长春这里指出白居易的思想转折是对的,但是,他说白居易自己表白的"栖心释梵,浪迹老庄"是门面话,是令人费解而自相矛盾的(因为后面他又说了儒道互补)。事实上,白居易后期的思想中,儒家的中庸之道,《语》《孟》中所体现的"无可无不可"、穷达之论,老庄的知足、委顺、适性、逍遥,释梵的思想,融为一体,共同形成了白居易后期的思想特色和人生态度。

## 第四节 "闲适诗"中的《庄子》思想

需要说明的是,我们说的白居易的"闲适诗",并非仅仅指他自己所编订、所命名的二百十六首,而是包括了他此后所作的内容、情调相同的诗歌,这是一个庞大的数字,有着丰富深广的内容。而无论在他的这种逍遥生活里,还是在他描述这种生活的"闲适诗"里,《庄子》都是一个明显的存在。事实上,《庄子》对于实用主义者白居易来说,就是他的人生拐杖和招牌:当他痛苦失意、深感不平衡时,他需要《庄子》这根拐杖;当他背对人间的苦难,享受着生活中的美时,他需要《庄子》这块招牌为他抵挡来自道德上的责难和自我良心的愧疚。总之,《庄子》是他闲适生活的保障:痛苦时需要《庄子》,得意时也需要《庄子》——或为他排解忧愁,或为他保护良心。

总体而言,或者粗放一点而言,白居易的"闲适诗"描写的是一种舒适安便的人生的状态和对这种状态的追求、体味与享受,所以,《庄子》对他这一类诗歌的影响,也就侧重于一种立足于个人幸福的人生观。简单地说,《庄子》对白居易"闲适诗"的影响,主要有以下几点:第一,生命如寄的生命观;第二,人生如梦的人生观;第三,个人逍遥的价值观。下面我们分别加以说明。

先看生命如寄的生命观。

《庄子·人间世》:

> 匠石之齐,至于曲辕,见栎社树。……曰:"……是不材之木也,无所可用,故能若是之寿。"……弟子曰:"趣取无用,则为社何邪?"曰:"密!若无言!彼亦直寄焉……"

一棵小树,为了保全天年,寄生土地庙前,冒充神树以自保,为了避免斤斧之患,还百般修炼,以求不材无用。《庄子》这个荒诞的故事里满含着对生命的忧伤。"天年"一词,为《庄子》首创,"四书"、《道德经》、《墨子》、"《春秋》三传"、《诗经》中都没有"天年"一词,而《庄子》中出现了五次,并且全是以"终其天年"的形式出现,可见保全自己、终其天年在庄子哲学中的地位。生命的形成,极其偶然;形成之后,极其脆弱;而其消逝,却是必然。这如何不让人忧伤?对此,《庄子·至乐》中有一番高论:

> 庄子妻死,惠子吊之,庄子则方箕踞鼓盆而歌。惠子曰:"与人居,长子老身,死不哭亦足矣,又鼓盆而歌,不亦甚乎!"庄子曰:"不然。是其始死也,我独何能无概然!察其始而本无生,非徒无生也而本无形,非徒无形也而本无气。杂乎芒芴之间,变而有气,气变而有形,形变而有生,今又变而之死。是相与为春秋冬夏四时行也。人且偃然寝于巨室,而我嗷嗷然随而哭之,自以为不通乎命,故止也。"

这一番高论,看似达观,其实很是无奈。人的生命无生、无形、无气,何等悲凉与虚无;杂乎芒芴之间,何等无依无靠,无定无住。变而有生,何等偶然;变而之死,却是必然!在妻子的遗体前,庄子鼓盆而歌,不过是长歌当哭!

白居易也这样的长歌当哭。

女儿金銮子之死,对于年已四十、膝下仅有此一女的他来说,实在是不堪之痛。《病中哭金銮子》:"故衣犹架上,残药尚头边。送出深村巷,看封小墓田。"如此痛苦,何以排解?三年之后,他因为碰见金銮子的乳母,又勾起了他的悲伤,《念金銮子二首》其一:"始知骨肉爱,乃是忧悲聚。唯思未有前,以理遣伤苦。""唯思未有前",就是庄子排解生命忧伤的故伎啊!这就是庄子的"理"啊。《念金銮子二首》其二这样写:

> 与尔为父子,八十有六旬。忽然又不见,迩来三四春。形质本非实,气聚偶成身。恩爱元是妄,缘合暂为亲。念兹庶有悟,聊用遣悲辛。暂将理自夺,不是忘情人。

"形质本非实,气聚偶成身",这是《庄子》的"理","恩爱元是妄,缘合暂为亲"则是佛教的"理"。庄老和佛梵,一时成了他的精神支撑。

对于无法避免的必然死亡、无可逃避的自然造物,庄子主张我们"安时而处顺",《庄子·大宗师》:

> 子祀、子舆、子犁、子来四人相与……相与为友。俄而子舆有病,子祀往问之。曰:"伟哉夫造物者,将以予为此拘拘也!曲偻发背,上有五管,颐隐于齐,肩高于顶句赘指天。"……子祀曰:"女恶之乎!"曰:"亡,予何恶!浸假而化予之左臂以为鸡,予因以求时夜;浸假而化予之右臂以为弹,予因以求鸮炙;浸假而化予之尻以为轮,以神为

马,予因以乘之,岂更驾哉!且夫得者,时也,失者,顺也;安时而处顺,哀乐不能入也。此古之所谓县解也,而不能自解者,物有结之。且夫物不胜天久矣,吾又何恶焉!"

俄而子来有病,喘喘然将死,其妻子环而泣之。子犁往问之,曰:"叱!避!无怛化!"倚其户与之语曰:"伟哉造化!又将奚以汝为,将奚以汝适?以汝为鼠肝乎?以汝为虫臂乎?"子来曰:"父母于子,东西南北,唯命之从。阴阳于人,不翅于父母;彼近吾死而我不听,我则悍矣,彼何罪焉!夫大块载我以形,劳我以生,佚我以老,息我以死。故善吾生者,乃所以善吾死也。"

请看白居易《归田三首》其三:

三十为近臣,腰间鸣佩玉。四十为野夫,田中学锄谷。何言十年内,变化如此速。此理固是常,穷通相倚伏。为鱼有深水,为鸟有高木。何必守一方,窘然自牵束。化吾足为马,吾因以行陆。化吾手为弹,吾因以求肉。形骸为异物,委顺心犹足。幸得且归农,安知不为福。况吾行欲老,瞥若风前烛。孰能俄顷间,将心系荣辱。

自元和六年开始,他已经感觉到他此前高昂的政治热情并没有获得高层相应的回应,相反,是冷遇和压制,接着又母逝女夭,精神极度痛苦。于是,人生的穷通和生死,就成了他此时心中盘绕不去的阴影。这是元和七年之作。服丧下邽的白居易内心很难平静。十年之间,由近臣而野夫,他耿耿不平,他躁动不安,不得不劳动庄子来安慰他。顺便说一下,除了"化马""化弹"出自《大宗师》外,这首诗中,"穷通"(《让王》《秋水》)、"形骸"(《德充符》)、"委顺"(《知北游》),都是《庄子》的典故。"变化"这个词,也是典型的《庄子》语言,可以说,庄子是中国历史上对世界的荒诞莫测和人生的变动不居、难以把握投以极大的关注并感慨系之的第一位哲人。他在这方面的表述和描述,感动了历代的中国文人,获得了他们极大的共鸣和无数的唱和,白居易就是其中突出的一个。如《谕怀》:

> 黑头日已白,白面日已黑。人生未死间,变化何终极。常言在己者,莫若形与色。一朝改变来,止遏不能得。况彼身外事,悠悠通与塞。

其他如《晏坐闲吟》:"意气销磨群动里,形骸变化百年中。"《垂钓》:"浮生多变化,外事有盈虚。"面对着这样的"变化",脆弱的心灵只有寻找安慰和支撑。《渭村退居,寄礼部崔侍郎、翰林钱舍人诗一百韵》:

> ……外身宗老氏,齐物学蒙庄。疏放遗千虑,愚蒙守一方。乐天无怨叹,倚命不劳勷。愤懑胸须豁,交加臂莫攘。珠沉犹是宝,金跃未为祥。泥尾休摇掉,灰心罢激昂。渐闲亲道友,因病事医王。息乱归禅定,存神入坐亡。断痴求慧剑,济苦得慈航。不动为吾志,无何是我乡。可怜身与世,从此两相忘。

也是密集使用《庄子》典故:"金跃""泥尾""无何",当然,除了《庄子》,安慰他的生命的,还有佛梵,甚至还有《孟子》。不过,如寄的生命,其最终的归宿,还是《庄子》指给我们的"无何有之乡"。

再看他的《逸老》:

> 白日下駸駸,青天高浩浩。人生在其中,适时即为好。劳我以少壮,息我以衰老。顺之多吉寿,违之或凶夭。我初五十八,息老虽非早。一闲十三年,所得亦不

> 少。况加禄仕后,衣食常温饱。又从风疾来,女嫁男婚了。胸中一无事,浩气凝襟抱。飘若云信风,乐于鱼在藻。桑榆坐已暮,钟漏行将晓。幡然七十翁,亦足称寿考。筋骸本非实,一束芭蕉草。眷属偶相依,一夕同栖鸟。去何有顾恋,住亦无忧恼。生死尚复然,其余安足道。是故临老心,冥然合玄造。

白居易一生都在死亡的阴影下生活,他三十九岁就感觉到自己的衰老,"行年三十九,岁暮日斜时"(《隐几》)。此诗作于会昌元年(841),白居易七十岁。诗题下有自注,就是《庄子》的名言:"庄子云:劳我以生,逸我以老,息我以死也。"此时的《庄子》,给予他的,近乎临终关怀。

"闲适诗"的第二个突出内容,是对"人生如梦"的慨叹。而"人生如梦"的观念,在中国文化中,也是发源于《庄子》的。《齐物论》"庄周梦蝶"故事的关键,是他对这个梦的疑惑或者感悟:"不知周之梦为胡蝶与,胡蝶之梦为周与?"一下子把现实的人生弄得失去了确定性和真实性。"方其梦也,不知其梦也。梦之中又占其梦焉,觉而后知其梦也。"(《齐物论》)但是,这个"觉"是只有在超越了现实以后才会发生的——只要我们生活在现实中,就会执着于现实;只要我们执着于现实,我们就无法"觉"。这也就是庄子慨叹的"吊诡"——用加缪的话说,就是人生"荒谬"。既然是吊诡的、荒谬的,当然是无须执着的——这就是庄子给我们指出的走出吊诡语境的不二法门。所以,吕思勉《先秦学术概论》说庄子哲学"专在破执"[①],可谓一针见血。

---

[①] 吕思勉《先秦学术概论》,《民国丛书》(第四编),上海:上海书店出版社,1992年,第32页。

作为一个深于情的人,白居易对"梦蝶"这个忧伤而深刻的故事感慨颇深,《池上闲吟二首》其二:"梦游信意宁殊蝶,心乐身闲便是鱼。"《新昌新居书事四十韵,因寄元郎中、张博士》:"是非都付梦,语默不妨禅。"《和微之诗二十三首·和送刘道士游天台》:"人生同大梦,梦与觉谁分。况此梦中梦,悠哉何足云。"《城上夜宴》:"从道人生都是梦,梦中欢笑亦胜愁。"《疑梦二首》其一:"黄帝孔丘无处问,安知不是梦中身。"(此诗又作王维诗)其二:"鹿疑郑相终难辨,蝶化庄生讵可知。假使如今不是梦,能长于梦几多时。"《自咏五首》其一:"但异睡着人,不知梦是梦。"可以看得出来,无论从出处还是从思想内涵,都与庄子紧密相关。

除了"人生如梦",庄子还为我们短暂而不确定的人生创造了一个词:浮生。《庄子·刻意》:

> 圣人之生也天行,其死也物化;静而与阴同德,动而与阳同波;不为福先,不为祸始;感而后应,迫而后动,不得已而后起。去知与故,循天之理。故无天灾,无物累,无人非,无鬼责。其生若浮,其死若休。

请看白居易笔下的"浮生"。《垂钓》:"浮生多变化,外事有盈虚。"《暮春寄元九》:"浮生都是梦,老小亦何殊。"《重到渭上旧居》:"浮生同过客,前后递来去。"《和梦游春诗一百韵》:"艳色即空花,浮生乃焦谷。"《想东游五十韵》:"幻世春来梦,浮生水上沤。"《对酒》:"幻世如泡影,浮生抵眼花。"《野行》:"浮生短于梦,梦里莫营营。"《病中看经赠诸道侣》:"不如回念三乘乐,便得浮生百病空"……他把《庄子》和佛教结合起来,以《庄》释佛,以佛解《庄》,最终,以老庄佛梵解脱自己!

白居易"闲适诗"的第三个突出内容,是对人生责任的摆脱。

《读道德经》：

> 玄元皇帝著遗文，乌角先生仰后尘。金玉满堂非己物，子孙委蜕是他人。世间尽不关吾事，天下无亲于我身。只有一身宜爱护，少教冰炭逼心神。

白居易时常把老庄合为一体，他诗中说到《道德经》时，实际上往往兼指《庄子》，这首诗就是明证。"子孙委蜕"就是用《庄子·知北游》的典故：

> 汝身非汝有也……是天地之委形也；生非汝有，是天地之委和也；性命非汝有，是天地之委顺也；孙子非汝有，是天地之委蜕也。

这首诗的基本思想，就是，无论是满堂金玉，还是满堂子孙，都与自己无关。说财富非己物，可算通达；但说子孙是他人，不免冷酷。虽然这样的思想来自庄子，但是，他却说得直白而无情，不像庄子说得那样婉曲而无奈。庄子是自知挽留不住，便自己说服自己放手，说得满纸都是眼泪；白居易则似乎显得很绝情，满纸都是自怜和自私。白居易缺儿少女，我们也可以理解为他这样说，有着自我排解的味道（其实，他很想要一个儿子。老来得子，旋即夭亡，他很是痛憾）。但是，接下来他所想表白的，就是"世间尽不关吾事，天下无亲于我身"这样的个人的孤独感、疏离感以及由此而来的近乎报复似的双向抛弃——到底他缺少庄子的大慈悲。他崇佛多年，只学得一些宽慰自我抛弃他人的东西，而对佛之"慈悲"，却完全不沾边，甚是可惜。

我们看他的《适意二首》其一，这也是写于元和七年（812）遭母丧、丁忧渭村、金銮子亦夭折之时：

> 十年为旅客，常有饥寒愁。三年作谏官，复多尸素

第三章 白居易的"闲适诗"与《庄子》

> 羞。有酒不暇饮,有山不得游。岂无平生志,拘牵不自由。一朝归渭上,泛如不系舟。置心世事外,无喜亦无忧。终日一蔬食,终年一布裘。寒来弥懒放,数日一梳头。朝睡足始起,夜酌醉即休。人心不过适,适外复何求。

这首诗的中心意思就是:对社会的责任,耽误了自我的逍遥。三年谏官,本来是他一生最为得意的时刻,此时却被他看作是一段人生的歧途,颇有陶渊明"误落尘网中,一去三十年"(《归园田居》)、"觉今是而昨非"(《归去来兮辞》)的意思。在"其二"中,他坦言"胸中十年内,消尽浩然气",这是对孟子的诀别,七年之前,他作《感时》诗,反省自己:"胡为方寸间,不贮浩然气。"看来孟子的浩然之气和他的缘分实在稀薄,七年之前还没有贮存,七年之后,又消尽了。与他缘分比较长久的,确实是释梵和老庄。像这首诗,就至少两次用到《庄子》的典故:"泛如不系舟"和"人心不过适,适外复何求"。再看他写于此前一年(元和六年,811)的《首夏病间》:

> 我生来几时,万有四千日。自省于其间,非忧即有疾。老去虑渐息,年来病初愈。忽喜身与心,泰然两无苦。况兹孟夏月,清和好时节。微风吹袷衣,不寒复不热。移榻树阴下,竟日何所为。或饮一瓯茗,或吟两句诗。内无忧患迫,外无职役羁。此日不自适,何时是适时。

生活确实非常惬意闲适,而且有及时行乐的意思在。"内无忧患迫,外无职役羁"出自《庄子·至乐》"庄子之楚"一节:

> 庄子之楚,见空髑髅……髑髅见梦曰:"子之谈者似辩士。视子所言,皆生人之累也,死则无此矣。……死,

> 无君于上，无臣于下；亦无四时之事，从然以天地为春秋，虽南面王乐，不能过也。"

先说明一下：白居易是一个追求通俗的诗人，他在引用典故时，常常用其意而弃其辞。比如《狂言示诸侄》："勿言舍宅小，不过寝一室。何用鞍马多，不能骑两匹。"实际上就是《庄子·逍遥游》"鹪鹩巢于深林，不过一枝；偃鼠饮河，不过满腹"之意，白居易以自己的话说古人的意思，或者把古人的意思生活化、世俗化，这是他的一个绝活，是他通俗的一个方法或特征。

《庄子》对"生人之累"和"人间之劳"体会极深，所以也厌弃至深。"劳生"一词其实也是从《庄子》中演化而来。在《庄子》看来，为"浮生"而"劳"，而"累"，是一种缺乏智慧的表现，并且还障碍了人的逍遥之路。一生"慵懒"的白居易，对此也是心有戚戚。（据《全唐诗》中白居易的两千六百十一首诗统计，有一百零四个"慵"字，四十八个"懒"字。）《病中作（年十八）》："久为劳生事，不学摄生道。"《重题》："喜入山林初息影，厌趋朝市久劳生。"《江上对酒二首》其一："有慵将送老，无智可劳生。"《新沐浴》："劳生彼何苦，遂性我何忧。"《赠吴丹》：

> 巧者力苦劳，智者心苦忧。爱君无巧智，终岁闲悠悠。……宦途似风水，君心如虚舟。泛然而不有，进退得自由。……顾我愚且昧，劳生殊未休。一入金门直，星霜三四周。主恩信难报，近地徒久留。终当乞闲官，退与夫子游。

值得注意的不仅是这首诗中"巧者力苦劳，智者心苦忧"、"虚舟"、"泛然"、"劳生"都用了《庄子》的典故，重要的是，他以此来解释自己的背弃:主恩不报了,近地不呆了,要弄一个闲官,与吴质一起逍遥游了。

再看《闻庾七左降,因咏所怀》:

> 我病卧渭北,君老谪巴东。相悲一长叹,薄命与君同。既叹还自哂,哂叹两未终。后心诮前意,所见何迷蒙。人生大块间,如鸿毛在风。或飘青云上,或落泥涂中。衮服相天下,倘来非我通。布衣委草莽,偶去非吾穷。外物不可必,中怀须自空。无令怏怏气,留滞在心胸。

这首诗作于元和七年。前四句的"薄命"之叹,足证其他"自适"之千言万语,都是假,都是自己在给自己打气。一旦离开内官之职,一旦守丧,便作此垂头丧气语,乐天真不乐天,居易真不居易。下面接连用庄子典故,"大块",正用《齐物论》《大宗师》;"泥涂",反用《秋水》"曳尾于涂";"外物不可必"明用直接用《外物》;"中怀须自空",暗用点化用《人间世》之"虚室生白";"倘来""偶去"用《缮性》。《缮性》这一段,我们引用在下面:

> 古之所谓得志者,非轩冕之谓也,谓其无以益其乐而已矣。今之所谓得志者,轩冕之谓也。轩冕在身,非性命也,物之倘来,寄者也。寄之,其来不可圉,其去不可止。故不为轩冕肆志,不为穷约趋俗,其乐彼与此同,故无忧而已矣。

显然,困居下邽的白居易自觉很不得志,他要用《庄子》这段话来自我排解。

实际上,白居易对他做过"近臣"颇为自得。"昔我为近臣,君常稀到门。今我官职冷,唯君来往频。"(《酬张十八访宿见赠》)"忆为近臣时,秉笔直承明。"(《闻早莺》)"我随鹓鹭入烟云,谬上丹墀为近臣。"(《醉后走笔酬刘五主簿长句之赠兼简张大贾二十四先辈昆季》)上引还可以看出,他还总是把他做"近臣"之时的境遇和今日相比,无意中透露出失意情怀。范成大《读白傅洛中老病后诗戏书》曾讽刺过白居易:"乐天号达道,晚境犹作恶。陶写赖歌酒,意象颇沉着。谓言老将至,不饮何时乐。未能忘暖热,要是怕冷落。"白居易曾有一诗,叙述自己的内心斗争,《老去》云:

> 老去愧妻儿,冬来有劝词。暖寒从饮酒,冲冷少吟诗。战胜心还壮,斋勤体校羸。由来世间法,损益合相随。

这个"战胜"的典故来自《韩非子·喻老》:

> 子夏见曾子。曾子曰:"何肥也?"对曰:"战胜故肥也。"曾子曰:"何谓也?"子夏曰:"吾入见先王之义则荣之,出见富贵之乐又荣之,两者战于胸中,未知胜负,故癯。今先王之义胜,故肥。"

子夏是用"先王之义"战胜自己的富贵之欲,这个"先王之义"乃是指儒家所尊崇的仁义道德等等。而在白居易这里,用来战胜内心中对于富贵的欲望的,却是《庄子》或佛梵。

作于元和十二年的《答崔侍郎、钱舍人书问,因继以诗》,此时他谪居江州,颇为委屈:

> 旦暮两蔬食,日中一闲眠。便是了一日,如此已三年。心不择时适,足不拣地安。穷通与远近,一贯无两端。……帝乡远于日,美人高在天。谁谓万里别,常若在目前。泥泉乐者鱼,云路游者鸾。勿言云泥异,同在逍遥间。……

第三章 白居易的"闲适诗"与《庄子》

除了"心不择时适,足不拣地安"和"逍遥"外,这里涉及《庄子》的还有《天地》(帝乡远于日)、《秋水》(泥泉乐者鱼)等篇。江州是白居易人生的一个分水岭,无论是主动还是被动,是被迫还是乐意,他都开始了寻找自我逍遥的人生。

大和八年(834)的《饱食闲坐》说自己:"红粒陆浑稻,白鳞伊水鲂。庖童呼我食,饭热鱼鲜香。箸箸适我口,匙匙充我肠。……唯此不才叟,顽慵恋洛阳。饱食不出门,闲坐不下堂。……"他把庄子的"不才"理论拿来,用以证明自己此种生活的道德属性。《感所见》:

> 巧者焦劳智者愁,愚翁何喜复何忧。莫嫌山木无人用,大胜笼禽不自由。网外老鸡因断尾,盘中鲜鲙为吞钩。谁人会我心中事,冷笑时时一掉头。

他还是用《庄子》来表达自己——前四句中至少三句都来自《庄子》(第一、三、四句)。最后以自己的冷笑结束。冷笑不是嘲笑,嘲笑还有关怀,还有不满,还有是非。冷笑是冷眼看世界,对世俗的责任心冷了,对是非的辨析心也冷了。这很像《庄子》的"无是无非"思想,也确实来自于《庄子》,但是,白居易的真实境界与庄子迥异:庄子有孤愤,他消解了;庄子有大悲悯,他欠缺;庄子有大空虚,他却满腹的物欲。看他的诗,很明显分成两个境界:庸俗的物质境界以及建立在此基础之上的生活态度以及世界观、人生观,却又用《庄子》的某个典故点缀其间。其实,他根本不在庄子的境界上。他就这样大肆庸俗化庄子,把《庄子》变成了他这种庸人闲适生活的哲学基础。对现实世界倍感荒谬荒凉和百无聊赖,落寞满怀、去意满怀的庄子,出人意料地被白居易用来粉饰和论证他那倍感快活和享受、灯红酒绿、活色生香的现世"幸福"生活,这是白居易的喜剧,却是庄子的悲剧。庄子成就了白居易,玉成了白居易的"闲适诗",却在某种意义上"毁坏"了自己,毁坏了一种纯正哲学的清誉。这也许正印证了他自己的话:"其成也,毁也。"(《齐物论》《庚桑楚》两见)

# 第四章 白居易的道德意识与《庄子》

研究白居易的思想和人格,核心问题是道德问题。因为他道德意识极强,并且公开声明,要把道德教化贯彻到诗歌创作中去。当然,这样主张的人很多,李白、杜甫都这样主张,但是白居易比他们更为极端,极端到把李白、杜甫都列入不够格的否定对象。

而另一方面,他又非常关注个人的生活质量,并且有着远远超过李杜的谋划个人生活的意识和能力。他的一般做法就是:在面临选择时,放弃社会责任和政治担当,把个人逍遥放在第一位。

一方面极端强调诗歌创作的道德教化功能,并以此自许;另一方面又为了生活的惬意逍遥放弃道德承担,这二者的矛盾形成了巨大的张力,使他的诗歌内容呈现出一种独特的道德风貌。

## 第一节 "兼济天下"时对《庄子》的反动

《旧唐书·白居易传》:"自鍠至季庚,世敦儒业,皆以明经出身。"①父祖如此,居易自己也是因科举而入仕,"初应进

---

① 刘昫等《旧唐书》卷一百六十六,北京:中华书局,1975年,第4340页。

士时,中朝无缌麻之亲,达官无半面之旧;策蹇步于利足之途,张空拳于战文之场。十年之间,三登科第,名落众耳,迹升清贯;出交贤俊,入侍冕旒"(《与元九书》)。所以,说白居易是典型的士大夫出身,应该没有问题。"士大夫"是一个合成词,由"大夫"和"士"合并而来。本来,大夫与士是周代社会的两个不同的阶层,大夫在前(上),士在后(下),所谓的"天子诸侯大夫士",所以,"大夫士"是更早的提法,也符合由大夫沦落为士的贵族没落之路。后来,士可以凭借自己的能力而取得大夫之职,又有了"士大夫"的说法。"士大夫"的说法和"大夫士"说法的区别不仅仅在于位置的颠倒,更在于一种晋身之路和政治制度的变化:士可以成为国家的管理者。"大夫士"是说一种等级制度,"士大夫"是说一种晋升制度。并且,由于春秋后期孔子对于"士"的道德属性的重新阐释和塑造,士从此由一个尴尬的社会阶层,一变而为价值的承担者、社会公正的维护者和道义的代言人,而"大夫"又是国家的管理者,所以,"士大夫"既是政统的一分子,是国家世俗权力的管理者;又是道统的代表,代表着超越性的彼岸价值。同时,由于孔孟的阐释和坚持,在政统和道统之间,或者说,在两者之间发生矛盾的时候,士大夫最终选择皈依、坚持和维护的,是价值系统,而不是权力系统,所以,"士"是"士大夫"的道德底色。因此,士大夫是一个道德属性极其鲜明的社会阶层,也是道德自觉意识非常强烈、并以此确立自己社会面貌和社会角色的阶层,他们也以此获得自尊和社会尊重。余英时先生曾经指出:"以中国文化的价值系统而言,儒教始终居于主体的地位,佛、道两教在'济世'方面则退处其次。这正是传统中国的'社会良心'为什么必然要落在'士'

第四章 白居易的道德意识与《庄子》

阶层身上的背景。"①

而据汤用彤先生的研究,"李唐奠定宇内,帝王名臣以治世为务,轻出世之法。而其取士,五经礼法为必修,文词诗章为要事。科举之制,遂养成天下重孔教文学,轻释氏名理之风,学者遂至不读非圣之文。"②重治世之务,重孔教文学,轻出世之法,取士必修五经礼法,这些都足以养成白居易的士大夫情怀。余英时先生指出:"今天西方人常常称知识分子为'社会的良心',认为他们是人类的基本价值(如理性、自由、公平等)的维护者。知识分子一方面根据这些基本价值来批判社会上一切不合理的现象,另一方面则努力推动这些价值的充分实现。……熟悉中国文化史的人不难看出:西方学人所刻划的'知识分子'的基本性格竟和中国的'士'极为相似。……如果根据西方的标准,'士'作为一个承担着文化使命的特殊阶层自始便在中国史上发挥着'知识分子'的功用。""隋、唐时代除了佛教徒(特别是禅宗)继续其拯救众生的悲愿外,诗人、文士如杜甫、韩愈、柳宗元、白居易之伦更足以代表当时'社会的良心'。"③

余英时先生对白居易的"社会良心"的赞誉,对于元和年间的白居易,基本上是合适的。元和元年四月二十八日,白居易三十五岁,出任盩厔尉;元和三年四月二十八日,三十七岁,授左拾遗,当时的唐宪宗还处于积极有为时期,"刚明果断……慨然愤发,志平僭叛,能用忠谋,不惑群议"(《新唐书·宪宗纪赞》)。受到鼓舞的白居易在《初授拾遗献书》中向宪宗表态:

---

① 余英时《士与中国文化·引言》,上海:上海人民出版社,2003年,第7页。
② 汤用彤《隋唐佛教史稿》,北京:中华书局,1982年,第39页。
③ 余英时《士与中国文化·引言》,第7页。

臣按《六典》：左右拾遗掌供奉讽谏，凡发令举事有不便于时、不合于道者，小则上封，大则廷诤。其选甚重，其秩甚卑，所以然者，抑有由也。大凡人之情，位高则惜其位，身贵则爱其身，惜位则偷合而不言，爱身则苟容而不谏，此必然之理也。故拾遗之置，所以卑其秩者，使位未足惜，身未足爱也；所以重其选者，使上不忍负恩，下不负忍心也。夫位不足惜，恩不忍负，然后能有阙必规，有违必谏，朝廷得失无不察，天下利病无不言，此国朝置拾遗之本意也。由是而言，岂小臣愚劣暗懦所宜居之哉？况臣本乡里竖儒，府县走吏，委心泥滓，绝望烟霄。岂意圣慈，擢居近职，每宴饮无不先及，每庆赐无不先沾，中厩之马代其劳，内厨之膳给其食。朝惭夕惕，已逾半年，尘旷渐深，忧愧弥剧。未伸微效，又擢清班。臣所以授官已来，仅将十日，食不知味，寝不遑安，唯思粉身，以答殊宠，但未获粉身之所耳。

从这段文字可以看出，拾遗一职，是体制之内设置的、对体制进行理性制约的职位。它要求担此职位者不惜位，不爱身，不负恩，不负心，察朝廷之得失，言天下之利病——这确实是"社会良心"的表现。《初授拾遗》诗还表达了他受宠若惊、感恩戴德的心情：

奉诏登左掖，束带参朝议。何言初命卑，且脱风尘吏。杜甫陈子昂，才名括天地。当时非不遇，尚无过斯位。况余寒薄者，宠至不自意。惊近白日光，惭非青云器。天子方从谏，朝廷无忌讳。岂不思匪躬，适遇时无事。受命已旬月，饱食随班次。谏纸忽盈箱，对之终自愧。

第四章 白居易的道德意识与《庄子》

此时的他,不仅表明自己在政治上"誓心除国蠹,决死犯天威"(《答和诗十首·和阳城驿》),在文学上,他也决然表态:"但歌民病痛,不识时忌讳。"(《伤唐衢二首》其二)"惟歌生民病,愿得天子知。"(《寄唐生》)而且还说到做到,在此期间,创作了给他一生带来荣誉、也给他带来文学史地位的《新乐府》《秦中吟》组诗。并且,他还宣言:"总而言之,为君、为臣、为民、为物、为事而作,不为文而作也。"(《新乐府序》)后来的《与元九书》,也是标举六经,从汉魏而下,一网打尽,甚至陈子昂、李白、杜甫,都在他的批评之列:

> 唐兴二百年,其间诗人不可胜数。所可举者,陈子昂有《感遇诗》二十首,鲍防《感兴诗》十五篇。又诗之豪者,世称李、杜。李之作,才矣!奇矣!人不迫矣!索其风雅比兴,十无一焉。杜诗最多,可传者千余首。至于贯穿古今,觑缕格律,尽工尽善,又过于李焉。然撮其《新安》、《石壕》、《潼关吏》、《芦子关》、《花门》之章,"朱门酒肉臭,路有冻死骨"之句,亦不过十三四。杜尚如此,况不迫杜者乎?

于是他铁肩担道义,主动承担起巨大的道德重担:

> 仆常痛诗道崩坏,忽忽愤发,或废食辍寝,不量才力,欲扶起之。

可能是由于缺乏宗教的约束,中国文化特别强调个人的道德自觉,中国的士大夫也必须在道德问题上作出像样的表态,以显示自己道德上的正义、政治上的正确和观念上的正当,而涉及文章,则更是必须表明载道的立场,以保证文章立意和功能的正当性。这一点,历来正统士大夫都会这样做。而白居易做得(或说"说得")过分突出了,他的《新乐府序》和

《与元九书》中,体现出来的激烈的道德至上的文学观,就是他内心中激荡的担当精神的体现。

他作于这个时期的诗歌,更多地是关心政治、社会、民生,充满道德的承担,显示的是一个传统士大夫的道德自觉。比如,作于元和二年(807)(本文涉及白居易诗作年限的,除特别说明者外,皆依据朱金城《白居易集笺校》)的《月夜登阁避暑》:

> 旱久炎气盛,中人若燔烧。清风隐何处,草树不动摇。何以避暑气,无如出尘嚣。行行都门外,佛阁正岩峣。清凉近高生,烦热委静销。开襟当轩坐,意泰神飘飘。回看归路傍,禾黍尽枯焦。独善诚有计,将何救旱苗。

与此类似的,元和中《新制布裘》:

> 桂布白似雪,吴绵软于云。布重绵且厚,为裘有余温。朝拥坐至暮,夜覆眠达晨。谁知严冬月,支体暖如春。中夕忽有念,抚裘起逡巡。丈夫贵兼济,岂独善一身。安得万里裘,盖裹周四垠。稳暖皆如我,天下无寒人。

天热时,本来自己可以避暑,却"回看归路傍,禾黍尽枯焦。独善诚有计,将何救旱苗"。天寒时,本来自己已经"支体暖如春",却突然想起"丈夫贵兼济,岂独善一身",于是,"安得万里裘……天下无寒人",这简直就是杜甫的境界。显然,这个时期的白居易,是不赞成独善其身的,他要的是兼济天下。

于是,他一再强调对道德的担当和关注,并且还一度达到了朝廷得失、天下利病无不牵挂,方今之时,舍我其谁的程度,约作于元和十年冬(815)任江州司马时的《赠友五首》,就

## 第四章 白居易的道德意识与《庄子》

是这种全面的道德担当的体现。此诗前有一序:"吾友有王佐之才者,以致君济人为己任,识者深许之。因赠是诗,以广其志云。"在这五首"广其志"的诗里,他一再勉励这位朋友。

对于"盛夏兴土功,方春剿人命",他寄望朋友:

> 谁能救其失,待君佐邦柄。峨峨象魏门,悬法彝伦正。

对于"弃本以趋末,日富而岁贫",他寄望于朋友:

> 谁能反古风,待君秉国钧。捐金复抵璧,勿使劳生民。

对于税赋弊端,他也寄望于朋友:

> 谁能革此弊,待君秉利权。复彼租庸法,令如贞观年。

对于"宽猛政不一,民心安得淳",他寄望于朋友:

> 谁能变此法,待君赞弥纶。慎择循良吏,令其长子孙。

甚至对于婚姻不时,他也寄望于朋友:

> 谁能正婚礼,待君张国维。庶使孝子心,皆无风树悲。

虽然是对于朋友的期望,但体现出的,是对士大夫担当精神的自觉。考虑到他自己此时被贬的处境,他这样寄望于朋友,其间的心情颇为复杂。同年,他这样夸奖张籍——《读张籍古乐府》:

> 张君何为者,业文三十春。尤工乐府诗,举代少其伦。为诗意如何,六义互铺陈。风雅比兴外,未尝著空

文。读君学仙诗,可讽放佚君。读君董公诗,可诲贪暴臣。读君商女诗,可感悍妇仁。读君勤齐诗,可劝薄夫敦。上可裨教化,舒之济万民。下可理情性,卷之善一身。

张籍的《学仙诗》《董公诗》尚存,而所谓"商女诗""勤齐诗"已佚。如果像白居易所说的这样,则张籍作诗,也是"一吟悲一事"(《伤唐衢二首》其二)的。所以,夸张籍,也是他对自己诗歌的总结和期待,从中我们可以看出他的道德担当和士大夫情怀与责任心。而唐衢"不悲口无食,不悲身无衣。所悲忠与义,悲甚则哭之"的诗歌创作,也感动了他,使他"不能发声哭,转作乐府诗。篇篇无空文,句句必尽规。功高虞人箴,痛甚骚人辞。非求宫律高,不务文字奇。惟歌生民病,愿得天子知"(《寄唐生》)。

《新乐府序》中,他一一标明五十首诗的主题,从"《七德舞》,美拨乱,陈王业也"一直到"《采诗官》,鉴前王乱亡之由也",几乎要对这个社会政治的、风俗的、道德的、审美的所有问题,都担当起来。这种"主题先行"式的创作,于文学而言,可能不是一个好的动机;但是这里体现出一种责任感,一种抱负,一种情怀,一种来自于孔子的伟大的"士"的"仁以为己任"的传统情怀。

按照儒家的观点,对社会的担当,开始于对自己的磨砺,修身而后,方能齐家治国平天下。所以,这个时候的白居易,在自我道德上也很自律,如元和三年《赠内》:

君家有贻训,清白遗子孙。我亦贞苦士,与君新结婚。庶保贫与素,偕老同欣欣。

此时白居易尚朴实,不大讲究生活的品味,对物质的追求还

第四章 白居易的道德意识与《庄子》

是让位于对道德的坚持。更重要的是,他此时专注于人的社会责任,对个人的逍遥取否定的态度。作于元和间的《梦仙》嘲笑一位梦仙者被痴梦所迷,终生不悟:"恩爱舍骨肉,饮食断膻腥。朝餐云母散,夜吸沉瀣精。空山三十载,日望辎軿迎。"结果是:"前期过已久,鸾鹤无来声。齿发日衰白,耳目减聪明。一朝同物化,身与粪壤并。"所以,白居易嘲笑这个人"只自取勤苦,百年终不成。悲哉梦仙人,一梦误一生"。他的人生处于上升的顺境,他执着于社会人生,关注于世道人心,纠缠于是非善恶,当然不会被道家的仙境所诱惑。

此时的白居易,个性也与道家尚柔不同,如《折剑头》:

> 我有鄙介性,好刚不好柔。勿轻直折剑,犹胜曲全钩。

元和间的《答友问》:

> 大圭廉不割,利剑用不缺。当其斩马时,良玉不如铁。置铁在洪炉,铁消易如雪。良玉同其中,三日烧不热。君疑才与德,咏此知优劣。

元和二年(1807)的《云居寺孤桐》:

> 一株青玉立,千叶绿云委。……寄言立身者,孤直当如此。

这个时候,他笔下也会出现庄子,但是,却是在"用世"和"行道"的意义上来使用庄子,比如元和初的这一首《李都尉古剑》:

> 古剑寒黯黯,铸来几千秋。白光纳日月,紫气排斗牛。有客借一观,爱之不敢求。湛然玉匣中,秋水澄不流。至宝有本性,精刚无与俦。可使寸寸折,不能绕指

柔。愿快直士心,将断佞臣头。不愿报小怨,夜半刺私仇。劝君慎所用,无作神兵羞。

这首诗的全篇立意来自于《庄子·说剑》。而《庄子·说剑》历来被认为和庄子思想不符,乃是一篇伪作,其文章风格绝类说客纵横家,而其基本价值观,却是儒家的。此时的白居易引用庄子,专注于这类作品,其间消息很值得关注。

再比如这首元和初的《感鹤》:

> 鹤有不群者,飞飞在野田。饥不啄腐鼠,渴不饮盗泉。贞姿自耿介,杂鸟何翩翾。……

"饥不啄腐鼠"固然是用《庄子》典,但是却并非嘲弄高位(庄子是以腐鼠比喻魏国的相位),而是指一种类似儒家的那种刚直不阿的个性。这是"以庄释儒"。元和四年的《白牡丹(和钱学士作)》:

> 城中看花客,旦暮走营营。素华人不顾,亦占牡丹名。闭在深寺中,车马无来声。唯有钱学士,尽日绕丛行。怜此皓然质,无人自芳馨。……对之心亦静,虚白相向生。唐昌玉蕊花,攀玩众所争。折来比颜色,一种如瑶琼。彼因稀见贵,此以多为轻。始知无正色,爱恶随人情。岂惟花独尔,理与人事并。君看入时者,紫艳与红英。

诗中的"虚白""正色"也是《庄子》典,"虚白"可能还和《庄子》原意比较靠近,但是"正色"一词,却与《庄子·齐物论》中的"正色"所要表白的意思截然不同:《齐物论》是否定天下有什么大家一致认可的"正色",以此表明天下无美丑善恶是非,天下没有什么"正确"的东西,从而要我们取消倾向;而白居易却是坚持和鼓吹"正色",要以此表明对是非不分的愤懑,要我们认知和认同"正确"的东西。

最能体现白居易此一时期对待庄子的态度的,是白居易对庄子的材与不材之辨的态度。《庄子》中多次以木之材喻人之才,《人间世》中匠石所见的散木,南伯子綦所见的商丘大木,都因其不材而"若是之寿"。相反,那些有材有用之木——文木,反而因其有用而"以其能苦其生",甚至夭于斤斧。于是结论是:不材(不才)胜于有材(有才)。

> 山木,自寇也;膏火,自煎也。桂可食,故伐之;漆可用,故割之。人皆知有用之用,而莫知无用之用也。(《庄子·人间世》)

体现在人间,便是这样的现象:

> 支离疏者,颐隐于脐,肩高于顶,会撮指天,五管在上,两髀为胁,挫针治繲,足以餬口,鼓筴播精,足以食十人。上征武士,则支离攘臂而游于其间;上有大役,则支离以有常疾不受功;上与病者粟,则受三钟与十束薪。夫支离其形者,犹足以养其身,终其天年,又况支离其德者乎?(《庄子·人间世》)

在传统文化中,儒家讲中用(中用是"中庸"的题内应有之义),而道家,尤其是庄子,讲不中用。儒家讲用世,庄子讲避世。儒家如琢如磨如切如磋,是要把自己修炼成有用之人,庄子却要把人变为无用之人(散人)。如果用超越的眼光来看,确实存在着这样一个问题:我们为什么要中别人的用呢?人生的苦闷之一,即是被别人用。被别人用,当然是按照他的意愿来用,瓠,为何定要做瓢?木,为何定要做器?

问题还在于,成了别人的器,即牺牲了自己。所以,庄子是公开反对做"牺牲"和"牺牲精神"的。

在庄子的"直木先伐,甘井先竭"(《庄子·山木》)的感叹中,他深刻思考了个人权利与社会义务的矛盾。当然,庄子试图弥合两者之间的矛盾:

> 弟子问于庄子曰:"昨日山中之木,以不材得终其天年;今主人之雁,以不材死。先生将何处?"庄子笑曰:"周将处乎材与不材之间。材与不材之间,似之而非也,故未免乎累。若夫乘道德而浮游则不然,无誉无訾,一龙一蛇,与时俱化,而无肯专为;一上一下,以和为量,浮游乎万物之祖,物物而不物于物,则胡可得而累邪!……"(《庄子·山木》)

从材(才)到不材(才),到材与不材之间,再到"乘道德而浮游",庄子对于个体如何与这个世界实现和平共处进行了逐层深入的思考。最后的"乘道德而浮游",就是乘宇宙之道,顺自我之性,就是宇宙社会之道与个体之德的和谐。

但是,庄子这样深入的哲学思考往往为一般人所忽视,他真正打动人的,恰恰是"不材胜有材",即最初层次的浅显的生活情形的揭示,因为这是人人可以感受得到并常常形成共鸣的。元和年间的白居易正是在这一点上理解庄子,却又在特定的历史条件下做出了"反庄子"的理解。《杏园中枣树》云:

> 人言百果中,唯枣凡且鄙。皮皴似龟手,叶小如鼠耳。胡为不自知,生花此园里。岂宜遇攀玩,幸免遭伤毁。二月曲江头,杂英红旖旎。枣亦在其间,如嫫对西子。东风不择木,吹煦长未已。眼看欲合抱,得尽生生理。寄言游春客,乞君一回视。君爱绕指柔,从君怜柳杞。君求悦目艳,不敢争桃李。君若作大车,轮轴材须此。

## 第四章 白居易的道德意识与《庄子》

一棵貌不惊人的小枣树,却用近乎哀求的口吻要求别人对它另眼相看,并且自荐可作轮轴之用。这种思路来自于《庄子》却又反《庄子》。"如嫫对西子"这一句,也是同样援引于《庄子》却又反其意而用之的。再看下面这首:

> 豫樟生深山,七年而后知。挺高二百尺,本末皆十围。天子建明堂,此材独中规。匠人执斤墨,采度将有期。孟冬草木枯,烈火燎山陂。疾风吹猛焰,从根烧到枝。养材三十年,方成栋梁姿。一朝为灰烬,柯叶无孑遗。地虽生尔材,天不与尔时。不如粪土英,犹有人掇之。已矣勿重陈,重陈令人悲。不悲焚烧苦,但悲采用迟。(《寓意诗五首》其一)

一棵养材三十年而成栋梁的树,在被采用之前焚于一场山火,于是感到极端悲伤。这种借树木来谈人才的思路与《庄子》中诸多故事非常相似,而表达的思想倾向则完全不同——思路相同,思想不同。

再看《和答诗十首·答桐花》:

> 山木多蓊郁,兹桐独亭亭。……行者多商贾,居者悉黎氓。无人解赏爱,有客独屏营。手攀花枝立,足蹋花影行。生怜不得所,死欲扬其声。斫为天子琴,刻作古人形。云待我成器,荐之于穆清。诚是君子心,恐非草木情。胡为爱其华,而反伤其生。老龟被刳肠,不如无神灵。雄鸡自断尾,不愿为牺牲。况此好颜色,花紫叶青青。宜遂天地性,忍加刀斧刑。
>
> 我思五丁力,拔入九重城。当君正殿栽,花叶生光晶。上对月中桂,下覆阶前蓂。泛拂香炉烟,隐映斧藻屏。为君布绿阴,当暑荫轩楹。沉沉绿满地,桃李不敢

争。为君发清韵,风来如叩琼。泠泠声满耳,郑卫不足听。受君封植力,不独吐芬馨。助君行春令,开花应晴明。受君雨露恩,不独含芳荣。戒君无戏言,剪叶封弟兄。受君岁月功,不独资生成。为君长高枝,凤凰上头鸣。一鸣君万岁,寿如山不倾。再鸣万人泰,泰阶为之平。如何有此用,幽滞在岩坰。岁月不尔驻,孤芳坐凋零。请向桐枝上,为余题姓名。待余有势力,移尔献丹庭。

这首诗体现出白居易内心中的矛盾:从开始到"宜遂天地性,忍加刀斧刑",不忍为求用而承受斧斤,这是典型的庄子"反牺牲"精神。但是,自"我思五丁力"至结尾,却又大肆渲染"当君正殿栽,花叶生光晶"的荣耀与担当。所以,最后,白居易表达的意思,不是让这棵桐木在山野之中自得其性,恰恰相反,是要"移尔献丹庭"。这首诗非常典型地体现了白居易的人生观:很愿意在体制内出人头地,有所作为,却又不愿意被体制牺牲。所以,他要的是"移栽",而不是"砍伐"——他要的是作为一棵"树"而为人所用,而不是作为"木材"为人所用。——这是儒家用世思想和道家保身思想的糅合,也暗示了他后来思想的变迁。

与对有用之木的怜惜相比,对无用甚至有害之木,白居易则不惜大加挞伐,如《有木诗八首》其一:

有木名弱柳,结根近清池。风烟借颜色,雨露助华滋。峨峨白雪花,袅袅青丝枝。渐密阴自庇,转高梢四垂。截枝扶为杖,软弱不自持。折条用樊圃,柔脆非其宜。为树信可玩,论材何所施。可惜金堤地,栽之徒尔为。

这样嘲弄无用之木,与庄子已经站在完全不同的立场上,庄子从道的角度出发,"举莛与楹,厉与西施,恢恑憰怪,道通为一"(《齐物论》)。对这个世界的一切个体,是平等尊重的。《有木诗八首》其四还要谴责有害之木:

> 有木名杜梨,阴森覆丘壑。心蠹已空朽,根深尚盘薄。狐媚言语巧,鸟妖声音恶。凭此为巢穴,往来互栖托。四傍五六本,叶枝相交错。借问因何生,秋风吹子落。为长社坛下,无人敢芟斫。几度野火来,风回烧不著。

《庄子·人间世》中,对"栎社树"为了自保而托身社坛,予以了同情和声援,而白居易此诗的最后四句却对杜梨树托身社坛予以了批判和谴责。这是典型的"灵感来自庄子,思想反对庄子"的例子。这是由白居易此时的处境和心境决定的。

## 第二节 "独善其身"的道德依据与《庄子》

但是,需要说明的是,此时的白居易,他反庄子,是为了借庄子说话,说出自己反其意而用之的话,是为了表现他的道德意识和士大夫情怀,而并非他真的对庄子反感。这从一首他作于元和五年的《和答诗十首·和思归乐》中可证:

> 人生百岁内,天地暂寓形。太仓一稊米,大海一浮萍。身委逍遥篇,心付头陀经。尚达死生观,宁为宠辱惊。中怀苟有主,外物安能萦。任意思归乐,声声啼到明。

此时元稹自监察御史分司东都贬江陵府士曹参军,两人话别,"语不过相勉保方寸,外形骸而已"(《和答诗十首·序》)。

在朋友被贬、自己的上升势头受挫之时,庄子又回到了他的中心,并且不再是反其意,而是"于我心有戚戚焉"了。

所以,可以说,在元和十年他被贬江州之前,他的思想里也早就有了一些"闲适"的意思,他自己归名闲适诗的二百十六首中,至少有九十九首写于江州司马任前①,事实上,中唐那样的社会氛围和政治现状,以及白居易自己的较为柔懦的个性,都使得他不可能是一个一往无前的殉道者,一个把自己供奉给社会的、一意孤行、"知其不可而为之"的孔子式的济世者。恰恰相反,当他在"达则兼济天下"的时候,早就做好了"穷则独善其身"的准备,他是一个"知其不可奈何而安之若命"的庄子式的人物。

元和三年四月,白居易拜授左拾遗,颇为得志。赵翼《瓯北诗话》卷四言:

> 是时(白居易)授拾遗,入翰林,年少气锐,本欲有以自见于世。故论王锷以赂谋宰相,论裴均不当违制进奉,论李师道不当掠美以私财代赎魏宅,论吐突承璀不当以中使统兵,论元稹不当以中使谪官,皆侃侃不挠,冀以裨益时政。②

但是,就在这样的挠挠不屈之时,他实际上已经看到了官场的险恶,并且早就有了林下之志:

> ……然已为当事者侧目,始知仕途险艰,早有林下乐志之想。观其在江州寄微之书:"昔与微之在朝,同蓄

---

① 朱金城《白居易集笺校》卷六"闲适二"中《江州雪》《湓浦早冬》两首,白居易自己归入江州司马任前,但是根据内容推断,应该在任职江州司马后。朱金城也定此二首为江州司马后作。

② 赵翼《瓯北诗话》卷四,北京:中华书局,1963年,第49页。

## 第四章　白居易的道德意识与《庄子》

退休之心,迨今十年,沦落老大,追寻前约,且订后期。"可知同在禁近时,早有此约矣。

文中提到的江州寄微之书,乃是指这样的一首诗,诗题几乎是一篇小品:"昔与微之在朝日,同蓄休退之心,迨今十年,沦落老大,追寻前约,且结后期,"诗曰:

> 往子为御史,伊余忝拾遗。皆逢盛明代,俱登清近司。予系玉为佩,子曳绣为衣。从容香烟下,同侍白玉墀。朝见宠者辱,暮见安者危。纷纷无退者,相顾令人悲。宦情君早厌,世事我深知。常于荣显日,已约林泉期。况今各流落,身病齿发衰。不作卧云计,携手欲何之。待君女嫁后,及我官满时。稍无骨肉累,粗有渔樵资。岁晚青山路,白首期同归。

正是由于他做过近臣,接触过权力核心,所以,他才看出局外人看不到的荣华背后的悲凉,煊赫背后的凶险:"朝见宠者辱,暮见安者危。"朝暮之间,荣者辱而安者危,哪里有尊严,哪里有安逸?可知当初他任左拾遗时,也并非多么快乐,流连忘返,而是早就与好友元稹有了林泉之约。

武元衡被刺,他上书请捕贼,触怒权要,待罪京城,此时,他的《自诲》一诗,就显示出他不会坚持自己。这时,他表现的,不再是儒家的矫矫不屈,而是道家的委顺认命:

> 乐天乐天,来与汝言。汝宜拳拳,终身行焉。物有万类,锢人如锁。事有万感,爇人如火。万类递来,锁汝形骸。使汝未老,形枯如柴。万感递至,火汝心怀。使汝未死,心化为灰。乐天乐天,可不大哀,汝胡不惩往而念来。人生百岁七十稀,设使与汝七十期,汝今年已四十四,却后二十六年能几时。汝不思二十五六年来事,

疾速倏忽如一瞬。往日来日皆瞢然,胡为自苦于其间。乐天乐天,可不大哀。而今而后,汝宜饥而食,渴而饮;昼而兴,夜而寝;无浪喜,无妄忧;病则卧,死则休。此中是汝家,此中是汝乡,汝何舍此而去,自取其遑遑。遑遑兮欲安往哉,乐天乐天归去来!

诗中"形枯如柴""心化为灰"来自《庄子》("心化为灰"并非用的《齐物论》中的"心如死灰"的正面义,而是用的《田子方》中"哀莫大于心死"之负面义);"物有万类"至"锁汝形骸"一节,与庄子对世界锁束人性的批判基本一致,连用词也相似或相同,"形骸"就是《庄子》的语词;饥食渴饮一段,也是道家自然之道,"死则休"显然是庄子"其死若休";"疾速倏忽如一瞬"来自《庄子》"人生如梦","倏忽"也是《庄子》的词。四十四岁,在一般人眼里正是大好时光,孔子是五十一岁才开始他的从政生涯的。但是,白居易却用"年已四十四"这样的表述,他心态的衰老,可揣摩而感知。在这样的悲哀的心情下,他要效仿陶渊明,高吟一曲"归去来"了。

比较一下李白、杜甫和白居易对待尧舜的态度是有意思的。李白当然对尧舜表达了足够的敬意,但是,深受庄子无是无非思想影响的李白,也不会特别对什么人予以特别的敬意与崇拜。虽然他认为尧舜是好人,"世无洗耳翁,谁知尧与跖"(《古风》),即使我们不把李白这句诗的意思理解为尧是靠许由才得以传名后世的(其实,这可能正是宣称"古来圣贤皆寂寞,惟有饮者留其名"的李白的真实想法),把尧这样流芳千古的圣君和盗跖这样遗臭万年的强盗放到一起比较,也不能看出李白对尧舜有什么特别的抬举。在一首鼓吹自己家族、推销自己并拍马自己的族侄李聿的诗歌《赠清漳明府侄聿》中,他有这样的句子:

> 我李百万叶,柯条布中州。天开青云器,日为苍生忧。小邑且割鸡,大刀伫烹牛。雷声动四境,惠与清漳流。弦歌咏唐尧,脱落隐簪组。心和得天真,风俗犹太古。牛羊散阡陌,夜寝不扃户。问此何以然,贤人宰吾土。

显然,"弦歌咏唐尧",不是他歌唱唐尧,而是他吹捧这个侄子的良好政绩,是这个县在李聿的治理下,民风淳朴的一个表现吧。最能显示出他对尧舜这样古代圣明天子态度的,大概是这样一首诗:

> 一鹤东飞过沧海,放心散漫知何在。仙人浩歌望我来,应攀玉树长相待。尧舜之事不足惊,自余嚣嚣直可轻。巨鳌莫戴三山去,我欲蓬莱顶上行。(《怀仙歌》)

是啊,在这个虔诚而痴迷的道教徒面前,成仙才是值得追求的人生境界,仙人才是值得人们羡慕的,人间尧舜,何足道哉!

但杜甫就不一样。他数次称赞尧为"神尧":

> 神尧十八子,十七王其门。(《别李义》)

> 我丈时英特,宗枝神尧后。(《奉赠李八丈判官(曛)》)

> 神尧旧天下,会见出腥臊。(《避地》)

李白向仙,杜甫敬"神"。这个神,就是尧。所以,杜甫对尧舜,是不折不扣无条件的崇奉。"唐尧真自圣,野老复何知。"(《秦州杂诗二十首》之二十)李白向往仙境,杜甫向往人间天堂,这天堂就是尧舜治下的人间,或者说,人间天堂的创造者就是尧舜,而他的理想,就是要重现这样的人间天堂:"自谓颇挺出,立登要路津。致君尧舜上,再使风俗淳。"(《奉赠韦左丞丈二十二韵》)"死为星辰终不灭,致君尧舜焉肯朽。"(《可叹》)还要求别人也要这样:"致君尧舜付公等,早据要路思捐躯。"(《暮秋枉裴道州手札,率尔遣兴,寄近呈苏涣侍御》)他一生颠沛流离,根本不受重用,但是他仍然"穷年忧黎元,叹息肠内热。取笑同学翁,浩歌弥激烈。非无江海志,萧洒送日月。生逢尧舜君,不忍便永诀。当今廊庙具,构厦岂云缺。葵藿倾太阳,物性固莫夺"(《自京赴奉先县咏怀五百字》)。

而白居易又与他们不同。他当然有理想,《太平乐词二首(已下七首在翰林院时奉敕撰进)》:

> 岁丰仍节俭,时泰更销兵。圣念长如此,何忧不太平。湛露浮尧酒,薰风起舜歌。愿同尧舜意,所乐在人和。

但是,他既不要像李白那样与现实发生激烈冲突,也不要像杜甫那样承担重任。所以,他谦恭地、懂事地向尧舜表达敬意,却把他们的最终湮灭看成是他自己现在的生活方式的道德根据,《效陶潜体诗十六首》:

> 不动者厚地,不息者高天。无穷者日月,长在者山川。松柏与龟鹤,其寿皆千年。嗟嗟群物中,而人独不然。早出向朝市,暮已归下泉。形质及寿命,危脆若浮烟。尧舜与周孔,古来称圣贤。借问今何在,一去亦不还。我无不死药,万万随化迁。所未定知者,修短迟速间。幸及身健日,当歌一尊前。何必待人劝,持此自为欢。

这是对儒家"不朽"理念的背弃,是典型的张湛《列子·杨朱》中的及时行乐思想。既然连尧舜周孔这样的伟大人物,最终

## 第四章 白居易的道德意识与《庄子》

不过是湮灭在时光的长河中,我又何必给自己太多的苛求、太大的道德重担,不妨就这样随心适意。国的担子不担,家的担子也不妨随它去:

> 红粒陆浑稻,白鳞伊水鲂。庖童呼我食,饭热鱼鲜香。箸箸适我口,匙匙充我肠。八珍与五鼎,无复心思量。扣腹起盥漱,下阶振衣裳。绕庭行数匝,却上檐下床。箕踞拥衾坐,半身在日旸。可怜饱暖味,谁肯来同尝。是岁太和八,兵销时渐康。朝廷重经术,草泽搜贤良。尧舜求理切,夔龙启沃忙。怀才抱智者,无不走遑遑。唯此不才叟,顽慵恋洛阳。饱食不出门,闲坐不下堂。子弟多寂寞,僮仆少精光。衣食虽充给,神意不扬扬。为尔谋则短,为吾谋甚长。(《饱食闲坐》)

身处"尧舜求理切,夔龙启沃忙"的时代,他却以"不才"为退避的理由,放纵自己的"顽慵",享受自己的"饱暖",不为国"谋",也不为子弟谋,为自己"谋"了。

为了获得良心的沉醉,他甚至不惜自欺,《与诸公同出城观稼》:

> 老尹醉醺醺,来随年少群。不忧头似雪,但喜稼如云。岁望千箱积,秋怜五谷分。何人知帝力,尧舜正为君。

他的自我放纵的逻辑是:既然有尧舜主持着天下,则我何妨逍遥。但当时的皇帝是尧舜吗?这是马屁,也是自欺。对比他元和年间左拾遗任上的"讽喻诗",对比他《新乐府》五十首所揭露的时政之黑暗,天下之病痛,从他前后截然不同的对一个时代的评价,我们不是可以明显地看出他的自欺欺人吗?《池上闲吟二首》:

> 高卧闲行自在身,池边六见柳条新。幸逢尧舜无为日,得作羲皇向上人。

当时的世道是"无为"之时吗?这还是马屁,还是自欺,是为自己不负责任辩护。《奉和晋公侍中蒙除留守行及洛师感悦发中斐然成咏之作》:

> 鸾凤翱翔在寥廓,貂蝉萧洒出埃尘。致成尧舜升平代,收得夔龙强健身。抛掷功名还史册,分张欢乐与交亲。商山老皓虽休去,终是留侯门下人。

功名抛掷,欢乐分张。为什么他要这样拍当政者的马屁?他为什么要这样自欺欺人?答案是:只有当政者贤如尧舜,天下治理,他的不负责任的个人逍遥才有充足的道德依据。这样一种略显古怪的态度,这一思维的逻辑,正是来自于《庄子》。《逍遥游》:

> 尧让天下于许由……许由曰:"子治天下,天下既已治也。而我犹代子,吾将为名乎?名者,实之宾也。吾将为宾乎?鹪鹩巢于深林,不过一枝;偃鼠饮河,不过满腹。归休乎君,予无所用天下为!……"

许由"请致天下"的道德理由,就是"天下既已治也"——看来许由也拍了尧的马屁。拍尧的马屁,差不多;拍中唐的几个不争气皇帝的马屁,差很多。但白居易其实是为了自己:白居易个人逍遥的理由,当然他说出了多种,但是,"天下既已治也"至少是其中的一种。

当然,这是《庄子·内篇》给出的解释。《庄子·杂篇》中给出的解释更加个人化。《让王》:

> 尧以天下让许由,许由不受。又让于子州支父,子州支父曰:"以我为天子,犹之可也。虽然,我适有幽忧

之病,方且治之,未暇治天下也。"夫天下至重也,而不以害其生,又况他物乎!……

舜让天下于子州支伯。子州支伯曰:"予适有幽忧之病,方且治之,未暇治天下也。"故天下大器也,而不以易生,此有道者之异乎俗者也。

舜以天下让善卷,善卷曰:"余立于宇宙之中,冬日衣皮毛,夏日衣葛絺;春耕种,形足以劳动;秋收敛,身足以休食;日出而作,日入而息,逍遥于天地之间而心意自得。吾何以天下为哉!悲夫,子之不知余也!"遂不受。于是去而入深山,莫知其处。

子州支父、子州支伯和善卷等人"让王"不受的理由是不以天下害其生、易其生,《盗跖》:

善卷、许由得帝而不受,非虚辞让也,不以事害己。

这是绝对的个人主义思想,也是绝对的反道德思想。如果说,尧舜代表着对他人的承担,则《庄子》描述的许由等人则代表着对自我的呵护。江州以后的白居易,不再牵挂天下,而对于自己,则呵护得无微不至。

尧舜在中国文化中,代表着圣明的帝王,代表着清平的时代,代表着公正的政治,更代表着一种担当天下、为天下谋幸福的人格精神,一言以蔽之,尧舜是中国传统中道德的代表,所以,儒家推而崇之,道家敬而远之(在庄子那里,尧要比隐士许由等等低一个境界的)。杜甫对尧舜的态度,就是典型的儒家态度;李白对尧舜的态度,是典型的道家态度;白居易呢?他比较特别——他是实用主义态度:尧舜成了他逃避责任的道德依据。这与他对待庄老、对待佛梵一样。就传统文化而言,无论哲学,无论历史,无论宗教,白居易都是一个实用主义者。

## 第三节　白居易的个性、物质欲望与《庄子》

虽然白居易元和年间高举道德大旗,但是他骨子里,还是自适的东西多,他骨子里缺乏李白的那种追求自我实现、超凡脱俗的个性,更缺乏杜甫的那种牺牲自己、献身社会的精神。直言之,李杜身上,无论实现自我,还是奉献自我,精神的东西、超越的东西,都占据着他们的生命。而白居易则是现实的东西、物质的东西更缠绕着他的精神翅膀,使得他最终自我认同于斥鴳小鸟一类,在有限的境界中寻找生活的趣味,自我满足,沾沾自喜。这种精神导向,也使得他更为后来的宋人亲近。如果说,李白一生生活在别处,坚持过一种超越凡俗的"超人"生活,为生命中不能承受之轻而颠沛流离;杜甫一生生活在群体中,坚持过一种道德化的"圣人"生活,为生命中不能承受之重而喘息呻吟;白居易就是一生生活在当下,在道德的下坠过程中体验失重的快感,过一种建立在丰裕物质基础之上的艺术化的"庸人"生活。他"性嗜酒,耽琴,淫诗,凡酒徒、琴侣、诗客,多与之游"(《醉吟先生传》)。请看他的《北窗三友》:

> 今日北窗下,自问何所为。欣然得三友,三友者为谁。琴罢辄举酒,酒罢辄吟诗。三友递相引,循环无已时。一弹惬中心,一咏畅四肢。犹恐中有间,以酒弥缝之。岂独吾拙好,古人多若斯。嗜诗有渊明,嗜琴有启期。嗜酒有伯伦,三人皆吾师。……三师去已远,高风不可追。三友游甚熟,无日不相随。左搦白玉卮,右拂黄金徽。兴酣不叠纸,走笔操狂词。谁能持此词,为我

## 第四章 白居易的道德意识与《庄子》

谢亲知。纵未以为是,岂以我为非。

三友是琴、诗、酒,三师是荣启期、陶渊明、刘伶。此诗作于大和八年(834),算是晚年作品。其实,早在永贞元年(805),《永崇里观居》中他就表达了这样的"虚无"之想:

> 季夏中气候,烦暑自此收。萧飒风雨天,蝉声暮啾啾。永崇里巷静,华阳观院幽。轩车不到处,满地槐花秋。年光忽冉冉,世事本悠悠。何必待衰老,然后悟浮休。真隐岂长远,至道在冥搜。身虽世界住,心与虚无游。朝饥有蔬食,夜寒有布裘。幸免冻与馁,此外复何求。寡欲虽少病,乐天心不忧。何以明吾志,《周易》在床头。

《周易》本是儒道的共同源头[①]。"浮休""至道""虚无"都来自《庄子》。再看他作于元和五年(810)的《赠吴丹》:

> 巧者力苦劳,智者心苦忧。爱君无巧智,终岁闲悠悠。尝登御史府,亦佐东诸侯。手操纠谬简,心运决胜筹。宦途似风水,君心如虚舟。泛然而不有,进退得自由。今来脱豸冠,时往侍龙楼。官曹称心静,居处随迹幽。冬负南荣日,支体甚温柔。夏卧北窗风,枕席如凉秋。南山入舍下,酒瓮在床头。人间有闲地,何必隐林丘。顾我愚且昧,劳生殊未休。一入金门直,星霜三四周。主恩信难报,近地徒久留。终当乞闲官,退与夫子游。

其实,这一年是他一生中难得的得志时期。即便如此,我们

---

[①] 参阅陈炎《〈易经〉:儒道同出的哲学文本》,《积淀与突破》,桂林:广西师范大学出版社,1997年。

还是看到了他在"济世"之时的牢骚。当然,他还是借《庄子》的话来表达①。一点劳生之苦,就使他不再报答君恩了。可见,他并不是像自己在《初授拾遗献书》所说的"食不知味,寝不遑安,唯思粉身,以答殊宠,但未获粉身之所耳"。所谓粉身以报君恩,不过是漂亮话而已。问题是,他也不是就此卷而怀之,他还要俸禄,所以,他不是不要做官,他是要做"闲官"——事简而俸厚,责任轻而回报重。

此时表达自己对世俗责任的厌倦的作品还有如元和六年(811)的《养拙》:"甘心谢名利,灭迹归丘园。坐卧茅茨中,但对琴与尊。身去缰锁累,耳辞朝市喧。逍遥无所为,时窥五千言。"此前,在《初授拾遗献书》中,他说左拾遗"其选甚重","朝廷得失无不察,天下利病无不言",曾几何时,他又把左拾遗之职比喻为"缰锁之累"了。可见,白居易骨子里,就不是一个坚定的人,更不是一个舍得牺牲自己去承担责任的人。问题还在于,当他这样做的时候,他要拉上庄老,让他们为他垫背。

正当得意之时尚且如此,稍有不如意更是去意满怀。《适意二首》:

> 十年为旅客,常有饥寒愁。三年作谏官,复多尸素羞。有酒不暇饮,有山不得游。岂无平生志,拘牵不自由。一朝归渭上,泛如不系舟。置心世事外,无喜亦无忧。终日一蔬食,终年一布裘。寒来弥懒放,数日一梳头。朝睡足始起,夜酌醉即休。人心不过适,适外复何求。

---

① 《庄子·列御寇》:"巧者劳而知者忧,无能者无所求,饱食而敖游,汎若不系之舟,虚而敖游者也。"

## 第四章 白居易的道德意识与《庄子》

> 早岁从旅游,颇谙时俗意。中年忝班列,备见朝廷事。作客诚已难,为臣尤不易。况余方且介,举动多忤累。直道速我尤,诡遇非吾志。胸中十年内,消尽浩然气。自从返田亩,顿觉无忧愧。蟠木用难施,浮云心易遂。悠悠身与世,从此两相弃。

此诗作于渭上服丧时,按说,此时他并没有受到真正的打击,恰恰相反,此前他经历了一生中最为得志的时期,当然,得志之时,并非一切如意,作谏官时的谏议有不少被束之高阁,并且三年谏官任满,也并无升迁迹象,这令他心冷。恰好此时,他母亲病故,他渭上服丧,在这期间,他创作了大量的表达消极心态的诗歌,《庄子》此时也大量出现在他的诗歌里。第二首是写自己十年来心态的变化,"方且介",是孟子一派儒家的气质,但遵此正道直行,却加速了他的危机,于是,十年之间,"消尽浩然气",儒家思想消退了。"蟠木""浮云"两句,暗用《庄子》典故,道家思想抬头了。当然,用《庄子》典故最明显的是第一首中的"泛如不系舟",这一首也明确地讲到了他的"自由"就是个人的闲适:"人心不过适,适外复何求。"——他只对自己的内心感觉负责了。

《咏意》更为明确地用《庄子》典故说明自己的自由逍遥:

> 常闻《南华经》,巧劳智忧愁。不如无能者,饱食但遨游。平生爱慕道,今日近此流。自来浔阳郡,四序忽已周。不分物黑白,但与时沉浮。朝餐夕安寝,用是为身谋。此外即闲放,时寻山水幽。春游慧远寺,秋上庾公楼。或吟诗一章,或饮茶一瓯。身心一无系,浩浩如虚舟。富贵亦有苦,苦在心危忧。贫贱亦有乐,乐在身自由。

全诗都是《庄子·列御寇》中"巧者劳而知者忧"一段的诗歌演绎。白居易大概非常喜欢这个典故,所以,他反复用,比如上引《赠吴丹》的:"巧者力苦劳,智者心苦忧。爱君无巧智,终岁闲悠悠。"还有《感所见》:

> 巧者焦劳智者愁,愚翁何喜复何忧。莫嫌山木无人用,大胜笼禽不自由。网外老鸡因断尾,盘中鲜鲙为吞钩。谁人会我心中事,冷笑时时一掉头。

整首诗都是漆园义疏。

不巧,不智,不劳,不忧,就可以脱离"劳生"的苦海而获得"自由",可见他的"自由"是否定式的自由——否定人生责任;是逃避式的自由——逃避现实政治。世界上总有这样一些人,因为独特的人生历程和地位,而变成特权阶层,摆脱了同时代一般人的悲剧命运,此时,只要他漠视群体的苦难,他就能脱离历史处境,感受到自我的"自由",享受自我生活的美好。白居易是封建官僚,又极善谋身,他就是这样一个具备了摆脱群体苦难的条件而独享个人逍遥的人物。值得一提的是,这样的人,往往还能脱离历史语境,为一己的自由、富足的生活唱赞歌,甚至讴歌时代和社会的"美好",白居易后来以尧舜之世来比附自己这个苦难而卑鄙的时代,就是这样的人性逻辑。《苦热》:

> 头痛汗盈巾,连宵复达晨。不堪逢苦热,犹赖是闲人。朝客应烦倦,农夫更苦辛。始惭当此日,得作自由身。

朝客烦倦,农夫苦辛,唯有他这样的既不要操劳国事,又无须躬耕垄亩"闲人",才是自由之身。从这首诗中,我们可以发现,他所谓的"自由",就是在日常生活中趋利避害、好逸恶劳的"自由"。还有一首《老热》,题目和立意都与此相似:"仕者拘职役,农者劳田畴。何人不苦热,我热身自由。"

"自由"不光能消暑,还能避寒——《风雪中作》:

> 岁暮风动地,夜寒雪连天。老夫何处宿,暖帐温炉前。两重褐绮衾,一领花茸毡。粥熟呼不起,日高安稳眠。是时心与身,了无闲事牵。以此度风雪,闲居来六年。忽思远游客,复想早朝士。踢冻侵夜行,凌寒未明起。心为身君父,身为心臣子。不得身自由,皆为心所使。我心既知足,我身自安止。方寸语形骸,吾应不负尔。

白居易说"我心既知足",《庄子·让王》:"知足者不以利自累也。"追名逐利,确实是我们人生劳累的主要原因,故而"知足"的目的,不是为了减少我们的享受,而是为了减轻我们由追名逐利带来的人生劳苦。我们知道,无论是老子,还是庄子,他们的"知足"之论,都建立在"不足"的前提下:面对"事实上不足"而"精神上知足",才是老庄"知足"思想的题中之义。梁启超《先秦政治思想史》:"道家最大特色,在撒却卑下的物质文化,去追寻高尚的精神文化;在教人离开外生活以完成其内生活。"并且指出:"此种见解,当时最流行之儒墨两家皆不如此说,而实为道家所独有。"[①]可是,白居易的知足是建立在"事实已足"的基础之上,他固然要内在生活,但是他不但不是撒却卑下的物质文化,反而是热烈地拥抱着物质世界:寒冬之时,远游客,早朝士,多少人"踢冻侵夜行,凌寒未明起",而他呢? 则是"粥熟呼不起,日高安稳眠"。有暖帐温炉,有两重褐绮衾,有一领花茸毡。所以,他的"知足",乃是

---

① 梁启超《先秦政治思想史》,北京:东方出版社,1996年,第135页。

不作"非分"或"过分"之想的意思,是对过大目标的合理调整,过多欲望的合理裁汰。

这首诗中提到的"远游客""早朝士",可以是泛指,但其实也是实指。我们看《何处堪避暑》就提到了这样的人:

> 何处堪避暑?林间背日楼。何处好追凉?池上随风舟。日高饥始食,食竟饱还游。游罢睡一觉,觉来茶一瓯。眼明见青山,耳醒闻碧流。脱袜闲濯足,解巾快搔头。如此来几时,已过六七秋。从心至百骸,无一不自由。拙退是其分,荣耀非所求。虽被世间笑,终无身外忧。此语君莫怪,静思吾亦愁。如何三伏月,杨尹谪虔州。

先是说自己现在的生活是何等惬意,这都是"拙退"的好处。陶渊明的《归园田居》《饮酒》也是这样的。但是,白居易后面有很不厚道的地方:我在背日楼迎风舟上逍遥避暑,此刻,杨尹(杨虞卿)却顶着三伏的日头,贬谪虔州司马,此前他可是风光无限的京兆尹啊。杨虞卿是他的姻家(白的妻子是杨虞卿从妹),两相对比,有自我得计的得意也罢了,何必还要嘲弄自己此刻正倒霉的姻家呢?这就是白居易不及陶渊明的地方。陶渊明是真正的内心淡泊,白居易还不是,他此前一定是嫉恨地盯着别人的风光的。

其实,白居易不厚道的地方还有,叶梦得《避暑录话》卷上就批评他:

> 至甘露十家之祸,乃有"当君白首同归日,是我青山独往时"之句,得非为王涯发乎?览之使人太息。空花妄想,初何所有,而况冤亲相寻,缴绕何已。乐天不唯能外世故,固自以为深得于佛氏,犹不能旷然一洗,电扫冰

第四章 白居易的道德意识与《庄子》

> 释于无所有之地,习气难除至是。要之,若飘瓦之击,虚舟之触,庄周以为至人之用心也,宜乎!①

"虚舟"之典,前文已注。"飘瓦",出《庄子·达生》:"复仇者不折镆干,虽有忮心者不怨飘瓦,是以天下平均。"——复仇的人不去折断伤害他的宝剑,即使常存忌恨之心的人也不会怨恨那偶然飘来伤害到他的瓦片——叶梦得以《庄子》批评白居易嫉恨记仇并幸灾乐祸,对于常常借《庄子》注解自己的白居易来说,颇为讽刺。实际上,白居易对这些人的这种不厚道,乃是出于自己的"不平衡"——凭什么你们攫取高官厚禄?这样的心态,隐藏极深。而用以遮掩之物,往往就是《庄子》。

白居易自称"闲人",称那些在朝权臣——即"早朝士"为"忙人":

> 五十年来思虑熟,忙人应未胜闲人。林园傲逸真成贵,衣食单疏不是贫。专掌图书无过地,遍寻山水自由身。倘年七十犹强健,尚得闲行十五春。(《闲行》)

> 天时人事常多故,一岁春能几处游。不是尘埃便风雨,若非疾病即悲忧。贫穷心苦多无兴,富贵身忙不自由。唯有分司官恰好,闲游虽老未能休。(《勉闲游》)

何必斤斤于计较贫富、贵贱以及它们之间的胜负、好坏呢?这很不像庄子,也很不像陶渊明。

其实,他这个闲人,一点也没有减少富贵:官二品,俸禄优,是个"富贵闲人",他真的没有相对于"忙人"的道德优势。所以,他可以站在智力的高地夸示自己的聪明和逍遥,但不

---

① 叶梦得《避暑录话》卷上,《丛书集成初编》,上海:商务印书馆,1939年初版,第9页。

可以自居道德高地贬低别人的品行。

《晚归早出》："莫言无胜地,自是少闲人。……几时辞府印,却作自由身。"他的"自由身",就是从世俗的牵挂中赎回自己,为自己活。《短歌曲》:

> 世人求富贵,多为奉嗜欲。盛衰不自由,得失常相逐。问君少年日,苦学将干禄。负笈尘中游,抱书雪前读。布衾不周体,藜茹才充腹。三十登宦途,五十被朝服。奴温新挟纩,马肥初食粟。未敢议欢游,尚为名检束。耳目聋暗后,堂上调丝竹。牙齿缺落时,盘中堆酒肉。彼来此已去,外余中不足。少壮与荣华,相避如寒燠。青云去地远,白日经天速。从古无奈何,短歌听一曲。

少年苦学为干禄,中年检束为名节,都不能为自己活。等到年老,耳目聋暗,一切声色之乐却又无力享受了。"少壮与荣华,相避如寒燠","盛衰不自由,得失常相逐"。这简直是一种生命轮回,要跳出这种轮回,必须抛弃富贵,蔑弃名节。这当然不是白居易的发现,从《庄子》到张湛的《杨朱》,都包含着这样的人生感悟,白居易用自己的人生和诗歌,为此又做了一次注脚。

## 第四节　从愧疚自省到沾沾自喜:士大夫精神的失落与《庄子》

李泽厚《美的历程》引朱熹批评韩愈"只是要作文章,令人观赏而已"。又引苏轼的话:"韩愈之于圣人之道,盖亦知好其名矣,而未能乐其实。"批评韩愈:"高喊周孔道统,一本正经地强调仁义道德,但他自己的生活、爱好却并不如此。

贪名位,好资财,耽声色,佞权贵,完全是另外一套。"又说:"从中唐开始大批涌现的世俗地主知识分子们(以进士集团为代表)很善于'生活'。他们虽然标榜儒家教义,实际却沉浸在自己的各种生活爱好之中:或享乐,或消闲,或沉溺于声色,或放纵于田园;更多地是相互交织配合在一起。"①其实,善于"生活"的最为典型的人物,还不是韩愈,而是白居易,只不过白居易晚年不再"高喊周孔道统,一本正经地强调仁义道德",而是唱着庄周的迷阳歌,所以,为李泽厚放过。但是,白居易早年高喊道德,不亚于韩愈。而朱熹也批评白居易:"乐天,多说其清高,其实爱官职。诗中凡及富贵处,都说得口津津地涎出。"②

余英时先生曾指出:"隋、唐时代除了佛教徒(特别是禅宗)继续其拯救众生的悲愿外,诗人、文士如杜甫、韩愈、柳宗元、白居易之伦更足以代表当时'社会的良心'。"③但是,余先生大概只是看到了作《新乐府》和《秦中吟》的白居易,而没有看到作"闲适诗"的白居易。在这一点上,余英时先生显然不及王夫之看得清楚。王夫之《读通鉴论》卷二十五:

> 制科取士,唐之得元、白,宋之得二苏,皆可谓得人之盛矣。……此数子者,类皆酒肉以溺其志,嬉游以荡其情,服饰玩好书画以丧其守。凡此,非得美官厚利,则不足以厌其所欲。而精魄既摇,廉耻遂泯,方且号于人以为清流之津径,而轻薄淫佚之士乐依之,以标榜为名士。如此,而能自树立以为君之心膂、国之桢干、民之荫藉者,万不得一。……

---

① 李泽厚《美的历程》,北京:中国社会科学出版社,1984年,第192页。
② 黎靖德《朱子语类》卷一百四十《论文》下,北京:中华书局,1986,第3328页。
③ 余英时《士与中国文化》引言,上海:上海人民出版社,2003年,第7页。

> 始则覃其心以达其言,既则即其言以生其心,而淫佚浮曼、矜夸傲辟之气,日引月趋,以入于酒肉嬉游服饰玩好书画之中,而必争名竞利以求快其欲。此数子者,皆以此为尚者也。①

这实际上就是王夫之针对白居易而发的议论,二苏只是联类而及被牵连而已。我这样说,还不仅是因为王夫之这段议论乃是就中唐宪宗之时的政治而发,更因为王夫之所指出的现象,与白居易的晚年生活实况,有高度的重合性。下面,王夫之接着说:

> 而抑博览六籍,诡遇先圣之绪说以济其辩,则规君过、陈民情、策国事,皆其所可沉酣以入、痛快以出,堂堂乎言之,若伊训、说命、七月、东山之可与颉颃矣。则正人君子安得不敛衽以汲引为同心,而流传简册;浅学之士能勿奉为师表乎?乃有道者沉潜以推致其隐,则立心之无恒,用情之不正,皆可即其述古昔、称先王之中察见其詖淫,况其滥于浮屠、侈于游冶者,尤不待终篇,而知其为羊膻蚁智之妄人哉!(同上)

这又简直就是白居易文章的真实情形。白居易读书多,作文写诗,也是常常引经据典"以济其辩"。讽喻诗自不待说,即如"闲适诗",也是"述古昔,称先王",其中,《庄子》是他最常引用的古代典籍,从某种意义上说,庄子是他"闲适"生活的理论依据,是他"闲适诗"的招牌和门面。

王夫之所指出和批评的,确实是一个非常严重的现象。其实质就是,把原始儒家所推崇的"仁以为己任"的"士大夫

---

① 王夫之《读通鉴论》,北京:中华书局,1975年,第879页。

第四章 白居易的道德意识与《庄子》

人格",降格为遂性适意,追求一己闲适生活的封建"庄园主人格"。由拯救(救世和救己)降格为逍遥(个人的无责任无伦理逍遥)。事实上,"儒"经过孔子的改造,已经由"达名"的公族术士,"类名"的知礼乐射御书数、国家桢干一变而为"私名"的"道义儒""君子儒",以"祖述尧舜宪章文武"、担当天下、担当道义为己任①。但是,并非所有的读书人都能成为这样的"君子儒",更多的人则成了孔子所担心的"小人儒"——不过是把读书和学问当作一种谋生的手段而已。当然这两者并不总是矛盾,但是,一旦发生矛盾,在担当道义和追求个人安全甚至安逸之间,同流合污这样的最下选择之外,退避而去,卷而怀之,个人逍遥变成了古代士大夫不行道德也不违道德的最佳选择。这样的选择,最终使得作为"儒者"的士大夫,蜕变为作为"文士"的士大夫——二者的区别不在于"知识"的掌握,而在于"价值"的担当。这也是后来王阳明"知行合一"说所针对的现象。"真知即所以为行,不行不足谓之知。"②有一则对话有意思:

　　爱曰:"如今人尽有知得父当孝、兄当弟者,却不能孝、不能弟,便是知与行分明是两件。"先生曰:"此已被私欲隔断,不是知行的本体了。未有知而不行者。知而不行,只是未知。"③

历来关于"知行"问题都聚讼纷纭,其实,这个问题并不复杂:"知"属于"知识"的范畴,"行"属于"价值"的范畴。王阳明和他的学生此处讨论的"知",不是事实和知识的"认知",而是

---

① 参阅章太炎《国故论衡·原儒》和钱穆《孔子传》。
② 王阳明撰,董平、吴光编校《传习录》中,《王阳明全集》,上海:上海古籍出版社,1992年,第42页。
③ 王阳明撰,董平、吴光编校《传习录》上,《王阳明全集》第4页。

价值的"认同"。事实和知识的认知,与"行"无关;而价值的认同,与"行"是同一本体,所以,"知而不行,只是未知"。而王阳明所讨论的,也不是一个纯粹的哲学问题,而是有着强烈的现实针对性的,这种针对性与后来王夫之对士大夫精神堕落的忧虑相关。简言之,他们都是针对着古老的道义传统在传承过程中的失落,士大夫阶层在集权制度下、在权势的高压下、在中国古代官场的非正常沉浮中,一步一步从公共生活领域退却到个人的生活领域,由社会的良心蜕变为个人的逍遥,由为道义而呼喊转变为为一己生活趣味而吟唱。来自传统的知识和价值不再用来支持公共的正义,而被用来作为一己的艺术修养和审美趣味,支持个人的精神享受。

这种"文士"型"士大夫"中,还有两种不同的类型。一类是陶渊明型的,通过与体制的决裂来实现个人的逍遥,由于这种决裂带着对现实政治的否定和背弃,其行为本身即包含着某种正义,并且,由这种决裂带来的个人生活的困境,以及在困境中的坚持和绝不屈服,又从另一个角度凸显了传统士大夫的道义精神,所以,这一类型的"隐士儒",实际上是用另外一种方式继承了"君子儒"的风骨和精神。

还有一种就是典型的"小人儒"——一方面不愿与体制决裂,从而占尽体制的好处,一方面却又不愿尽职尽责,要享受闲适的生活。这正是王夫之所痛詆的"妄人"。

"陶渊明型"的可以追溯到伯夷、叔齐这样决绝的人物,"小人型"的可以追溯到东方朔这样与官场、体制虚与委蛇的人物。不过,东方朔却自称他是祖述更早的历史人物,我们看他的《戒子诗》:

> 明者处世,莫尚于中。优哉游哉,于道相从。首阳为拙,柳下为工。饱食安步,以仕代农。依隐玩世,诡时

不逢。才尽身危,好名得华。有群累生,孤贵失和。遗余不匮,自尽无多。圣人之道,一龙一蛇。形见神藏,与物变化。随时之宜,无有常家。①

其中"柳下",一作"柳惠",而《汉书》东方朔本传作"柱下",柳下惠还好,不知道老子也被认为是"以仕代农"而得以"饱食安步"的。而首阳山上的伯夷、叔齐如何?孔子称赞他们是"求仁得仁",司马迁对伯夷、叔齐的评价是"末世争利,维彼奔义",但结果却是"让国饿死"②。虽然司马迁对他们的评价是"天下称之",但是,与司马迁同时代的东方朔却已经揶揄他们是"拙",并且毫不犹豫地抛弃了他们的生活方式和价值观念。他在朝廷中据地而歌:"陆沉于俗,避世金马门,宫殿中可以避世全身,何必深山之中蒿庐之下。"③其中"陆沉",来自《庄子》。《庄子·则阳》:"方且与世违而心不屑与之俱,是陆沉者也。"郭象注:"人中隐者,譬无水而沉也。"司马贞索隐引司马彪曰:"谓无水而沉也。"白居易也有《送张南简入蜀》诗:"昨日诏书下,求贤访陆沉。"宫殿中有富贵,深山岩穴里只有贫寒了,这就是陶渊明虽为后人钦敬,却不为后人学习的原因。东晋王康琚《反招隐诗》:"小隐隐陵薮,大隐隐朝市。伯夷窜首阳,老聃伏柱史。"④竟然把贪念富贵、不愿决绝这样孔子斥责为"耻"的行为⑤,称之为隐且是"大隐",居于伯夷、叔齐之上,这是一种文化上的"无耻","无耻之耻,无

---

① 沈德潜《古诗源》卷二,北京:中华书局,1963年,第44页。
② 《史记》卷一三〇《太史公自序第七十》。
③ 《史记》卷一二六《滑稽列传第六十六》。
④ 《文选》卷二二。
⑤ 《论语·宪问》:"邦有道,谷。邦无道,谷,耻也。"《论语·泰伯》:"邦有道,贫且贱焉,耻也。邦无道,富且贵焉,耻也。"

耻也。"①

《晋书》卷七十五列传第四十五之《刘惔传》,说刘惔少清远有标格,"为政清整,门无杂宾。尤好《老》《庄》,任自然趣。……年三十六,卒官。孙绰为之诔云:'居官无官官之事,处事无事事之心。'时人以为名言"。

不做事,却要做官,为的就是俸禄。白居易亦然。赵翼《瓯北诗话》卷四曾为白居易恋栈辩解,说白居易在任职左拾遗时即与微之同蓄退休之心,四十四岁时作《自诲》一首,表达思退本怀,之所以没有实施,乃是"惟因家事落然,不能无藉於禄仕"。并举白居易的诸多诗歌为证:

> 其见之吟咏者,亦自不讳。在江州云:"欲作妻孥计,须营伏腊资。"自忠州归,买宅新昌里,即云:"囊中贮余俸,郭外买闲田。"然究不能赡足,则云:"非无解挂簪缨意,未有支持伏腊资。"初至杭州,尚云:"欲将闲送老,须著病辞官。更待年终后,支持归计看。"及三年去任,宦橐已丰,则云:"三年请禄俸,颇有余衣食。乃至僮仆间,皆无冻馁色。"又云:"渭北庄犹在,钱塘俸尚残。如能便归去,亦不至饥寒。"买履道里新居云:"移家入新宅,罢郡有余资。"后刺苏州,又云:"一日又一日,自问何留滞?为贪逐日俸,拟作归田计。"去苏州后,又云:"僮仆减来无冗食,资粮算外有余钱。携将贮作丘中计,犹免饥寒得数年。"自是以太子宾客分司东都,遂不复外出,年才五十八耳。笙歌游赏,娱情送老,固宦成之乐事,不足为怪。②

---

① 《孟子·尽心上》。
② 赵翼《瓯北诗话》卷四,北京:人民文学出版社,1963年,第49—50页。

## 第四章　白居易的道德意识与《庄子》

其实,五十八岁分司东都,并非致仕,而是又在这样的位高清闲俸厚的职务上一直呆到七十岁(期间小有变动)。"月俸百千官二品,朝廷雇我作闲人。"(《从同州刺史改授太子少傅分司》)七十致仕以后,还有五十千的俸禄作为养老金:"寿及七十五,俸沾五十千。"(《自咏老身示诸家属》)其实,白居易的这些"不讳"的自白诗,确实坦率地说出了他借俸禄以安家事的目的,但是,还有一点他是遮遮掩掩的,那就是,这些俸禄并不像他"自谦"的那样,只能维持衣食免于饥寒,而是丰足到能够支持他的极其丰裕的逍遥生活。且看他的《醉吟先生传》:

> 宦游三十载,将老,退居洛下。所居有池五六亩,竹数千竿,乔木数十株,台榭舟桥,具体而微,先生安焉。家虽贫,不至寒馁,年虽老,未及昏耄,性嗜酒,耽琴淫诗,凡酒徒、琴侣、诗客,多与之游。……每良辰美景,或雪朝月夕,好事者相遇,必为之先拂酒罍,次开诗箧,诗酒既酣,乃自援琴,操宫声弄《秋思》一遍,若兴发,命家僮调法部丝竹,合奏《霓裳羽衣》一曲,若欢甚,又命小妓歌《杨柳枝》新词十数章,放情自娱,酩酊而后已。往往乘兴屦及邻,杖于乡,骑游都邑,肩舁适野。舁中置一琴一枕,陶谢诗数卷,舁竿左右悬双酒壶,寻水望山,率情便去,抱琴引酌,兴尽而返。如此者凡十年,其间赋诗约千余首,岁酿酒约数百斛,而十年前后赋酿者不与焉。

这等生活,何等奢靡,又何等逍遥!并且,他的这种个人逍遥奢靡的生活,是在中唐那样一个风雨飘摇、民生凋敝、政治黑暗的时代背景下!《咏所乐》:

> 兽乐在山谷,鱼乐在陂池。虫乐在深草,鸟乐在高

> 枝。所乐虽不同，同归适其宜。不以彼易此，况论是与非。而我何所乐，所乐在分司。分司有何乐，乐哉人不知。官优有禄料，职散无羁縻。懒与道相近，钝将闲自随。昨朝拜表回，今晚行香归。归来北窗下，解巾脱尘衣。冷泉灌我顶，暖水濯四肢。体中幸无疾，卧任清风吹。心中又无事，坐任白日移。或开书一篇，或引酒一卮。但得如今日，终身无厌时。

也就在他五十八岁，以太子宾客分司东都这一年，他写下了《中隐》一诗：

> 大隐住朝市，小隐入丘樊。丘樊太冷落，朝市太嚣喧。不如作中隐，隐在留司官。似出复似处，非忙亦非闲。不劳心与力，又免饥与寒。终岁无公事，随月有俸钱。君若好登临，城南有秋山。君若爱游荡，城东有春园。君若欲一醉，时出赴宾筵。洛中多君子，可以恣欢言。君若欲高卧，但自深掩关。亦无车马客，造次到门前。人生处一世，其道难两全。贱即苦冻馁，贵则多忧患。唯此中隐士，致身吉且安。穷通与丰约，正在四者间。

所谓"中隐"，也就是介于上述东晋王康琚《反招隐诗》"小隐隐陵薮，大隐隐朝市"之间的"吏隐"："不知湖与越，吏隐兴何如。"（《仲夏斋居，偶题八韵，寄微之及崔湖州》）所谓"吏隐"，就是既不在江湖草野，也不在朝廷魏阙，而是一个像洛阳这样的地方，东都留守这样的职位，闲逸而俸禄优厚。这样的生活，非常自在——《自在》：

> 杲杲冬日光，明暖真可爱。移榻向阳坐，拥裘仍解带。小奴捶我足，小婢搔我背。自问我为谁，胡然独安

泰。安泰良有以,与君论梗概。心了事未了,饥寒迫于外。事了心未了,念虑煎于内。我今实多幸,事与心和会。内外及中间,了然无一碍。所以日阳中,向君言自在。

其实,白居易还是"有耻"的,从他的诗歌看,他终身都在"愧疚"。只不过,早年的愧疚比较真诚,并且有具体的行为;而晚年的愧疚就只是一种表态,甚至有些自我得意了。

我们看看他早年的一些愧疚表白,做盩厔尉时,有《观刈麦(时为盩厔县尉)》诗,叙述农家的忙苦与贫寒,然后自念:"今我何功德,曾不事农桑。吏禄三百石,岁晏有余粮。念此私自愧,尽日不能忘。"这与他后来尽力国事、为民鼓呼应该有着关系。接下来,授左拾遗:"受命已旬月,饱食随班次。谏纸忽盈箱,对之终自愧。"(《初授拾遗》)"月惭谏纸二百张,岁愧俸钱三十万。"(《醉后走笔酬刘五主簿长句之赠兼简张大贾二十四先辈昆季》)于下邽丁忧期间,看到当地百姓"十室八九贫",寒冷季节"布絮不蔽身",而自己"顾我当此日,草堂深掩门。褐裘覆纻被,坐卧有余温。幸免饥冻苦,又无垄亩勤",于是"念彼深可愧,自问是何人"(《村居苦寒》)。秋收季节,所收所获被官吏搜刮,也想到了自己"昔余谬从事,内愧才不足。连授四命官,坐尸十年禄"(《纳粟》)。在这样的对照下,他的心态是平衡的。"不种一株桑,不锄一垄谷。终朝饱饭餐,卒岁丰衣服。持此知愧心,自然易为足。"(作于元和五年的《秋居书怀》)白居易毕竟不是东方朔,既不像他那样直率和不遮掩,也不像他那样"没文化",不知道对儒家价值观表示认同乃是"政治正确",所以,白居易对伯夷、叔齐还是表达着他的敬意,在确认自己无法向他们学习的时候,他也还能表达自己对他们的愧意。《题座隅》:

> 手不任执殳，肩不能荷锄。量力揆所用，曾不敌一夫。幸因笔砚功，得升仕进途。历官凡五六，禄俸及妻孥。左右有兼仆，出入有单车。自奉虽不厚，亦不至饥劬。若有人及此，傍观为何如。虽贤亦为幸，况我鄙且愚。伯夷古贤人，鲁山亦其徒。时哉无奈何，俱化为饿殍。念彼益自愧，不敢忘斯须。平生荣利心，破灭无遗余。犹恐尘妄起，题此于座隅。

此诗作于元和十二至元和十三年之间。大和七年(833)，他做太子宾客时，《首夏》诗中也有"食饱惭伯夷，酒足愧渊明"的句子。同年冬天，《岁暮》：

> 惨澹岁云暮，穷阴动经旬。霜风裂人面，冰雪摧车轮。而我当是时，独不知苦辛。晨炊廪有米，夕爨厨有薪。夹帽长覆耳，重裘宽裹身。加之一杯酒，煦妪如阳春。洛城士与庶，比屋多饥贫。何处炉有火，谁家甑无尘。如我饱暖者，百人无一人。安得不惭愧，放歌聊自陈。

我们发现，白居易在描述自己生活的"饱暖"时，总是和一般的民众做对比，这一首是这样，《观刈麦》《村居苦寒》《纳粟》等也都是这样。感谢他的这种做法，使我们知道当时一般民众的困苦，也知道他后期的那种富贵闲雅的生活是在什么样的社会背景下的。长庆二年(822)冬，刚刚上任杭州刺史的白居易面对着他的两个冻得瑟瑟发抖的朋友，颇为惭愧，写下了《醉后狂言，酬赠萧、殷二协律》一诗，这首诗可贵之处，或者说这首诗所表现出来的白居易的可贵之处，还不是他对两位朋友的关照和爱护，而是他作为一个父母官，对属下百姓的关心，他明白告诉两位因为收到赠送的棉袍而感激赠诗

第四章　白居易的道德意识与《庄子》

的朋友:"如此小惠何足论",因为——

> 我有大裘君未见,宽广和暖如阳春。此裘非缯亦非纩,裁以法度絮以仁。刀尺钝拙制未毕,出亦不独裹一身。若令在郡得五考,与君展覆杭州人。

萧悦、殷尧藩都是属于太常寺的协律官,也是白居易此时的僚属,他们在冬季竟然都无法为自己添置寒衣,一般百姓的生活可以想见。此时的白居易,还真有大济苍生的情怀。但是,随着年龄的增长,阅历的增加,官场蹭蹬的增多,最后定格于历史视野的白居易,则是一个在天下苦难面前背转身去,享受个人逍遥的人物。请看他作于大和七年(833)的《秋日与张宾客舒著作同游龙门醉中狂歌凡二百三十八字》:

> 暂停杯觞辍吟咏,我有狂言君试听:丈夫一生有二志,兼济独善难得并。不能救疗生民病,即须先濯尘土缨。况吾头白眼已暗,终日戚促何所成? 不如展眉开口笑,龙门醉卧香山行!

他后期诗歌在对自己的富足生活津津乐道的时候,眼中已无天下,心中已无愧疚了。也就是说,在那样的世道,上有昏聩无道的朝廷,下有苦难无告的百姓,他却能够独享个人的富贵,而毫无羞耻之心了。至此,他心中残存的道义,也荡然无存。

其实,白居易的后期的这种闭上眼睛把人间苦难屏蔽在自己的心灵之外,独享个人"逍遥"的自私,在庄子那里是可以找到精神源头的。首先,庄子主张"不以事害己"(《盗跖》),提倡不以天下害其生,不以天下易其生(《让王》),宁愿曳尾于涂,也不做"牺牲"(《秋水》),宁为孤犊,不做牺牛(《列御寇》)。其次,在庄子看来,"役人之役"的"适人之适"(《大宗师》)是"夫不自见而见彼,不自得而得彼","是得人之得而不自得其得者也,适人之适而不自适其适者也"。对这种儒家非常推崇的利他精神、牺牲精神和殉道精神,《庄子》在哲学的层次上予以极端的贬低:"夫适人之适而不自适其适,虽盗跖与伯夷,是同为淫僻也。"(《骈拇》)

白居易在反对"牺牲"以及"牺牲精神"上,与庄子达成了一致:

> 五步一啄草,十步一饮水。适性遂其生,时哉山梁雉。梁上无罾缴,梁下无鹰鹯。雌雄与群雏,皆得终天年。嗟嗟笼下鸡,及彼池中雁。既有稻粱恩,必有牺牲患。(《山雉》)

> 老龟被刳肠,不如无神灵。雄鸡自断尾,不愿为牺牲。(《和答诗十首·答桐花》)

> 老龟岂羡牺牲饱,蟠木宁争桃李春。随分自安心自断,是非何用问闲人。(《自咏》)

> 君因风送入青云,我被人驱向鸭群。雪颈霜毛红网掌,请看何处不如君。(《池鹤八绝句·鹅赠鹤》)

> 右军殁后欲何依,只合随鸡逐鸭飞。未必牺牲及吾辈,大都我瘦胜君肥。(《池鹤八绝句·鹤答鹅》)

但是,需要说明的是,庄子所反对的,是个人为体制而牺牲,是体制对个人独立性的剥夺,而不是人面对不公正世道的良知和道德批判。事实上,《庄子》中充满了对现实世界的嘲讽和决绝,充满着对现行体制、现实政治的反抗和决绝,这是《庄子》的良知和道德底色,不如此不足以成就伟大的思想家。而白居易的所拒绝的,恰恰是对世道的批判,对体制的拒绝。他认为拒绝体制就是牺牲自己的现实利益,他拒绝的是这样的"牺牲"。正因为如此,白居易可以是一个杰出的诗人,但不足以成为"社会的良心",也不足以成为思想家。

## 第五节 余论:白居易生活方式对后世的影响

我无意对白居易的这种个人诗酒逍遥生活作道德上的评判,事实上,白居易后半生的人生态度和价值选择,有着太多现实不得已在,这需要我们做出"理解之同情"或"同情之理解",但是,如何评判他的生活是一回事,指出他的生活真相又是一回事,本文只是揭示出真相。在这篇文章的最后,我还想指出,"闲适诗"所反映的他的个人逍遥生活,以及他所宣扬的这种生活的乐趣,极大地影响了后来的士大夫文人,成为他们津津乐道、羡慕向往的生活理想。兹举明末三袁为例。

其实,以伯修兄弟们的识鉴,他们不可能嗅不出白居易的庸俗气息,袁宏道《识伯修遗墨后》记袁宗道"酷爱白、苏二公",但又嘲讽白居易:"昔乐天七十致仕,尚自以为达,故其诗云:'达哉达哉白乐天',此犹白头老寡妇以贞骄人,吾不学也。"可见,伯修在道德上并不看好白居易。他的《咏怀效李白》更是对白居易的贪得之性颇有微词:

> 人各有一适,汝性何独偏?爱闲亦爱官,讳讥亦讳钱。一心持两端,一身期万全。顾此而失彼,忧愁伤肺肝。人生朝露促,世福谁能兼。裴相岂不达,发白方壮年。北窗高卧人,垂老缺朝飡。良无丘壑贵,安有火食仙。陵谷且难平,稊米宁不然。一毛附马体,安问缺与完。角者夺其齿,飞者不能潜。鹏飞不笑鷃,夔行不爱蚿。尔莫信尔意,两粥拥衾眠。

值得注意的是,他这首诗里提到了陶渊明:"北窗高卧人,垂老缺朝飧。"还用数个《庄子》典故(秭米、毛附、鹏、鷃、夔、蚿)来批评白居易的不知足。但是,假如让他自己在白居易和陶渊明之间选一个人生榜样,他几乎没有犹豫,就选择了白居易:

> 矫矫陶彭泽,飘飘赋归田。六月北窗下,五柳衡门前。有巾将漉酒,有琴慵上弦。老死无储栗,扣门语可怜。亦有白居士,分司饶俸钱。既卜洛中宅,常开花下筵。侍儿蛮素姣,宾客韦刘贤。杨枝歌子夜,霓裳舞春烟。伊余慕古人,冉冉迫中年。蹒跚忽已久,未得一日欢。幸有祖父庐,兼之江郭田。虽缺声伎奉,不乏腐儒飧。为白非所望,为陶谅难堪。揣分得所处,将处陶白间。(袁宗道《咏怀》)

这首诗分三层,第一层说陶渊明:道德虽高,生计太艰;第二层说白居易:美女名花,歌舞盛宴;第三层写自己的选择:要像陶渊明,大概难以承受;要学白居易,估计实际条件难以企及,那就在两者之间吧。——实际上,他的理想,就是白居易。

再看他的《寄三弟》:

> 昔白乐天无子,止有一女金蟾,慧甚,后复不育,竟以无子。吾此苦真同乐天,然乐天是世间第一有福人,吾那得比之。乐天趣高才大,文价达至鸡林;吾才思蹇涩,无所成名,一不同也。乐天罢守,既有粟千斛,有太湖石、华亭鹤、折腰菱等物;吾官十年,债负山积,室如悬磬,二不同也。乐天所居履道里宅,据东都之胜,花鸟鱼池,仿佛蓬瀛;吾家石浦之阳,滨于大江,即此鸠巢蜗庐,旦暮作鲛人窟,安望花草池台之乐,三不同也。乐天有

## 第四章 白居易的道德意识与《庄子》

> 妓樊素、小蛮,能舞霓裳;吾辈兢兢守官,那及此事,且吾乡固陋,真所谓经岁不闻音乐声者,四不同也。乐天官至三品(按,应为二品),不为不贵,吾赋性骯髒,转喉触讳,早晚且归,终当老一校书郎,五不同也。乐天有元、刘互相酬唱,晚年与牛奇章诸公共为赏适;想故乡一片地,唯有杜门下楗而已,六不同也。乐天素健,年至八十,得风痹病复愈,尚能留樊素及骆马;吾少年病后,骨体脆薄,多肉少筋,非寿者相,七不同也。吾与乐天不同者如此。唯无子一事,则酷似之耳。独乐天学禅,吾亦学禅,乐天太好快活,晚年岁月,多付之诗文歌舞中,此事恐未得七穿八穴,吾以冷淡无所事,只得苦参,将来或不作生弥勒院中行径,差强之耳,若果于此一大事了却,粪草堆头抬得无价宝,世间苦乐,何足道哉……

文章称白居易为"世间第一有福人",并历数白乐天之福,历数自己不及之处,在相互比较的七项中,除了第一项比文章比才华外,其他全是比享乐,比物质之丰盈,比声色之多寡,比官阶之大小,比居所之阔窄——我们若不能据此判断伯修是否真的如此"庸俗",至少可以认为,他有意无意之间,揭示出白居易物欲、权欲、色欲之盛。但有意思的是,在他明明白白判断出白居易在道德上、人生的精神境界上相比陶渊明并无优势之后,他仍然毫不犹豫地抛弃陶渊明而选择白乐天作为自己的人生榜样。文章的最后说"乐天太好快活,晚年岁月,多付之诗文歌舞中",《全唐诗》所收白居易诗中,"快活"一词出现了九次,还有直接以"快活"为题的诗歌——《快活》:"谁知将相王侯外,别有优游快活人。"《想归田园》:"快活不知如我者,人间能有几多人。"——追求快活,是白居易的生活目标,追求"快活",也正是晚明小品文作者的人生目标。难怪王夫之对"淫佚浮曼、矜夸傲辟之气,日引月趋,以入于酒肉嬉游服饰玩好书画之中,而必争名竞利以求快其欲"之士林风气痛心疾首,耿耿于怀!

当然,我不是说他们是"不道德"的,事实上,白居易、袁宗道自有其符合传统道德观的人生观。袁中道《石浦先生传》言:

> 先生为人修洁,生平不妄取人一钱。居官十五年,不以一字干有司。读书中秘,贫甚。时乡人有主铨者,谓所知曰:"我知伯修贫,幸主铨,可为地,千金无害也。"所知以语先生,先生笑而谢之。某邑令以三百金交,期为汲引。竟不发函,急还其人。时予偶见,问何令,先生秘之,竟不知为何如人也。生平却百金者累累,或馈遗至十金,则惶愧不受。卒于官,棺木皆门生敛金成之。检囊中,仅得数金。及妻孥归,不能具装,乃尽卖生平书画几砚之类,始得归。归尚无宅可居,其清如此。

可见,他虽羡慕白乐天之丰盈,却颇能自律,谨遵先贤遗教,富而可求,无须清高;若不可求,见得思义。所以,他能不为钱财所动。小修接着又说他:

> 慕白乐天、苏子瞻为人,所之以"白苏"名斋。居官,省交游,简酬应,萧然栽花种竹、扫地焚香而已。每有月,则邀同学诸公步至射堂看月,率以为常。耽嗜山水,燕中山刹及城内外精蓝无不到。远至上方小西天之属,皆穷其胜。(《珂雪斋集》卷十七)

这种生活习性和爱好,倒是与白居易完全一致。他们的这种生活态度,介于道德与不道德之间,是一种"非道德"的状态。事实上,江州之贬以后,白居易的生活态度,也是"非道德"

的。白居易后期的诗歌,是对他自己"非道德"生活的描述,更是对生活的"非道德"的辩解甚至美化——毕竟,无论对于自己的人生责任,还是对于自己的文学理想,他都曾经有过非常高调的道德宣言,十来年光景,"变节"如此,白居易自己潜意识里不免有些愧疚,自己的道德良心不免有些创伤,所以,他需要这样的修饰和维护。

# 附录　李白与《庄子》

# 第一章　李白的人格、风格与《庄子》

## 第一节　《庄子》影响了李白的人格认知

在中国历史上,或用《庄子》自慰,或用《庄子》骂世,或用《庄子》解答自身认知困境,或用《庄子》抵抗世俗压力,或用庄子表达自己,或用《庄子》解释世界,如此种种,不一而足。正如宋人叶适说:"自周之书出,世之悦而好之者有四焉:好文者资其辞,求道者意其妙,汩俗者遣其累,奸邪者济其欲。"①总之,《庄子》在很大的程度上,被他们当做了人生的工具。而李白,则是把《庄子》当做了自己的心灵。在唐代诗人中,在诗艺上、人生态度上接受《庄子》影响,从而发生诗歌艺术以及人生态度变化的,不在少数。但是,若论《庄子》深入骨髓,进而导致自身人格、精神、心灵和认知方式都一起发生变化的,则以李白为最。

李白一生,他对自己人格的认知,有两个关键词:"大鹏"和"谪仙人"。"大鹏"是他自许,他早年作《大鹏赋》,以大鹏自喻;中年政治抱负破灭,作《上李邕》诗自明:"大鹏一日同风起,扶摇直上九万里。假令风歇时下来,犹能簸却沧溟水。时人见我恒殊调,闻余大言皆冷笑。宣父犹能畏后生,丈夫

---

① 叶适《水心别集》第六卷《庄子》(《丛书集成续编》第 129 册),台北:新文丰出版公司,1988 年,第 829 页。

岂可轻年少。"直至生命即将终结,他所作的《临路歌》,仍然自视为大鹏:"大鹏飞兮振八裔,中天摧兮力不济。馀风激兮万世,游扶桑兮挂石袂。后人得之传此,仲尼亡兮谁为出涕?"

"谪仙人"是贺知章对他的称呼,但他一听心喜,也就终生以谪仙人自诩。《对酒忆贺监二首》:"四明有狂客,风流贺季真。长安一相见,呼我谪仙人。"《玉壶吟》:"世人不识东方朔,大隐金门是谪仙。"《当涂赵炎少府粉图山水歌》:"五色粉图安足珍,真仙可以全吾身。"《答湖州迦叶司马问白是何人》:"青莲居士谪仙人,酒肆藏名三十春。"其他学仙、慕仙之诗,举不胜举。在《全唐诗》所收李白的七百八十四首诗中,提到"仙"字的,竟有一百十一处之多。

值得注意的是,这两个关键词,都和《庄子》有关。"大鹏"是庄子虚构的形象,后来成了一种文化象征,可以说,大鹏的形象,是庄子对中国文化史的伟大贡献。而"仙人"这个文化概念,虽然更多的内涵是由后来道教创造和赋予的,但是却起源于《庄子》。吴筠《玄纲论·长生可贵章》就指出了《庄子》与神仙学说的关系:

> 或问曰:"道之大旨,莫先乎老庄,老庄之言不尚仙道,而先生独贵乎仙者何也?"
>
> 愚应之曰:"何谓其不尚乎?……老子曰:'深根固蒂,长生久视之道。又曰:'谷神不死'。庄子曰:'千载厌世,去而上仙,乘彼白云,至于帝乡。'又曰:'故我修身千二百岁,而形未尝衰。'又曰:'乘云气,驭飞龙,以游四海之外。'又曰:'人皆(其)尽死,而我独存。'又曰:'神将守形,形乃长生。'斯则老庄之言长生不死神仙明矣,曷

谓无乎。"①

庄子被人称之为"天仙"②,而称李白为"天仙"的,仅就陈伯海主编《唐诗汇评》(上)所列,即有《岁寒堂诗话》:"太白多天仙之词";《沧浪诗话》:"太白天仙之词,长吉鬼仙之词耳";《唐诗选脉会通评林》引胡元瑞(胡应麟)语:"五言律,太白风华逸宕,特过诸人,后之学者,才非天仙,多流率易。"钱良择《唐音审体》引冯复京语:"太白歌行曰神、曰化,天仙口语,不可思议。"而"谪仙人"更是李白的绰号。在李白自称仙人的同时,他也称庄子为"南华老仙"(《大鹏赋》),一个"老"字,显然是为了表明他自己就是新时代的"新"仙。

## 第二节　庄子影响了李白的处世方式

庄子影响了李白的性情。李白和庄子一样傲慢——傲视权贵。庄子见梁惠王,"衣大布而补之,正縻系履",显得很散漫而自我,当梁惠王不满,揶揄庄子"惫"(狼狈,潦倒)时,庄子正色告知:"贫也,非惫也。士有道德不能行,惫也;衣弊履穿,贫也,非惫也。"并用腾猿处荆棘之中不得自由舒展来解释自己的困境,讽刺当世者的黑暗和不成器,接下来,更直斥"今处昏上乱相之间,而欲无惫,奚可得邪? 此比干之见剖心,征也夫"(《山木》)。而李白则是"天子呼来不上船,自称臣是酒中仙"(杜甫《饮中八仙歌》),岂不是庄子拒绝楚王征召的延续!"戏万乘若僚友,视俦列如草芥。"(苏轼《李太白碑阴记》)又岂不是庄子在魏国面对梁惠王和惠子时的异时

---

① 吴筠所引《庄子》句,除"乘云气"一则出自《逍遥游》外,余皆出自《在宥》。
② 李鼎《偶谭》,《说郛续》卅一:"天仙才子,万古庄周。"

翻版？我们看这首诗：

> 一生傲岸苦不谐，恩疏媒劳志多乖。严陵高揖汉天子，何必长剑拄颐事玉阶。达亦不足贵，穷亦不足悲。韩信羞将绛灌比，祢衡耻逐屠沽儿。君不见李北海，英风豪气今何在。君不见裴尚书，土坟三尺蒿棘居。少年早欲五湖去，见此弥将钟鼎疏。（李白《答王十二寒夜独酌有怀》）

这里不仅傲慢与庄子一脉相承，而且，其中的"穷达"之论，亦与庄子相通。庄子《秋水》：

> 孔子游于匡，宋人围之数匝，而弦歌不辍。子路入见，曰："何夫子之娱也？"孔子曰："来，吾语女！我讳穷久矣，而不免，命也；求通久矣，而不得，时也。当尧、舜而天下无穷人，非知得也；当桀、纣而天下无通人，非知失也。时势适然。"

中国文化史上，文化人的傲慢传统，主要来自于庄子和孟子。但是这两种傲慢在心理依据上有着很大的不同。孟子是自居道义之高的傲慢，所谓"说大人，则藐之，勿视其巍巍然"者，乃是由于"在彼者，皆我所不为也；在我者，皆古之制也"，所以，"吾何畏彼哉"（《孟子·尽心下》）。但是值得注意的是，孟子即便一方面对这些大人"藐之"，一方面却还要去"说之"，为什么呢？因为他要担当天下，他要做王者师，要教化这些人。

庄子的傲慢有着更为悠久的历史，那就是一直在历史上若隐若现的隐士，《论语》中的楚狂就是代表人物，《论语》记述者称之为"狂"，就已经揭示出这类人的傲慢与狂妄。相比于孟子的道义傲慢,庄子的傲慢是自居智慧之高的智慧傲慢。他与孟子相同的地方是对权贵"藐之",可是,"藐之"之后,孟子是"教之",庄子是"弃之",这是彻底的决绝和蔑视。所以,如果说孟子式的傲慢是道德上的居庙堂之高的教训,那么庄子式的傲慢就是智力上的处江湖之远的冷笑。

李白固然热衷功名,为此,有很多时候他并不像他宣称的那样"安能摧眉折腰事权贵",读他的集子,我们会发现,他常常在一些地方性的官员面前都极尽恭维之能事,他恭维他们,可能只是希望得到他们的招待和接济。但是,要让李白担当起"德育教授"的职责,去教化他们,他可没有这份好心,他更没有这份耐心与责任心,孟子是要"平治天下",而李白只不过是要"实现自己";孟子是要通过自己平治天下,李白是要通过平治天下实现自己。所以,孟子是圣,李白不过是贤。因此,与孟子"非尧舜之道,不敢以陈于王前"(《孟子·公孙丑下》)相反,李白只会在这些人面前发泄牢骚和情绪,而不会和这些人讲什么仁义道德。按照孟子的理论,藐视人的极致,就是不再对他谈先王仁义之道(《孟子·公孙丑下》),当然,李白同庄子一样,自己也未必就相信仁义道德。因此我们发现,在大多数情况下,李白在抱怨自己的蹉跎和不得施展时,并不刻意说明自己道德的高尚:"有耳莫洗颍川水,有口莫食首阳蕨。含光混世贵无名,何用孤高比云月。"(《行路难》)许由洗耳是庄子赞成的,夷齐食蕨是孔子肯定的,李白一概推倒,为什么?他不管是谁的主张,只要不合我一时心意,那就一时推倒,待又符合我的心意了,再捡回来就是。含光混世是道家思想,是不执着,他赞成;孤高比云月是道德自律,是执着,他不赞成。吕思勉在《先秦学术概论》中说庄子是"意在破执"[①],这一点,李白表现得很突出,或者我们可以说,庄子把李白的"执"破得很成功。下面接着的,就是这样的句子:"且乐生前一杯酒,何须身后千载名。"这固然是学晋代张翰,但不可否认,这也是他举双手无条件赞成的人生态度。需要说明的是,无论是张翰还是李白,这样的人生态度里,包含着一种傲慢、一种弃绝,一种嘲弄价值的傲慢和拒绝道德加冕的弃绝——这正是庄子本人个性的精髓所在。如果我们再考虑到李白一生在庙堂的时间极短,在江湖的时间极长,我们可以得出这样的结论:李白的傲慢,主要来自于庄子的江湖式傲慢,而不是孟子的庙堂式傲慢。

皮日休《七爱诗·李翰林(白)》称:

> 吾爱李太白,身是酒星魄。口吐天上文,迹作人间客。碌砢千丈林,澄澈万寻碧。醉中草乐府,十幅笔一息。召见承明庐,天子亲赐食。醉曾吐御床,傲几触天泽。………

醉吐御床,傲触天泽,这样的傲慢,显然不是孟子式的道德自律的傲慢,而是庄子式的自由散漫的傲慢。正因为有这样的一种傲慢和弃绝,使得李白的诗歌整体上呈现出一种傲岸不谐的气度,这种气度,有李白天赋的个人气质,这是生理上的遗传;也有来自于文化上的遗传——《庄子》无疑是这样的遗传因子。

---

[①] 吕思勉《先秦学术概论》,《民国丛书》(第四编),上海:上海书店出版社,1992年,第32页。

## 第三节　庄子影响了李白的生活方式

庄子哲学是"自然"的哲学,一个很直观、很"表面化"的征象就是:它是"室外"哲学。《庄子》中的人物,都是激情洋溢并且四处走动的,"游"而不"居",是他们的标志性生活状态。即便室居,也还是心游万仞,或心斋,或坐忘,形如槁木,心如死灰。作为道家哲学的概念,"游"字为庄子所特有,老子《道德经》中,有道、德、天地、物等概念,庄子继承了这些,但是,整部《道德经》,没有一个"游"字,一部《庄子》,却满篇都是"游"字,有一百十三处(据电脑统计)。"游"乃庄子所创,庄子以此一字,写一种人生,状一种境界,摹一种精神,传一份神韵。"贵游""游心"是庄子哲学的基本特色。

《逍遥游》推出的理想人物:至人、神人、圣人,他们的境界虽有差别,却共有一个"游"字:"若夫乘天地之正,而御六气之辩,以游无穷者,彼且恶乎待哉!"藐姑射之山上的"神人",是"乘云气,御飞龙,而游乎四海之外"的,《齐物论》中的"至人",与《逍遥游》中的"神人"一样,是"乘云气,骑日月,而游乎四海之外"。圣人呢,是"不从事于务,不就利,不违害,不喜求,不缘道;无谓有谓,有谓无谓,而游乎尘垢之外"。

岂止这样的绝对高人是游人,其他凡被他称颂、有一定境界者,无不如此:那个大鹏,就是变动不居的,不仅从鱼变为鸟,而且还要海上直升九万里到高空,要从上视下,然后又从北冥飞到南冥,而困守一隅的蜩、鷽鸠、斥鴳则在庄子的辱弄之列。列子是御风而行的,大瓠的"用处"不是盛水浆,不是做瓢,而是"以为大樽,而浮乎江湖";大树的"用处",也不是为了中绳墨规矩而成为什么栋梁、舟船、棺木、门窗,而是"树之于无何有之乡,广漠之野,彷徨乎无为其侧,逍遥乎寝卧其下"。

"南伯子綦游乎商之丘";"支离疏者……攘臂而游于其间"。(《人间世》)

"天根游于殷阳,至蓼水之上,适遭无名人而问焉……"(《应帝王》)

"黄帝游乎赤水之北,登乎昆仑之丘而南望……""子贡南游于楚,反于晋,过汉阴……""谆芒将东之大壑,适遇苑风于东海之滨。苑风曰:'子将奚之?'曰:'将之大壑。'曰:'奚为焉?'曰:'夫大壑之为物也,注焉而不满,酌焉而不竭;吾将游焉。'"(《天地》)

"孔子西游于卫……"(《天运》)

"孔子游乎缁帷之林,休坐乎杏坛之上。"(《渔父》)

"孔子游于匡";"庄子与惠子游于濠梁之上"。(《秋水》)

"庄周游于雕陵之樊"。(《山木》)

"则阳游于楚";"柏矩学于老聃,曰:'请之天下游。'"(《则阳》)

"老聃西游于秦"。(《寓言》)

"列御寇之齐,中道而反,遇伯昏瞀人。"(《列御寇》)

庄子曰:"人有能游,且得不游乎?人而不能游,且得游乎?"(《外物》)

"知北游于玄水之上,登隐弅之丘,而适遭无为谓焉。"(《知北游》)

"夫赫胥氏之时,民居不知所为,行不知所之,含哺而熙,鼓腹而游,民能以此矣。"(《马蹄》)

## 附录　李白与《庄子》

> "唯至人乃能游于世而不僻,顺人而不失己。""胞有重阆,心有天游。室无空虚,则妇姑勃豀;心无天游,则六凿相攘。"(《外物》)

黄帝的出游,是后世文人津津乐道的话题,也是他们诗歌中常常咏唱的历史场景:

> 黄帝将见大隗乎具茨之山,方明为御,昌寓骖乘,张若、謵朋前马,昆阍、滑稽后车;至于襄城之野,七圣皆迷,无所问途。适遇牧马童子……小童曰:"夫为天下者,亦若此而已矣,又奚事焉!予少而自游于六合之内,予适有瞀病,有长者教予曰:'若乘日之车而游于襄城之野。'今予病少痊,予又且复游于六合之外。夫为天下亦若此而已。予又奚事焉!"……(《徐无鬼》)

《在宥》一篇,写游最为出色。

> 出入六合,游乎九州,独往独来,是谓独有。独有之人,是谓至贵!……
>
> 挈汝适复之挠挠,以游无端;出入无旁,与日无始;颂论形躯,合于大同,大同而无己。无己,恶乎得有有!睹有者,昔之君子;睹无者,天地之友!

它也写了黄帝出游:

> 黄帝立为天子十九年,令行天下,闻广成子在于空同之山,故往见之。

而广成子则表示:

> 余将去女,入无穷之门,以游无极之野。……

接下来,就是最为精彩的有关"游"的故事:

云将东游,过扶摇之枝而适遭鸿蒙。鸿蒙方将拊脾雀跃而游。云将见之,倘然止,贽然立,曰:"叟何人邪?叟何为此?"鸿蒙拊脾雀跃不辍,对云将曰:"游!"云将曰:"朕愿有问也。"鸿蒙仰而视云将曰:"吁!"云将曰:"天气不和,地气郁结,六气不调,四时不节。今我愿合六气之精以育群生,为之奈何?"鸿蒙拊脾雀跃掉头曰:"吾弗知!吾弗知!"云将不得问。

又三年,东游,过有宋之野而适遭鸿蒙。云将大喜,行趋而进曰:"天忘朕邪?天忘朕邪?"再拜稽首,愿闻于鸿蒙。

鸿蒙曰:"浮游,不知所求;猖狂,不知所往;游者鞅掌,以观无妄。朕又何知!"

如此飘逸的人物,如此飘逸的行为,如此飘逸的对话,如此飘逸的文字!这是极其飘逸的思想和想象力想象出来的人类的精神生活,它不是实在的真实发生的生活,但它是我们向往的、想要的生活,文学从某种意义上说,不就是表达我们想象和向往的生活么!

非常有意思的是,李白也是一个终身游荡在大地上的人,《全唐诗》中收集李白784首诗,出现"游"字达202个之多,"游"字出现数与诗作数比例高达25.8%。而杜甫的1 148首诗中,"游"字出现仅仅150个,比例仅为13%。白居易2 606首诗中"游"字出现478个,比例为18.3%(以上数据,都据电脑统计)。李白远远高出杜甫,白居易也比杜甫高,而我们的研究也发现,白居易受庄子的影响也较杜甫为深,甚至在某种意义上,不亚于李白,但是按照我们计算的比例,也远远低于李白。这说明,李白的生活方式更加受到庄子的影响。

《庐山谣寄卢侍御虚舟》中,李白宣称:

> 五岳寻仙不辞远,一生好入名山游!

苏轼《书丹元子所示李太白真》诗:"天人几何同一沤,谪仙非谪乃其游,麾斥八极隘九州。"显然,苏轼也注意到了李白"游荡"的一生。方孝孺《李太白赞》说他"矫矫李公,雄盖一世。麟游龙骧,不可控制"。接着又说:"粃糠万物,瓮盎乾坤。狂呼怒叱,日月为奔。或入金门,或登玉堂;东游沧海,西历夜郎。"两次提到"游"字。而"粃糠万物"又正是用《庄子》的典故来说李白。

李白二十五岁之前,就在蜀中学习和漫游,"十五游神仙,仙游未曾歇"(《感兴八首》之五)。二十六岁以后,他更是"仗剑去国,辞亲远游"(《上安州裴长史书》)。自此以后,他的一生,几乎席不暇暖,墨突不黔,很少安居,总是在行走游荡之中。比较一下他的山水诗和王维、孟浩然的一些诗,我们会发现,王孟有很多山水诗都是静观所得,而李白的则几乎都是追逐而来。是的,他是游客,不是居人。山水对王孟,是可居;对李白,是可游。

有一个角度可以让我们对这一点看得更清楚。魏颢《李翰林集序》记述:"白始娶于许,生一女,一男,曰明月奴。女既嫁而卒。又合于刘,刘诀。次合于鲁一妇人,生子曰颇黎。终娶于宋(应为宗)。"但是,对于这四个女人,李白都没有尽到丈夫的责任。首婚许氏,并可能相守过三年以上,(《上安州裴长史书》:"许相公家见招,妻以孙女,便憩迹于此,至移三霜焉。")还生下一子一女,但是,显然他并不喜欢这样的老婆孩子热炕头的生活,他把这时的生活称之为"酒隐安陆,蹉跎十年"(《秋于敬亭送从侄耑游庐山序》)。酒到什么程度?《赠内》有自供:"三百六十日,日日醉如泥。虽为李白妇,何异太常妻。"可见他何等疏于为夫之责。他后娶宗氏,表现得更糟,婚后不久就匆匆离去。他的《自代内赠》又自供曰:"游云落何山,一往不见归。"其实,他和许氏、宗氏感情都很好,之所以表现得这样差劲,乃是由于他这种散淡不拘的个性,他就是一片"游云",在某处出现,只是暂住,天风一来,就又不知飘向何方了。

> 有如飞蓬人,去逐万里游。(《赠崔郎中宗之(时谪官金陵)》)
>
> 龙虎谢鞭策,鹓鸾不司晨。君看海上鹤,何似笼中鹑。独用天地心,浮云乃吾身。虽将簪组狎,若与烟霞亲。(《对雪奉饯任城六父秩满归京》)
>
> 心爱名山游,身随名山远。(《金陵江上遇蓬池隐者(时于落星石上以紫绮裘换酒为欢)》)

一直"在路上"的李白,他的诗歌,也多是"行走者"的诗歌。很多时候,他自称"游子":

> 游子睹嘉政,因之听颂声。(《赠范金卿二首》其二)
>
> 游子托主人,仰观眉睫间。(《游溧阳北湖亭望瓦屋山怀古赠同旅(一作赠孟浩然)》)
>
> 燕麦青青游子悲,河堤弱柳郁金枝。(《春日独坐,寄郑明府》)
>
> 浮云游子意,落日故人情。(《送友人》)

有时对自己的这种生活以及生活习性不免叹息——

> 叹我万里游,飘飘三十春。空谈帝王略,紫绶不挂身。(《门有车马客行》)
>
> 秋浦猿夜愁,黄山堪白头。清溪非陇水,翻作断肠流。欲去不得去,薄游成久游。何年是归日,雨泪下孤

舟。(《秋浦歌》)

好像倦游了,其实,真正让他不能忍受的,是安居:

> 鸟爱碧山远,鱼游沧海深。(《留别王司马嵩》)
>
> 大鹏飞兮振八裔,中天摧兮力不济。馀风激兮万世,游扶桑兮挂石袂。后人得之传此,仲尼亡兮谁为出涕。(《临路歌》)

至死所思,仍然是游。

## 第四节 庄子影响了李白的诗歌创作方式

李白颇有庄子心目中的艺术家的气质,或者说,《庄子》中描述的艺术家的气质塑造了李白。《庄子》中塑造了哪些艺术家的形象呢?庄子心目中的艺术家又是什么样子呢?那就是庖丁、梓庆和解衣盘礴者:

> 庖丁为文惠君解牛,手之所触,肩之所倚,足之所履,膝之所踦,砉然向然,奏刀騞然,莫不中音,合于桑林之舞,乃中经首之会。
>
> 文惠君曰:"嘻,善哉! 技盖至此乎?"庖丁释刀对曰:"臣之所好者道也,进乎技矣。始臣之解牛之时,所见无非全牛者。三年之后,未尝见全牛也。方今之时,臣以神遇而不以目视,官知止而神欲行。……謋然已解,如土委地。提刀而立,为之四顾,为之踌躇满志,善刀而藏之。"(《养生主》)

这里有两个很重要的概念:道和技。当庖丁宣称自己解牛之艺是"道"不是"技"时,他实际上就由纯技术、纯效益、纯功利而进入艺术的境界。纯粹的技术追求可以使解牛更加有效率并且更加节省成本(如现代的屠宰场),但不能提高人们在解牛过程中的艺术享受。而庖丁所追求的,恰恰不是效益,而是自己在这一过程中内在的艺术愉悦,从而庖丁的解牛,就不再是一种功利的活动,而是艺术活动,不是劳动,是游戏。他的一举一动,在解牛的过程中,是"合于桑林之舞,乃中经首之会",简直是与牛共舞;在解牛结束时,是"提刀而立,为之四顾,为之踌躇满志",是那种艺术创作获得圆满之后的从容自得。他打动人的(比如旁观的文惠君)就是那种充溢全过程的艺术美感和游戏般的快乐和激情。当他宣称经过多年的追求,现在已经"未尝见全牛"的时候,他面对的,就不是一项必须完成的工作、一个必须解决的问题,事实上,此时的他已经没有了必须解决的客体,主客之间的界限消失了,牛体不再是一个他必须面对与解决的问题,而是他精神游戏艺术活动的一个场所,是他艺术活动的伙伴,他的"神"已经潜入牛体,与牛融为一体。庖丁是在解牛吗?不是,他是在舞蹈,而牛则是他的舞伴。

也许下一个故事能更好地说明这一点:

> 梓庆削木为鐻,鐻成,见者惊犹鬼神。鲁侯见而问焉,曰:"子何术以为焉?"对曰:"臣工人,何术之有?虽然,有一焉。臣将为鐻,未尝敢以耗气也,必齐以静心。齐三日,而不敢怀庆赏爵禄;齐五日,不敢怀非誉巧拙;齐七日,辄然忘吾有四枝形体也。当是时也,无公朝,其巧专而外骨消。然后入山林,观天性,形躯至矣,然后成见鐻,然后加手焉;不然则已,则以天合天,器之所以疑神者,其是与!"(《达生》)

梓庆削鐻(乐器),让人惊为鬼神。唯一的术(即道,先秦道、术很多时候义同)就是"斋以静心"——三日,忘了庆赏爵禄;

五日,忘了非誉巧拙;七日,忘了自己。何为忘了自己?忘了自己就是忘了自己和对象之间的对立和分别。然后进山寻找树木,眼中所见,已经不是树木,而是成形的鐻了。这样"以天合天"(以自己的天合乎鐻的天)而成就的艺术品,可不就是形同鬼神!梓庆三忘,忘的是什么?是功利,是毁誉,是形式的巧拙,是内容的自我!

梓庆削鐻,让人惊为鬼神,李白作诗,也被人惊为鬼神,杜甫《寄李十二白二十韵》:"昔年有狂客,号尔谪仙人。笔落惊风雨,诗成泣鬼神。"二者之间,有着相同的创作状态,只是达到这种状态的方式有所不同:梓庆是通过"心斋"的方式,求静,但是这种静,并非安静,而是摒除杂虑,专注一事,最后还是要达成一种近乎迷狂的状态,只有在这种状态下,他进山,才眼中不见木,只见各色各样的成形的鐻。相似的还有《庄子·达生》篇中"痀偻承蜩"的故事,佝偻者也是"有道",他能做到在长竿的顶端叠垒五个泥丸,待到捕蝉之时,"虽天地之大,万物之多,而唯蜩翼之知"。"不以万物易蜩之翼"。李白则往往通过放松自己,比如醉酒来让自己达到形神皆忘的境界,然后"援笔三叫,文不加点","李白斗酒诗百篇"(杜甫《饮中八仙歌》)。我们看他的那些杰作,如《行路难》《襄阳歌》《宣州谢朓楼饯别校书叔云》……这些写得兴高采烈、令我们击节三叹的作品,都是醉后忘形忘身之作。

再看《田子方》笔下的画者:

> 宋元君将画图,众史皆至,受揖而立;舐笔和墨,在外者半。有一史后至者,儃儃然不趋,受揖不立,因之舍。公使人视之,则解衣般礴,臝袖握管。君曰:"可矣,是真画者也。"

当众多的人都希图得到宋元君的选用,恭恭敬敬站着,装模作样舔笔和墨时,这个后来被称为"真画者"的人,后至——不急于争竞;不趋——不屑于献媚;不立——不屑于争宠,走了。宋元君觉得奇怪,派人跟随伺察,发现,他回到住处,已经脱去衣衫,赤身裸体,箕踞而坐——只有这样把自己从世俗的名缰利锁中解脱出来的人,这样尊重艺术自身,不以此谋取外在功利的人,只有这样解放自己的心灵,让自己达到自由境界的人,才是真正的艺术家!

骆玉明先生指出:"在关于中国艺术史、美学史的著作中,'解衣般礴'的故事被反复引用。庄子笔下的那一位画师,被认为第一次表现了伟大艺术家的风范。但是,人们忽视了一桩值得惊讶的事实:在庄子的时代,从事绘画的人只是宫廷中蓄养的工匠,那时并未出现后世那种独立的艺术家,他们怎么可能具有庄子所描绘的那种超然傲然的态度?恐怕庄子其实是根据自己的理解,提出了真正的艺术家应有的风范;他对那位画师的描绘,可以理解为对真正的艺术家形象的预言。"①

庄子笔下的艺术家风范,在李白那里,得到了最好的体现。

李白当然追求世俗的成功,但是,他并不因此而改变自己,尤其是不愿意因此而委屈自己,在富贵与"开心颜"之间,他选择的是后者,广为流传的御手调羹、龙巾拭唾、贵妃捧砚、力士脱靴(宋刘斧《摭遗》、《新唐书》、《唐才子传》都有类似的记载),虽然查无实据,却有合理性,它们体现了一种文化上的真实:这种事情,在李白身上,即使未必真有,也应该有或可以有,因为这就是李白的个性。他与《庄子》中的艺术

---

① 骆玉明《骆玉明老庄随谈》,上海:复旦大学出版社,2007年,第126页。

家一样,有着对自己、对自己的艺术的忠贞。宣称"安能摧眉折腰事权贵,使我不得开心颜"的李白,有这样的传说,于事未必有,于情则正当其人。

徐复观在《中国艺术精神》中说:"庄子所追求的道,与一个艺术家所呈现出的最高艺术精神,在本质上是完全相同的。所不同的是,艺术家由此而成就艺术的作品;而庄子则由此而成就艺术的人生。"①庄子的这种极具魅力的艺术的人生,极大地激动了李白这样热血的人,他由此模仿庄子的人生,并由此成就了自己的艺术。

郭沫若《今昔蒲剑·今昔集》中说:"庄子固然是中国有数的哲学家,但也是中国有数的文艺家。他那思想的超脱精微,文辞的清拔恣肆,实在是古今无两。他的书中有无数的寓言和故事,那文学价值是超过他的哲学价值的。中国自秦以来的重要文学家差不多没有不受庄子的影响。"②李白为人的风度气质,既有得于庄子的文化遗传,李白的诗歌艺术、文学的风格气度,更是深受庄子影响。对此,前人之述甚备:

> 文至庄,诗至太白,草书至怀素,皆名法所谓奇也。正有法可循,奇则非神解不能。③

这是说庄子、李白与怀素在境界上的相同。相类似的说法还有:

> 庄周、李白,神于文者也,非工于文者所及也。文非

---

① 徐复观《中国艺术精神》,上海:华东师范大学出版社,2001年,第34页。
② 郭沫若《关于"接受文学遗产"》,《郭沫若全集》文学编第十九卷,北京:人民文学出版社,1992年,第245页。
③ 顾璘《息园存稿》文卷九《书吴文定临怀素自叙帖后》,文渊阁《四库全书》本。

> 至工则不可为神,然神非工之所可至也。①
>
> ……矫矫李公,雄盖一世。……惟昔战国,其豪庄周,公生虽后,其文可侔。……②
>
> 太白诗以庄骚为大源。③
>
> 诗以出于《骚》者为正,以出于《庄》者为变。少陵纯乎《骚》,太白在《庄》《骚》间,东坡则出于《庄》者十之八九。④

这就直接说出了李白诗歌艺术风格的渊源乃是出自庄子。

---

① 《杨升庵外集》,《升庵合集》卷一百一十四,方孝孺《苏太史文集序》两见。裴斐、刘善良编《李白资料汇编(金元明清之部)》,北京:中华书局,1994年,第292页。
② 王文才、万光治主编《杨升庵丛书》,第四册《升庵诗文补遗》,天地出版社,2002年,第42页。但是这一篇文章在《李太白全集》和《资料汇编》中均署名方孝孺,不知孰是孰非。
③ 刘熙载《艺概·诗概》,上海:上海古籍出版社,1978年,第57页。
④ 刘熙载《艺概·诗概》,第67页。

# 第二章 李白与《逍遥游》

## 第一节 《逍遥游》与《大鹏赋》：李白对《庄子》的误读

《逍遥游》是庄子的名篇，最代表庄子的思想、境界，也代表了庄子的文风。在这篇文章中，他描摹的"大鹏"，这个虚构的大鸟，更是成了一个文化符号，成了中国人精神世界中的一个不朽的有关超越、伟大的象征。这样的形象，不可能不被后世的作家反复演绎。而李白，就是其中最为突出的一位。这可能和李白自身的个性有关。

我们可以把庄子的《逍遥游》和李白的《大鹏赋》做一番比较。

庄子《逍遥游》的主题，是揭示何为自由，以及是什么东西限制了我们，使我们不自由。在庄子看来，正因为我们"有待"（有所待），才使得我们被所待之物局限，而导致不自由。既然任何所待之物都有局限，那么，所待之物的局限也就必然成为我们的局限，因此，即使仅仅从逻辑上考虑，结论也只能是："无待"才（可）能自由。从这个主题上说，庄子《逍遥游》所推崇的是"乘天地之正，御六气之辩，以游无穷"的至人、神人和圣人，而不是"去以六月息"、"抟扶摇而上者九万里"的大鹏。所以，逍遥游者，并非大鹏，大鹏其实还是"有所待"的不自由，且正因为其形体庞大，飞翔之时，所待之物必然更多:"以六月息"才能启程,"抟扶摇"方可升天,"九万里则风斯在下"才可以"负大翼",这样的依赖多多,何能逍遥。其实,大鹏在庄子眼中的境界,也就是宋荣子、列子的境界,比那些"知效一官、行比一乡、德合一君而徵一国者"高,但还是属于"犹有所待者也"。而庄子对大鹏的描写,虽然极力于写其"大",其实目的不在于此,更不在于推崇大鹏之大。他的目的,乃是以大鹏之大,衬托蜩、鷽鸠、斥鴳之小,以此写出"小大之辩",揭示出"小知不及大知,小年不及大年"的道理。

庄子《逍遥游》中的哲学意象分三个类型:

第一类,大的意象:

> (鹏)背若太山,翼若垂天之云;抟扶摇、羊角而上者九万里,绝云气,负青天,然后图南,且适南冥也。
>
> 楚之南有冥灵者,以五百岁为春,五百岁为秋;上古有大椿者,以八千岁为春,八千岁为秋。
>
> 而彭祖乃今以久特闻。

与之相对应的人间人物,便是宋荣子、列子:

> 而宋荣子犹然笑之。且举世而誉之而不加劝,举世而非之而不加沮,定乎内外之分,辩乎荣辱之境,斯已矣。彼其于世,未数数然也。虽然,犹有未树也。
>
> 夫列子御风而行,泠然善也,旬有五日而后反。彼于致福者,未数数然也。此虽免乎行,犹有所待者也。

第二类,小的意象:

> 蜩与鷽鸠笑之曰:"我决起而飞,抢榆枋,时则不至,而控于地而已矣;奚以之九万里而南为?"
>
> 斥鴳笑之曰:"彼且奚适也?我腾跃而上,不过数仞而下,翱翔蓬蒿之间,此亦飞之至也。而彼且奚适也?"

## 附录 李白与《庄子》

> 朝菌不知晦朔,蟪蛄不知春秋。

与之相对应的人间人物,便是各级官吏、曲士:

> 故夫知效一官、行比一乡、德合一君而徵一国者。

第三类,超越小大的意象:至人、神人、圣人。

在这三类意象中,最早出现的大鹏及其所属的大的一类意象,其实并非文章的核心意象,文章的核心意象恰恰是小的意象。因为,庄子刻意要表现的,或者说要批判的,恰恰是这一类。他通过对蜩、鷃鸠、斥鴳在面对大鹏时的自得、自负、自以为是的描摹,生动而真实地展示出人类在宇宙之大面前的狂妄与膨胀,从而揭示出:人类的不自由,乃是由于人类自身的局限,而这种局限甚至不是来自于我们未知的东西(未知的东西不会成为我们的所待,所以,也就不会局限我们),而是来自于我们已知的东西。直言之,正是我们赖以生存的经验、知识、观念,成了局限我们的东西,成了障蔽我们视线的一叶,使我们不知宇宙之大、品类之富。

所以,庄子在文章中强调的"小知不及大知,小年不及大年",并非区别一般意义上的大小是非,而是通过三个逻辑层次的问题设置,最后揭橥出一个我们熟视无睹的荒谬:

第一个逻辑层面:

人的知识、经验、能力等——有限的,有局限的(小)

第二个逻辑层面:

世界、宇宙——无限的(大)

第三个逻辑层面:

以小判大——用有限的知识去判断无限的世界(可笑的)

可见,这个世界,可笑的不是"小",而是"用小"。庄子嘲笑的也不是"小",而是"小之用",是"用小";庄子肯定的也不是"大",而是"大之用",是"用大"。这样理解也才能与庄子的"齐物"思想不冲突①。

通过这样的分析,我们可以得出以下两个结论。

第一,大鹏在《逍遥游》中并不是核心意象,它只是一个象征,它只有在与斥鴳、鹖鸠等等小鸟的比较中,在它们的嘲笑中才显示出意义。也就是说,意义不是寄托在大鹏的形象上,而是存在于大鹏与蜩等小鸟的关系中,显示在蜩、鹖鸠、斥鴳的语言中。值得注意的是,与蜩、鹖鸠、斥鴳栩栩如生、声口宛然的语言形成鲜明对照的是,大鹏自始至终一言不发,它只是一个不关痛痒的自在物。可见,庄子无意对大鹏有什么推崇和揄扬,也无意赋予大鹏什么精神内涵和个性气质,只是以大鹏衬托出我们人类所拥有的知识与价值观的贫乏和狭隘。所以,大鹏在《逍遥游》中并不是庄子刻意塑造的形象,虽然它惊世骇俗的形貌让人印象深刻。

第二,《逍遥游》中的"小大之辩"实际上是在批评人类常犯的以知识、经验、常识和自以为是的价值观来判断世界的可笑行为,而并不是扬大抑小、褒大贬小。

但是,恰恰在这两点上,李白都"误读"了。

与历史上很多人对庄子"小大之辩"发生错误理解一样,李白也同样在庄子令人目眩神迷的大鹏面前发生了误判:他以为庄子在歌颂大鹏。但是,我这样说也不全对,因为李白对庄子的误读,不全是庄子的责任,也不是李白哲学理解力的问题,更大的原因,可能是李白自我的精神太强大、个性太张扬,足以扭曲对象以适应自我。当他强烈的自我之光照射

---

① 参见鲍鹏山《论庄子的小大之辨》,《青海师范大学学报》1997年第2期。

附录 李白与《庄子》

到《逍遥游》时,恰恰是因为光线太强烈,反而让他自己不能睁眼细看,他只看见了大鹏,而忽略了其他,他只看见了大鹏形貌之大,而忽略了大鹏哲学和文学内涵的贫乏。所以,我们也可以说,李白对庄子笔下"小大之辩"的误读是故意的——他只接受或者鼓吹符合他心意的那部分意义。(其实,在《代寿山答孟少府移文书》中,李白也认为:"且达人庄生,常有馀论,以为斥𫛛不羡于鹏鸟,秋毫可并于太山。由斯而谈,何小大之殊也?"可见,李白对小大分别的坚持,并非出于认知的问题,而是出于认同的问题。)他的天才给他自信、自负,他的傲慢使他藐视他人。所以,一方面,他自认为自己是如大鹏一般的"大",甚至是伟大;一方面,他又藐视一切他看不上眼或者把他看不上眼的人,认为他们都是如小鸟一般的"小",甚至是"宵小"。这就构成了他诗歌中对自我的极度肯定,同时,出于对自我的保护和尊严的维护,他又声色俱厉地指责那些排斥他的人。肯定自我、批判现实,是一般诗人的共同表现,只是,李白在表现这两点的时候,烙下了鲜明的庄子的烙印。

我们来看看他的《大鹏赋》,其序曰:

> 余昔于江陵,见天台司马子微,谓余有仙风道骨,可与神游八极之表。因著《大鹏遇希有鸟赋》以自广。此赋已传于世,往往人间见之。悔其少作,未穷宏达之旨,中年弃之。及读晋书,睹阮宣子大鹏赞,鄙心陋之。遂更记忆,多将旧本不同。今复存手集,岂敢传诸作者?庶可示之子弟而已。

在这个序里,他就将自己比作了大鹏,并且明确告诉我们,他是以大鹏"自广"——也就是给自己打气,自我鼓励。事实上,李白一生,都是用把自己想象成大鹏来给自己打气。庄子以后,很多人以庄子自慰,而李白以庄子自励;很多人以庄子自伤,而李白以庄子自广;很多人以庄子自卑,而李白以庄子自尊;很多人以庄子自嘲,而李白以庄子自得;很多人以庄子自我消解,而李白以庄子自我膨胀;很多人以庄子自分自咎,而李白以庄子自傲自大;很多人以庄子自怨自艾、自生自灭、自轻自贱,而李白以庄子自鸣得意、自以为是、自高自大。有意思的是,面对庄子,他如此自行其是,却最终能自圆其说;他如此自我作古,却最终自成一家。庄子成了李白重要的精神支柱——别人把庄子看成是自己灵魂倦怠归休的港湾,李白是把庄子看成自己精神攀登绝顶的阶梯。问题是,就庄子的思想实质而言,李白确实有误解,李白与庄子的最大不同在于:庄子是弃世的,李白是入世的;庄子是消解俗世的价值,把俗世的价值看作是自由人生的羁绊;李白则追寻俗世的价值,把实现这些价值看作自己人生的目标。李白的志向是"申管晏之谈,谋帝王之术,奋其智能,愿为辅弼,使寰区大定,海县清一"(《代寿山答孟少府移文书》),并且这个志向终生未变。所以,他一直自视甚高,正是这种自我感觉,使他一下子就对号入座——大鹏就是他,他就是大鹏了。这实在有些吊诡——"吊诡"一词,正是庄子的创造——但是,在李白那里,却又如此好理解。

李白心中的大鹏,和庄子笔下的大鹏,有什么区别呢?我们来看《大鹏赋》的正文:

> 其辞曰:南华老仙,发天机于漆园。吐峥嵘之高论,开浩荡之奇言。徵至怪于齐谐,谈北溟之有鱼。吾不知其几千里,其名曰鲲。化成大鹏,质凝胚浑。脱䰡鬣于海岛,张羽毛于天门。刷渤澥之春流,晞扶桑之朝暾。燀赫乎宇宙,凭陵乎昆仑。一鼓一舞,烟朦沙昏。五岳

为之震荡,百川为之崩奔。

乃蹶厚地,揭太清。亘层霄,突重溟。激三千以崛起,向九万而迅征。背㠉太山之崔嵬,翼举长云之纵横。左回右旋,倏阴忽明。历汗漫以夭矫,䢱闾阖之峥嵘。簸鸿蒙,扇雷霆。斗转而天动,山摇而海倾。怒无所搏,雄无所争。固可想象其势,仿佛其形。

若乃足萦虹蜺,目耀日月。连轩沓拖,挥霍翕忽。喷气则六合生云,洒毛则千里飞雪。邀彼北荒,将穷南图。运逸翰以傍击,鼓奔飙而长驱。烛龙衔光以照物,列缺施鞭而启途。块视三山,杯观五湖。其动也神应,其行也道俱。任公见之而罢钓,有穷不敢以弯弧。莫不投竿失镞,仰之长吁。

尔其雄姿壮观,坱轧河汉。上摩苍苍,下覆漫漫。盘古开天而直视,羲和倚日以旁叹。缤纷乎八荒之间,掩映乎四海之半。当胸臆之掩画,若混茫之未判。忽腾覆以回转,则霞廓而雾散。

然后六月一息,至于海湄。欻翳景以横翥,逆高天而下垂。憩乎泱漭之野,入乎汪湟之池。猛势所射,馀风所吹。溟涨沸渭,岩峦纷披。天吴为之怵栗,海若为之躩跜。巨鳌冠山而却走,长鲸腾海而下驰。缩壳挫鬣,莫之敢窥。吾亦不测其神怪之若此,盖乃造化之所为。

岂比夫蓬莱之黄鹄,夸金衣与菊裳?耻苍梧之玄凤,耀彩质与锦章。既服御于灵仙,久驯扰于池隍。精卫殷勤于衔木,鹦鹛悲愁乎荐觞。天鸡警晓于蟠桃,踆乌晰耀于太阳。不旷荡而纵适,何拘挛而守常?未若兹鹏之逍遥,无厌类乎比方。不矜大而暴猛,每顺时而行藏。参玄根以比寿,饮元气以充肠。戏旸谷而徘徊,冯炎洲而抑扬。

俄而希有鸟见谓之曰:伟哉鹏乎,此之乐也。吾右翼掩乎西极,左翼蔽乎东荒。跨蹑地络,周旋天纲。以恍惚为巢,以虚无为场。我呼尔游,尔同我翔。于是乎大鹏许之,欣然相随。此二禽已登于寥廓,而斥鷃之辈,空见笑于藩篱。

王琦注评此赋说:"此显出《庄子》,本自宏阔,太白又以豪气雄文发之。"①但如前所述,庄子《逍遥游》中是三类意象成对比映衬的关系,从而构成一个逻辑理路,以得出"无待"而自由的结论。这是一个哲学家的文章。但李白的《大鹏赋》则是一典型的赋家之文:只从《逍遥游》中攫取大鹏一个意象,然后"想象其势,仿佛其形",运用赋体的铺排敷衍夸饰手法,对大鹏的形象、动态、精神、气质做了更加细致的夸饰性描摹,从而比《逍遥游》更其眩目惊心;尤其重要的是,他对大鹏的形象内涵做了全新意义上的阐释,使之成为自足的精神象征,也就是说,成为李白自己个性、气质、理想、情怀的象征。从此之后,这个从先秦庄子《逍遥游》中飞出的大鹏,就附体在唐代李白的身上,左右了李白的精神和行为。

首先,李白强调大鹏之"大"。庄子笔下的大鹏,固然"大",但是,那是形体上的大,而李白则是强调相对于凡庸之辈,大鹏精神之强大、境界之广大、气派之阔大、气魄之弘大、担当之重大,以及前程之远大——从而足以震慑和藐视芸芸众生:宇宙、昆仑都被大鹏烜赫、凭陵;五岳、百川也被大鹏震荡、崩奔。"块视三山,杯观五湖",何等藐视天下;"上摩苍

---

① 李白著、王琦注《李太白全集》卷一,北京:中华书局,1977年,第11页。

苍,下覆漫漫",何等自高自大。既然连天吴(《山海经》所记之神)都为之怵栗,海若(《庄子》所记之海神)都为之躄跇,等而下之的巨鳌、长鲸更是"缩壳挫鬐,莫之敢窥",这样伟大的族类,当然耻于与黄鹄、玄凤等为伍,所以,它只能与希有鸟一起"登于寥廓,而斥鷃之辈,空见笑于藩篱"。简言之,《逍遥游》中的大鹏,只有形貌没有精神,《大鹏赋》中的大鹏,则精气充沛,形神俱旺,包含着作者本人的气质和个性。

其次,与庄子揭示大鹏因有所待而不自由相反,李白竭力描摹的,正是大鹏的自由无碍:"乃蹶厚地,揭太清。亘层霄,突重溟。激三千以崛起,向九万而迅征。"厚地、太清、层霄、重溟,或被大鹏利用,或被大鹏突破,"怒无所搏,雄无所争",天地之间,莫之夭阏。而大鹏自己"喷气则六合生云,洒毛则千里飞雪",甚至"其动也神应,其行也道俱"。既然如此,当然"不旷荡而纵适,何拘挛而守常",以至于李白自我感叹道:"未若兹鹏之逍遥,无厥类乎比方。"用"逍遥"来界定大鹏的境界,显然与庄子的本意不符。

李白对庄子的理解存在着的巨大的偏差,竟然成就了李白自己独特的人格与艺术风格,这是接受史上的一个非常有意思"因误读而再创造"的典型案例。

## 第二节 《逍遥游》与李白的人格

李白的人格精神和气质里,自大、自由、不循规蹈矩是其鲜明特征。而这些特征,从《大鹏赋》中即有所体现。

(一)首先,我们看看他的自大。

道家的"道德",老子主要讲"道",其"德经"部分乃是强调"德"对道的遵循和屈从。庄子则主要讲"德"。强调个体之德,这是庄子的贡献。他认为,既然个体之德"得"自于道,也就获得了道之尊严。

《寓言》:

> 物固有所然,物固有所可,无物不然,无物不可。……万物皆种也。

《庄子·天地篇》:

> 通于天地者,德也;行于万物者,道也。

《齐物论》:

> 举莛与楹、厉与西施,恢恑憰怪,道通为一。

所以,既然"道无所不在",也就自然可以说"道在屎溺"(《知北游》),既然"道在屎溺",则屎溺也有尊严。

于是,庄子强调个体的自足自尊,强调"德"之不可侵犯。庄子的"小大之辩"最终引申出"个体自足",引申到个体的自尊与自大。其实,庄子笔下"秋毫之末"的"大",不是"比较的大",而是"自足的大":

> 天下莫大于秋毫之末,而太山为小;莫寿于殇子,而彭祖为夭。天地与我并生,而万物与我为一。(《齐物论》)

我们一般人不会拿不同类事物比大小、比属性,这是我们对"类"的属性的认知所必须的。但是,庄子在此基础上走了一小步——应该是一大步,他指出,即使同类中不同个体也不比大小。即此一步,不仅可以引导出对个体自我属性(德)的认知,更导致对个体之德的尊重。

> 以差观之,因其所大而大之,则万物莫不大;因其所小而小之,则万物莫不小;知天地之为稊米也,知豪末之

为丘山也,则差数睹矣。(《秋水》)

但是,庄子的这种"自足的大",又被李白故意"误解"了。他不仅要"自足的大",他还要"比较的大"。并且由于他一直感觉到受压迫,所以,他更强调自我在与其他人比较时"比较的大",以哲学的反弹表达自己现实的反抗。被庄子笔下的大鹏灵魂附体的李白,终生自视为大鹏,从早年到中年到生命的终结,他都有诗自比大鹏(参见《李白的人格、风格与〈庄子〉》一章),而那些压迫他的、嘲笑他的,自然是蜩、鷽鸠与斥鴳。在这些自比大鹏的诗里,大鹏显然是作为一个"伟大"的形象出现,以此来表现他那"伟大的自我"。

李白对自我的强烈肯定,甚至达到了"自恋"以至于"自我崇拜"的程度——比如他过高地评价自己的政治和军事才能——他把自己对政治和军事的热情和欲望都当成了自己相应的才能。《与韩荆州书》说自己"十五好剑术,遍干诸侯;三十成文章,历抵卿相。虽长不满七尺,而心雄万夫,王公大臣,许与气义"(《秋夜于安府送孟赞府兄还都序》中也用"长不满七尺,而心雄万夫"之句夸别人)。《上安州裴长史书》说自己"五岁诵六甲,十岁观百家,轩辕以来,颇得闻矣。常横经籍书,制作不倦,迄于今三十春矣"。《为宋中丞自荐表》吹嘘自己:"怀经济之才,抗巢、由之节。文可以变风俗,学可能究天人。"《代寿山答孟少府移文书》说自己:"尔其天为容,道为貌,不屈己,不干人,巢、由以来,一人而已。"下文更借寿山山神之口,说山神"尝弄之以绿绮,卧之以碧云,漱之以琼液,饵之以金砂",于是李白"童颜益春,真气愈茂,将欲倚剑天外,挂弓扶桑,浮四海,横八荒,出宇宙之寥廓,登云天之渺茫"。这简直就是人形大鹏!

这还不算,李白还总是把自己和别人对照着说,《与韩荆州书》先说自己就是那超越三千庸才的毛遂,当他说自己"心雄万夫"时,"万夫"也就被他藐视着了。《上安州裴长史书》借别人之口夸自己的文章好:"诸人之文,犹山无烟霞,春无草树。李白之文,清雄奔放,名章俊语,络绎间起,光明洞彻,句句动人。""诸人"也就被他比下去了。《答王十二寒夜独酌有怀》:

> 鱼目亦笑我,谓与明月同。骅骝拳跼不能食,蹇驴得志鸣春风。折杨皇华合流俗,晋君听琴枉清角。巴人谁肯和阳春,楚地由来贱奇璞。黄金散尽交不成,白首为儒身被轻。一谈一笑失颜色,苍蝇贝锦喧谤声。曾参岂是杀人者,谗言三及慈母惊。与君论心握君手,荣辱于余亦何有。孔圣犹闻伤凤麟,董龙更是何鸡狗。一生傲岸苦不谐,恩疏媒劳志多乖。严陵高揖汉天子,何必长剑拄颐事玉阶。达亦不足贵,穷亦不足悲。韩信羞将绛灌比,祢衡耻逐屠沽儿。君不见李北海,英风豪气今何在。君不见裴尚书,土坟三尺蒿棘居。少年早欲五湖去,见此弥将钟鼎疏。

全是对比,全是不遗余力褒扬自己,并且不遗余力贬低别人,形成了极端的美丑意象对比。且《折杨》《皇华》还是用《庄子·天地》的典故。再看《鸣皋歌,送岑征君(时梁园三尺雪,在清泠池作)》:

> 鸡聚族以争食,凤孤飞而无邻。蝘蜓嘲龙,鱼目混珍。嫫母衣锦,西施负薪。

《古风》四十:

> 凤饥不啄粟,所食唯琅玕。焉能与群鸡,刺蹙争一餐。

附录 李白与《庄子》

这也是用《庄子》的典故。《艺文类聚》所辑古《庄子》佚文："吾闻南方有鸟,其名为凤,所居积石千里,天为生食,其树名琼枝,高百仞,以璆琳、琅玕为实。"

《古风》三十九之"梧桐巢燕雀,枳棘栖鸳鸾。"用的是《庄子·秋水》中的故事："南方有鸟,其名为鹓鶵……夫鹓鶵,发于南海而飞于北海;非梧桐不止,非练实不食,非醴泉不饮。"反用《庄子》,更显示愤激之意。

所以,与庄子坚持"齐物"、一生死、等富贵、泯黑白、齐修短完全不同,误读了《逍遥游》中"小大之辩"的李白,一方面用庄子的"贵德"思想坚持自我,一方面他却又不断地要求超越自我,因为在他眼里,这个世界大就是大,小就是小,大比小好。所以,他一生向往大,鄙视小,向往杰出,鄙视平凡。《大鹏赋》的最后两句,就已经表现出来："此二禽已登于寥廓,而斥鷃之辈,空见笑于藩篱。"这种嘲弄微小之徒的口吻,他一辈子都保持着:

> 大道如青天,我独不得出。羞逐长安社中儿,赤鸡白狗赌梨栗。(《行路难其二》)

不仅这些游手好闲、不求上进的儿辈被他白眼,就是那些按部就班走常规路的人,也被他嘲弄:

> 有时忽惆怅,匡坐至夜分。平明空啸咤,思欲解世纷。心随长风去,吹散万里云。羞作济南生,九十诵古文。不然拂剑起,沙漠收奇勋。老死阡陌间,何因扬清芬。夫子今管乐,英才冠三军。终与同出处,岂将沮溺群。(《赠何七判官昌浩》)

他所蔑视的济南生,是儒家人物;长沮、桀溺,是道家一派的隐君子;儒之规矩,在他看来是迂腐;道之逍遥,在他眼中是没出息。而他喜欢的,是"平明空啸咤,思欲解世纷",这当然是侠客一类,看来他还是最向往侠的那种快意人生。因何快意?因为侠该出手时就出手,既不像儒家那样自挑重担有所为,又不必像道家那样自我约束有所不为。

其实,他又何曾拂剑而起,沙漠收奇勋?他是把他想象中的生活,或者向往中的生活,当成了自己现实的生活,然后,又以此贬低他人——也就是说,他拿自己实际上并未达到的境界来贬低别人的生活,这对他人显然是不公正的。但这正是他的个性,也是庄子的个性:庄子其实也就是想象出一种生活,然后以此藐视现实中芸芸众生的生活方式。但庄子这样做是没有问题的,因为庄子表达的是哲学,哲学本质上就是告知我们现实生活的欠缺,然后为我们提供一种可能性,告知我们一种可能的生活。而李白则用理想自诩,并拿理想责他。可见,对现实,他比庄子更加激烈,而且他还有了庄子特别警惕和抵制的东西:自以为是。所以,庄子是哲人,他是诗人;庄子是深刻,他是天真。庄子心中是悲悯,眼中是泪水;李白心中是蔑视,眼中是冷笑。

与他动不动就揶揄圣贤相映成趣的,是李白总是对历史上的侠客义士纵横之徒表达敬意:

> 君不见高阳酒徒起草中,长揖山东隆准公。入门不拜骋雄辨,两女辍洗来趋风。东下齐城七十二,指麾楚汉如旋蓬。狂生落拓尚如此,何况壮士当群雄!(《梁甫吟》)

再看他的《结袜子》:

> 燕南壮士吴门豪,筑中置铅鱼隐刀。感君恩重许君命,泰山一掷轻鸿毛。

## 附录　李白与《庄子》

"筑中置铅鱼隐刀",李白不光是说说,他可能真正杀过人,魏颢《李翰林集序》说李白"少任侠,手刃数人"。崔宗之《赠李十二白》:

> 李侯忽来仪,把袂苦不早。清论既抵掌,玄谈又绝倒。分明楚汉事,历历王霸道。担囊无俗物,访古千里馀。袖有匕首剑,怀中茂陵书。双眸光照人,词赋凌子虚。

崔宗之笔下的李白,气质、性情都是侠客,或言王霸的纵横家。为什么李白把自己弄成这样的面目?因为在李白看来,这样的人物,"纵死侠骨香,不愧世上英。谁能书阁下,白首太玄经"(《侠客行》)。

我们看他的《嘲鲁儒》:

> 鲁叟谈五经,白发死章句。问以经济策,茫如坠烟雾。足著远游履,首戴方山巾。缓步从直道,未行先起尘。秦家丞相府,不重褒衣人。君非叔孙通,与我本殊伦。时事且未达,归耕汶水滨。

其实他自己胸中,又何尝有多少经济之策。但是,他仍然认为这些没有经济之策的鲁叟们"与我本殊伦",为什么?就是因为这些人困守一隅,正如庄子所嘲讽的不可以语于道的"曲士"。所以,他一生最看不得的,就是端居一室、白发章句的儒生,因为儒生是这个社会里最讲究规矩方圆的人:"儒生不及游侠人,白首下帷复何益。"(《行行且游猎篇》)他慕道,他向侠,但他轻儒。道飘逸,侠豪宕,都冲决藩篱。而儒,规矩,恪守藩篱。这种生活状态和精神状态,都执着于一端而不知变通,所以,他不喜欢。这与庄子契合。

如前所述,庄子的观念里,人之所以受拘束,人生之所以有局限,人心之所以被捆绑,乃在于人的经验、知识、常识和观念。所以,破除世俗的价值观是庄子哲学使命之最重要的一项。这一点,李白几乎在天性上就与庄子契合。所以,你无须在李白那里找他一心向慕的人,其实,他没有永远喜欢的人,也没有永远不喜欢的人,喜欢不喜欢,全看当时瞬间他的心境以及他要表达的心情。王琦的《李太白全集》中有一首诗《草书歌行》,狂放浩荡,风格绝似李白,苏东坡却说绝非太白所作,因为其中的"牋麻绢素排数厢"村气可掬。其实,李白村气可掬的句子多得是,"金樽清酒斗十千,玉盘珍羞直万钱"岂不更是村气可掬?甚至还可以说俗气可厌。但是,我们不这么觉得,就是因为他就是这样没分晓的人,王琦也附和东坡,认为该诗不是李白所作,他的理由是:

> 以一少年上人而故贬王逸少、张伯英以推奖之,大失毁誉之实。至张旭与太白同酒中八仙之游,而作诗称诩有"胸藏风云世莫知"之句,忽一旦而訾其"老死不足数",太白决不没分别至此。断为伪作,信不疑矣。

其实,这是王琦对"没分别"的李白不了解。庄子是"没分别"的理论家,李白是"没分别"的实践者。他的诗中,涉及到人,无论古人今人,他何曾有定评?当代人中,如哥舒翰,他一则骂曰:"君不能学哥舒,横行青海夜带刀,西屠石堡取紫袍。"(《答王十二寒夜独酌有怀》)可是,在《述德兼陈情上哥舒大夫》里,他又如此夸奖哥舒翰:

> 天为国家孕英才,森森矛戟拥灵台。浩荡深谋喷江海,纵横逸气走风雷。丈夫立身有如此,一呼三军皆披靡。卫青谩作大将军,白起真成一竖子。

而且,在夸奖哥舒翰的时候,还不惜贬低卫青、白起这样的历史名将,其实,从战功上讲,哥舒翰哪里可及白起;从品行及为国尽忠上讲,这个"长戟三十万,开门纳凶渠"(《经乱离后天恩流夜郎忆旧游书怀赠江夏韦太守良宰》)的叛将,又如何及得卫青。但李白就这样"没分别"。而且,他本来就爱用贬法来褒人——贬低他人,抬高要歌颂的人。这种方法其实也是来自于庄子,或者说,来自于对庄子的误解。在他看来,庄子《逍遥游》岂不就是用贬斥蜩、鸴鸠、斥鷃来抬举大鹏,《齐物论》甚至贬低泰山来抬举秋毫之末,贬低彭祖来抬高殇子。周勋初先生《李白评传》说庄子"以为世上不可能有绝对的价值判断",而李白受此影响,"洒脱不拘,没有什么陷溺于一端而终身沉潜于是的地方"[1],周先生接着举了很多例子来说明李白对人物的评价没有定准,忽而推崇,忽而贬低,忽而大唱赞歌,忽而又戏侮嘲弄。被李白这样"不公正对待"的人物,包括尧、舜、孔子、姜尚、诸葛亮、陶渊明等古来圣贤。即使他一生最为推崇的战国人物鲁仲连[2],李白也有另外的论调:

> 哭何苦而救楚,笑何夸而却秦。吾诚不能学二子沽名矫节以耀世兮,固将弃天地而遗身。(《鸣皋歌,送岑征君(时梁园三尺雪,在清泠池作)》)

其实,庄子因为倡导齐物、齐论,他的心中本无神圣,并且,由于世俗往往将一应价值观寄托于神圣,为了反对世俗价值观,他还必须专门挑战神圣。胡应麟《少室山房笔丛·九流绪论上》言庄子:"自神农以至汤武,靡不在其戏侮之列。"这一点,又特别契合李白飞扬跋扈、目空天下的个性,他不仅在

---

[1] 周勋初《李白评传》,南京:南京大学出版社,2005年,第175页。
[2] 裴斐《李白与历史人物》(上)统计,李白诗文中共有十九首(篇)提到鲁仲连并大加赞赏,载《文学遗产》1990年第3期。

现实中"戏万乘若僚友,视俦列如草芥"(苏轼《李太白碑阴记》),而且在历史上,几无可以入他法眼的人物。请看他的《笑歌行》:

> 笑矣乎,笑矣乎。君不见曲如钩,古人知尔封公侯。君不见直如弦,古人知尔死道边。张仪所以只掉三寸舌,苏秦所以不垦二顷田。笑矣乎,笑矣乎。君不见沧浪老人歌一曲,还道沧浪濯吾足。平生不解谋此身,虚作离骚遣人读。笑矣乎,笑矣乎。赵有豫让楚屈平,卖身买得千年名。巢由洗耳有何益,夷齐饿死终无成。君爱身后名,我爱眼前酒。饮酒眼前乐,虚名何处有。男儿穷通当有时,曲腰向君君不知。猛虎不看几上肉,洪炉不铸囊中锥。笑矣乎,笑矣乎。宁武子,朱买臣,扣角行歌背负薪。今日逢君君不识,岂得不如伴狂人。

所骂之人,不是历史上的道德模范,就是历史上的成功人士,成仁也好,成功也好,一概不好。"古来圣贤皆寂寞,惟有饮者留其名"(《将进酒》),他哪里是在为圣贤抱不平?他就是在嘲弄。他的心中,圣贤也不好:

> 青云少年子,挟弹章台左。鞍马四边开,突如流星过。金丸落飞鸟,夜入琼楼卧。夷齐是何人,独守西山饿。——《少年子》

对夷齐这样被孔子肯定为"求仁得仁"(《论语·述而》),司马迁列入《列传》之首,称赞其"末世争利,唯彼奔义,让国饿死,天下称之"(《太史公自序》)的"仁义"之人,李白也如此不敬,以一轻狂少年的口吻,加以嘲弄。

岂止夷齐?孔子本人也在他的辱弄之下,他会带着不敬的口吻称孔子为"鲁叟"(《早秋赠裴十七仲堪》),《庐山谣,寄

卢侍御虚舟》公开宣称:

> 我本楚狂人,凤歌笑孔丘。

但若你认为这是他对孔子的基本态度,那又错了,在《书怀赠南陵常赞府》中,他又称孔子为"大圣",并自谦为"小儒",对孔子推崇备至,一点也不狂了。

圣贤都被推翻了。那么,历来帝王呢?请看他的《经乱离后天恩流夜郎忆旧游书怀赠江夏韦太守良宰》:

> 天上白玉京,十二楼五城。仙人抚我顶,结发受长生。误逐世间乐,颇穷理乱情。九十六圣君,浮云挂空名。天地赌一掷,未能忘战争。试涉霸王略,将期轩冕荣。时命乃大谬,弃之海上行。

"九十六圣君",王琦注引杨齐贤曰:"自秦始皇至唐玄宗,中国传绪之君,凡九十有六。"而这九十六君,包括对他极为关照和宽容的唐玄宗,都被他一笔抹杀。而接下来的句子中,频繁出现的《庄子》典故显示出,《庄子》正是他这种唐突圣贤、颠倒贵贱思想的来源。"天地赌一掷,未能忘战争","轩冕"、"时命大谬"等等,都出自《庄子》。

《庄子·齐物论》:"自我观之,仁义之端,是非之塗,樊然殽乱,吾恶能知其辩!"庄子常用"辩"来表示"辨",如《逍遥游》中的"小大之辩",其实就是"小大之辨"。辨者,分别也。没分别,是庄子的思想;没分别,是李白的性格!

(二) 其次,我们再看看他的"自由"。

我这里的"自由",并非现代哲学概念或法律概念,而是中国古代的一种人生状态或态度,从汉语的结构上讲,自由,就是"由自","不由径路",不守规矩,而由着自己的性子来。纵观李白的一生,他确实是不走寻常路,不随大流,而是我行我素,随心适性。他自己说"安能摧眉折腰事权贵,使我不得开心颜"(《梦游天姥吟留别(一作别东鲁诸公)》),"一醉累月轻王侯"(《忆旧游,寄谯郡元参军》),这是不事权贵;杜甫说他"天子呼来不上船,自言臣是酒中仙"(《饮中八仙歌》),这是不奉天子;苏轼《李太白碑阴记》说李白"戏万乘若僚友,视俦列如草芥",任华说李白"平生傲岸其志不可测。数十年为客,未尝一日低颜色。八咏楼中坦腹眠,五侯门下无心忆"(《杂言寄李白》),可见他的风骨。当然,现实中,李白常常和各类地方和中央的权贵打交道,并恭维他们,给他们送诗,对唐玄宗,他也一直感念他的恩宠,这不能说李白不向往自由,只能说明我们虽然向往自由,却又无往不在枷锁之中,这是全人类的命运,非只李白一人。李白能够感受到人生的掣肘,并试图摆脱与反抗,这已经很是可贵。"不屈己,不干人"、"平交王侯",在艰难的人生,能有如此的表现,已然不易。

李白心中自许的形象是"大鹏",而心中最为得意的人格是"仙人",他一生非常得意的称号,就是"谪仙人",贺知章送给他的,从此以后,他到处宣传这一称号。在他的心目中,这种称号,使得他与一般凡人判然两分,他以此自豪,也以此傲人。《代寿山答孟少府移文书》说自己"天为容,道为貌",这样的表述出自《庄子·德充符》:

> 惠子谓庄子曰:"人故无情乎?"庄子曰:"然。"惠子曰:"人而无情,何以谓之人?"庄子曰:"道与之貌,天与之形,恶得不谓之人?"

庄子是在说人类乃是天道的产物,李白显然意识到了庄子的这个说法赋予了人类高贵的出身,有着对自我极大自负的李白,借此说法来描述自己的外貌和气质,里面暗含的意思却是排他性的:那就是,他才是天与道的产物,而不是庄子讲的所有人。《日出入行》诗中说:"吾将囊括大块,浩然与溟涬同科。""大块""溟涬",也是庄子的词汇,他想表达的,还是他与众不同的天赋。他为什么特别中意"谪仙人"的称号?因为既然他是来自于上天的仙人,他就拥有了与人间芸芸众生不同的出身和命运,拥有了与别人不同的特权,他以此可以要求人间特殊的对待,获得别人没有的自由,或者,预先容许、宽恕了他对人间礼仪、规范、政治、法律等等的冒犯。日本学者松浦友久在《"谪仙人"之称谓及其意义》[1]中,指出了"谪仙人"这个称号包含着三个方面的内涵:"才能的超越性,社会关系上的客体性、客寓性,言论行动上的放纵性、非拘束性。"我们知道,无论是庄子笔下的"仙人",还是后来道教中的仙人,本来就包含着摆脱人世羁绊、自由自在的意思。《庄子·天地》:

> 千岁厌世,去而上仙。乘彼白云,至于帝乡。三患莫至,身常无殃。则何辱之有!

我们可以说,中国文化中,"仙人"形象的出现,其核心内涵,除了长生久视的梦想,就是自由的梦想。

苏辙批评李白不识义理,没有是非:"李白诗类其为人,骏发豪放,华而不实,好事喜名,不知义理之所在也。语用兵,则先登陷阵,不以为难;语游侠,则白昼杀人,不以为非。"(《诗病五事》)说到杀人,宋人文明了,以此为非,而唐人似乎对此并不像宋人那么敏感,唐代诗人中,吹嘘杀人者,还不在少数,如崔颢《游侠篇》:"杀人辽水上,走马渔阳归。"孟郊《游

---

[1] 松浦友久《"谪仙人"之称谓及其意义》,《荆州师范学院学报(社科版)》2000年第1期。

侠行》:"壮士性刚决,火中见石裂。杀人不回头,轻生如暂别。"王昌龄《杂兴》:"握中铜匕首,粉锉楚山铁。义士频报雠,杀人不曾缺。"等等,而以李白为尤甚。其《结客少年场行》:"笑尽一杯酒,杀人都市中。"《白马篇》:"杀人如剪草,剧孟同游遨。"最为人记忆与非议的则是下面这一首:

> 赵客缦胡缨,吴钩霜雪明。银鞍照白马,飒沓如流星。十步杀一人,千里不留行。事了拂衣去,深藏身与名。闲过信陵饮,脱剑膝前横。将炙啖朱亥,持觞劝侯嬴。三杯吐然诺,五岳倒为轻。眼花耳热后,意气素霓生。救赵挥金槌,邯郸先震惊。千秋二壮士,煊赫大梁城。纵死侠骨香,不愧世上英。谁能书阁下,白首太玄经。(《侠客行》)

其实,这"十步杀一人,千里不留行",正是来自《庄子·说剑》:"臣之剑,十步一人,千里不留行。"把侠客行径与道家藐视价值结合起来,所以,龚自珍要说"儒、仙、侠实三,不可以合,合之以为气,又自白始也"(《最录李白集》)。

再看下一首:

> ……男儿百年且乐命,何须徇书受贫病。男儿百年且荣身,何须徇节甘风尘。衣冠半是征战士,穷儒浪作林泉民。遮莫枝根长百丈,不如当代多还往。遮莫姻亲连帝城,不如当身自簪缨。看取富贵眼前者,何用悠悠身后名。(《少年行三首》其三)

嘲笑守节独善的"穷儒",毫不遮掩地艳羡富贵,是侠客口吻;但是,蔑弃"悠悠身后名",则又是道家的观点。更值得注意的是其中的两个"徇"字,"徇书""徇节",王琦注引《三国志》云:"先轸丧元,王蠋绝脰,殒身徇节,前代美之。徇谓以身从物也。"这种以身从物的"徇"(即殉)是讲究祭祀供奉的儒家特别推崇的"牺牲"精神,却正是庄子加以否定的伤生害天之举。《庄子·盗跖》:"小人殉财,君子殉名",二者所"徇"虽有不同,而以身从物则一,这样的小人和君子,都是庄子所否定的。对他们这种"弃其所为而殉其所不为"的行为,庄子很是不解,所以,他提倡"无为小人,反殉而天;无为君子,从天之理"。他告诫我们:"无赴而富,无殉而成,将弃而天。"(以身徇物以图有所得,将会丢弃你的天性)(《庄子·盗跖》)

(三)大鹏还暗寓着李白的一个特别的人生态度:超常规崛起。

李白一生,追求成大功、立大业,可是,在那样一个科举已经成为士人人生常规阶梯的时代,他却一直不愿通过科举仕进,而寄希望于一朝之间,振拔于世俗,实现超常规崛起。这一点,周勋初先生的《李白评传》也有所论及:"唐代士人的仕进,已经群趋科举一路,李白却仍据守汉魏六朝的传统,只求通过献赋与隐逸而求得晋身,还想趁乱而施展纵横之术……"[①]我们来看看他在《大鹏赋》中的描写:"蹶厚地,揭太清。亘层霄,突重溟。"既是自由的人生形态,也是突破常规、自我实现的人生形态。"激三千以崛起,向九万而迅征。"显然,他不屑于那种按部就班、平庸的人生道路,而追求狂飙突起、一步登天的人生奇迹。李白之所以不屑于走科举之途,他认为那样太循规蹈矩了,他对一切规矩方圆有着一种本能的拒绝和反感。拘泥的思想、拘谨的个性、拘束的行为、按部就班的人生,都为他所不齿。这也正是《庄子》所不齿的:"井蛙不可以语于海者,拘于虚也;夏虫不可以语于冰者,笃于时

---

① 周勋初《李白评传》,南京:南京大学出版社,2005年,第160页。

也;曲士不可以语于道者,束于教也。"(《秋水》)所以,他向慕的,是战国之时的一朝成名、立取富贵,事实上,他一生所作所为,就是游荡江湖,博取名声,然后等待着君王的安车蒲轮。实际上,李白追慕的,就是这样的成功,或者说,通过这样的方式获得的成功。他果然等到了唐玄宗,等到了唐玄宗的"降辇步迎",不过最后双方彼此都很失望;后来又等到了永王李璘,等到了永王李璘的奉金三请,但结局更惨——这是他的悲剧,由他的性格造成。他这样的人头脑发热,追随永王,是很正常的。因为他觉得,这安史之乱之后战云四起的中原大地,简直就是战国和楚汉相争时代的重现,是他梦寐以求的展现自己的舞台的重现,他的"为君谈笑静胡沙"的机会来了:

> 试借君王玉马鞭,指挥戎虏坐琼筵。南风一扫胡尘静,西入长安到日边。(《永王东巡歌》)
> 燕昭延郭隗,遂筑黄金台。剧辛方赵至,邹衍复齐来。(《古风》)

平庸者的人生,乃是按世俗的设计,走常规的道路,展自己之才干,投社会之所好,正如《大鹏赋》中所嘲笑的蓬莱之黄鹄,夸金衣与菊裳;苍梧之玄凤,耀彩质与锦章——这都是他耻于为伍的。上文提到李白一系列的写给朝廷或地方要员的自荐信,在这些自荐书中,他大肆吹嘘自己,大言不惭,一方面是他自大自负,一方面也是想通过这样的方式,被人一朝识拔,立登卿相。《为赵宣城与杨右相书》以宣城太守赵悦口吻,感激杨国忠抬举:"落羽再振,枯鳞旋跃,运以大风之举,假以摩天之翔。"显然,庄子笔下的大鹏,尤其是大鹏的怒而飞、抟扶摇而上者九万里的狂飙突起一旦成名,威震天下,给了李白非常的人生想象,也影响了他对人生成功道路和模式的选择。

从这个意义上说,李白的大鹏,是人间的大鹏,是功名的大鹏,而非庄子超然人间的大鹏。《逍遥游》中的大鹏,是对人间的超越,《大鹏赋》中的大鹏,是对人生的超越。二者的区别是,庄子用大鹏的超凡绝俗表达对人间价值的否定,李白则用大鹏的飞扬跋扈来表达对人生价值的追求。简言之,从艺术上讲,李白在《庄子·逍遥游》里,只取大鹏一端并且加以铺排,变本而加厉;从思想内涵上讲,大鹏变成李白积极向上、横空出世、大展其世俗宏图的形象体现。

这不仅表现在《大鹏赋》以及我们前面提到的《上李邕》《临路歌》中,在他的诸多作品中都有表现。如:

> 北溟有巨鱼,身长数千里。仰喷三山雪,横吞百川水。凭陵随海运,烜赫因风起。吾观摩天飞,九万方未已。(《古风》三十三)

这首诗中的大鹏,固然没有涉及具体的世俗内容,但是,其中昂扬奋发、积极向上的精神内涵,还是可以感受到的。而《赠宣城赵太守悦》结篇的"溟海不振荡,何由纵鹏鲲。所期玄津白,倜傥假腾骞",其中显示的世俗事业内涵,非常明白。下一首诗,其世俗事业心的表达,就更直露无遗了——

> 淮南望江南,千里碧山对。我行倦过之,半落青天外。宗英佐雄郡,水陆相控带。长川豁中流,千里泻吴会。君心亦如此,包纳无小大。摇笔起风霜,推诚结仁爱。讼庭垂桃李,宾馆罗轩盖。何意苍梧云,飘然忽相会。才将圣不偶,命与时俱背。独立山海间,空老圣明代。知音不易得,抚剑增感慨。当结九万期,中途莫先退。(《赠从弟宣州长史昭》)

在"才将圣不偶,命与时俱背。独立山海间,空老圣明代"的苦闷之中,他和从弟李昭约定:"当结九万期,中途莫先退。"显然,这里的大鹏,不是庄子的超然世外,恰恰是入世极深,他把庄子远离人间的"九万里"之高,变成了人间富贵、地位、成就的"九万里"之高,出世之远变成了入世之深,精神境界之高变成了世俗地位之高。庄子面对"时""命",是乐天知命,是"知其不可奈何而安之若命",并声称这才是"德之至也"(《人间世》);而李白却告诫他的从弟,"中途莫先退",大有"知其不可而为之"的儒家的精神。可见,道家的、庄子的大鹏,在李白那里,被儒家化了。

> 凤凰丹禁里,衔出紫泥书。昔放三湘去,今还万死馀。仙郎久为别,客舍问何如。涸辙思流水,浮云失旧居。多惭华省贵,不以逐臣疏。复如竹林下,叨陪芳宴初。希君生羽翼,一化北溟鱼。(《江夏使君叔席上赠史郎中》)

先用庄子"涸辙"之典,说自己犹如即将进入鲍鱼之肆的无望之鱼,最后用鲲化为大鹏来祝福朋友,希望他富贵如意,鹏程万里。用来对比之物,都出自庄子。

从接受的角度说,误读也是一种接受,有时候恰恰是一种创造性的接受、革命性的接受,这样的误读往往发生在自我力量强大的后人身上,李白,就是这样的人物。

## 第三节 《逍遥游》与李白的诗歌风格

《逍遥游》除了主题上的对世俗价值观、知识、经验的超越外,与此相应的艺术上的大时空视野,也对后人产生了巨大的影响,李白是对此感受极深、体会极深并得其真传的第一人。

思想上的大,导致艺术上的别开生面——他与庄子一样,不能再如实再现事实世界,而要虚构一个超越我们经验之外的世界,只有在这样的世界里才能安放自己的情怀。

《逍遥游》的艺术特征或表述方式是:以作者心灵中的超越性意象的描摹,构建超经验世界,以实现对现实经验世界的超越与否定,从而表达出自己的思想世界。

《逍遥游》一开头,即描述了一个令人目眩神惊的弘大世界以及弘大事物:

> 北冥有鱼,其名曰鲲。鲲之大,不知其几千里也;化而为鸟,其名为鹏。鹏之背,不知其几千里也;怒而飞,其翼若垂天之云。是鸟也,海运则将徙于南冥。南冥者,天池也。齐谐者,志怪者也。谐之言曰:"鹏之徙于南冥也,水击三千里,抟扶摇而上者九万里,去以六月息者也。"

这样的大鱼,这样的大鸟,完全超越我们的经验之外。为什么作者要把这样的大鱼放在遥远而神秘的"北冥",并让它的目的地是一样遥不可及的"南冥"? 还要让它飞在九万里的高空? 这是庄子要以此和我们的经验拉开距离,他要以不可及之远和九万里之高,超越我们的经验,所以,鲲鹏所在,不但不能是我们身边的池塘门前的小河,甚至也不能是我们耳熟能详的大江大海——因为这些水域都无法安置数千里之大的鲲鹏。但是,庄子显然明白,不能安置这样巨大的鲲鹏的,不仅是有形之水域和天空,更是人类有限之经验和想象力。所以,他创造这样超凡脱俗的神奇之物,还要把它根植到人们自以为是、固步自封的头脑中,简直是一件不可能完成的工作。庄子是在冒险,但是,他何尝不是在拒绝:他笔下的不可企及的世界以及超越我们经验的事物,就是一道阅读的门槛:读者若能抛弃自我的经验,就进来,接着往下读;读者若凭一己的经验,对此摇头,那就掉头而去好了——这样的世界你无法进入。

这样的超经验世界,在庄子笔下比比皆是。比如《外物》这一段:

> 任公子为大钩巨缁,五十犗以为饵,蹲乎会稽,投竿东海,旦旦而钓,期年不得鱼。已而大鱼食之,牵巨钩,錎没而下,骛扬而奋鬐,白波如山,海水震荡,声侔鬼神,惮赫千里。任公得若鱼,离而腊之,自制河以东,苍梧已北,莫不厌若鱼者。

其人、其事、其鱼,都完全在经验之外。现在一般庄子研究者在说到《逍遥游》中的大鹏、《外物》中的任公子之事,都认为庄子是使用了修辞中的"夸张"手法,其实这是一个极大的误会。何为夸张?夸张是对经验世界中既有之物的本体或功能予以合理夸大,其目的是使受众对所夸大之物的某些客观属性产生深刻的印象。而那些本来就是作者出于表达某种意念思想而虚构出来的超经验事物,则无论如何不合常理,如何神奇腐朽,都不是夸张——因为,这些神奇本来就是虚构之物的属性,作者虚构这样的事物,就是要虚构这样的属性,并以此表达自己的世界观或某些主观意志。比如说,《水浒》描写一般人走得快,"飞一般走了",这就是夸张;但是,《水浒》写戴宗走得快,就不是夸张,而是虚构。

所以,区分夸张与虚构的关键,看所描述之物、之事是否来自经验世界。从这一角度看去,庄子笔下的种种神奇,都是虚构而非夸张。可以说,虚构一个超经验的世界,以此实现对经验世界的超越与否定,对人类建立在有限知识、经验

附录 李白与《庄子》

和观念基础之上的自大、自负、自以为是进行否定和嘲弄,并试图以此破除我们心中的迷执,打开世界之窗,是庄子哲学的核心。

李白当然不会把这样的哲学使命当成自己的尘世事业,他只是一个兴高采烈的诗人,一个急切地要自我实现,甚至只是一个要在热闹繁华的时代自我表现的诗人。但是,庄子的大时空超现实深刻地影响了李白。他凭着他的艺术天赋,凭着他的超人的艺术感受力,他对庄子通过虚构外在世界表达内在心灵的艺术手法别有会心。正如我们误会庄子一样,我们也把李白笔下的很多神奇理解为他的夸张,其实,他和庄子一样,是在进行着虚构,并且,他自己常常就待在这虚构的意境中。

最能代表李白这类诗歌特征的,是他的成名作《蜀道难》,这首诗被吴震方辑入《放胆诗》,放胆者,作诗不宜小心翼翼,而应放手大胆之谓也,故该诗集专选唐人五七言长篇,凡想象奇特、造语险怪、瑰丽奔放者皆选之。吴震方称《蜀道难》是"出鬼入神,惝恍莫测"(《放胆诗》)。焦袁熹《此木轩论诗汇编》也称:

> "连峰去天不盈尺",无理之极,俗本作"连峰入烟几千尺",有理之极。无理之妙,妙不可言。有理之不妙,其不妙亦不可胜言。①

俗本的"连峰入烟几千尺",是夸张。而李白原文是"连峰去天不盈尺",是别构神奇。徐增《而庵说唐诗》:

> "尔来四万八千岁",此云总非实据也。人言文人无

---

① 焦袁熹《此木轩论诗汇编》,转引自陈伯海《唐诗汇评》,杭州:浙江教育出版社,1995年,第572页。

实语,而不知文章家妙在跌宕,每说到已甚,太白用此,正跌宕法也。……"蜀道之难,难于上青天"……篇中凡三见,与《庄子·逍遥游》叙鲲鹏同。吾尝谓作长篇古诗,须读《庄子》、《史记》。子美歌行纯学《史记》,太白歌行纯学《庄子》。故两先生为歌行之不绝,不诬也。[①]

《史记》是实录历史,要的是真实;《庄子》是诗化哲学,多的是虚构。杜甫、李白,各有性情,也就各投所好。

《送王屋山人魏万还王屋》一诗是作者仰慕魏万,赞美其"爱文好古,浪迹方外,因述其行而赠是诗",诗一开始写仙人东方生:

> 仙人东方生,浩荡弄云海。沛然乘天游,独往失所在。

笔下的时空就非人间所有,好歹这还是写所谓的仙人东方生,但是,接着写魏万之游历,竟然也是这样的超越性的时空:

> 揭来游嵩峰,羽客何双双。朝携月光子,暮宿玉女窗。……涛卷海门石,云横天际山。白马走素车,雷奔骇心颜。遥闻会稽美,且度耶溪水。万壑与千岩,峥嵘镜湖里。秀色不可名,清辉满江城。人游月边去,舟在空中行。……

不仅有"涛卷海门石,云横天际山"的夸张,还有"人游月边去,舟在空中行"的神奇。

至于他写自己的梦游,那就更是挣脱一切束缚,随心所

---

[①] 徐增《而庵说唐诗》卷五,《四库存目丛书》集部第396册,济南:齐鲁书社,1997年,第615—617页。

欲,逍遥游了,《梦游天姥吟留别(一作别东鲁诸公)》云:

> 海客谈瀛洲,烟涛微茫信难求。越人语天姥,云霓明灭或可睹。天姥连天向天横,势拔五岳掩赤城。天台四万八千丈,对此欲倒东南倾。我欲因之梦吴越,一夜飞度镜湖月。湖月照我影,送我至剡溪。
>
> 谢公宿处今尚在,渌水荡漾清猿啼。脚著谢公屐,身登青云梯。半壁见海日,空中闻天鸡。千岩万转路不定,迷花倚石忽已暝。熊咆龙吟殷岩泉,栗深林兮惊层巅。云青青兮欲雨,水澹澹兮生烟。列缺霹雳,丘峦崩摧。洞天石扉,訇然中开。青冥浩荡不见底,日月照耀金银台。霓为衣兮风为马,云之君兮纷纷而来下。虎鼓瑟兮鸾回车,仙之人兮列如麻。忽魂悸以魄动,怳惊起而长嗟。惟觉时之枕席,失向来之烟霞。世间行乐亦如此,古来万事东流水。别君去时何时还,且放白鹿青崖间,须行即骑访名山。安能摧眉折腰事权贵,使我不得开心颜。

我们知道,天姥山并不高,天姥山主峰天姥岑的海拔高程也就一千米。而天台山华顶峰海拔比天姥山高一百三十八米,李白偏偏要说"天台四万八千丈,对此欲倒东南倾",他的心中,何曾尊重过事实。这其实与庄子"泰山为小,秋毫为大"一脉相承。而下文他写的梦游,全然是想象虚构之境,现实的常识的时空已经完全被打破,呈现出来的,是心灵的时空,是超经验的时空。

> 日出东方隈,似从地底来。历天又入海,六龙所舍安在哉。其始与终古不息,人非元气安得与之久裴徊。草不谢荣于春风,木不怨落于秋天。谁挥鞭策驱四运,

万物兴歇皆自然。羲和羲和,汝奚汩没于荒淫之波。鲁阳何德,驻景挥戈。逆道违天,矫诬实多。吾将囊括大块,浩然与溟涬同科。(《日出行(一作日出入行)》)

再看他的《游泰山六首(天宝元年四月从故御道上泰山)》:

……登高望蓬瀛,想象金银台。天门一长啸,万里清风来。玉女四五人,飘飖下九垓。含笑引素手,遗我流霞杯。稽首再拜之,自愧非仙才。旷然小宇宙,弃世何悠哉。(其一)

清晓骑白鹿,直上天门山。山际逢羽人,方瞳好容颜。扪萝欲就语,却掩青云关。遗我鸟迹书,飘然落岩间。其字乃上古,读之了不闲。感此三叹息,从师方未还。(其二)

平明登日观,举手开云关。精神四飞扬,如出天地间。黄河从西来,窈窕入远山。凭崖揽八极,目尽长空闲。偶然值青童,绿发双云鬟。笑我晚学仙,蹉跎凋朱颜。踌躇忽不见,浩荡难追攀。(其三)

清斋三千日,裂素写道经。吟诵有所得,众神卫我形。云行信长风,飒若羽翼生。攀崖上日观,伏槛窥东溟。海色动远山,天鸡已先鸣。银台出倒景,白浪翻长鲸。安得不死药,高飞向蓬瀛。(其四)

朝饮王母池,暝投天门关。独抱绿绮琴,夜行青山间。山明月露白,夜静松风歇。仙人游碧峰,处处笙歌发。寂静娱清晖,玉真连翠微。想像鸾凤舞,飘飖龙虎衣。扪天摘匏瓜,恍惚不忆归。举手弄清浅,误攀织女机。明晨坐相失,但见五云飞。(其六)

写游历写到碰见玉女、羽人、得道仙人、众神、织女,简直写得神乎其神,令人不辨真假。这当然和他求道学仙、走火入魔有关,但也与庄子的那种超越现实、以心造境的为文路数一脉相承。

其他如《天台晓望》,他竟然能够望见"云垂大鹏翻,波动巨鳌没。风潮争汹涌,神怪何翕忽"。《早望海霞边》,他竟然在想、在等:"举手何所待,青龙白虎车。"这样的痴想痴等,是一再想、一再等:"石壁望松寥,宛然在碧霄。安得五彩虹,驾天作长桥。仙人如爱我,举手来相招。"(《焦山望寥山》)并且照他的说法,还真的等到了:

> 西上太白峰,夕阳穷登攀。太白与我语,为我开天关。愿乘泠风去,直出浮云间。举手可近月,前行若无山。一别武功去,何时复见还。(《登太白峰》)

实际上,李白耸人听闻处,大言、狂言、诳语、飞扬跋扈语,都是受庄子的影响。除了我们上面举出的例子以外,这类超现实的意象在李白的诗中不胜枚举,如《古风》第十九首:

> 西上莲花山,迢迢见明星。素手把芙蓉,虚步蹑太清。霓裳曳广带,飘拂升天行。邀我登云台,高揖卫叔卿。恍恍与之去,驾鸿凌紫冥。俯视洛阳川,茫茫走胡兵。流血涂野草,豺狼尽冠缨。

他不仅可以上见明星、手把芙蓉、虚步太清,他还能下见洛川,看见胡兵茫茫、流血涂野、豺狼冠缨。

《庐山遥寄卢侍御虚舟》也一样,他可以俯瞰神州大地:

> 登高壮观天地间,大江茫茫去不还。黄云万里动风色,白波九道流雪山。

还可以仰望太清玉京:

遥见仙人彩云里,手把芙蓉朝玉京。先期汗漫九垓上,愿接卢敖游太清。

《梁甫吟》:

我欲攀龙见明主,雷公砰訇震天鼓,帝旁投壶多玉女。三时大笑开电光,倏烁晦冥起风雨。阊阖九门不可通,以额叩关阍者怒。

看他如何写自己饮酒:

……我歌白云倚窗牖,尔闻其声但挥手。长风吹月度海来,遥劝仙人一杯酒。酒中乐酣宵向分,举觞酹尧尧可闻。何不令皋繇拥篲横八极,直上青天挥浮云。

高阳小饮真琐琐,山公酩酊何如我。竹林七子去道赊,兰亭雄笔安足夸。尧祠笑杀五湖水,至今憔悴空荷花。尔向西秦我东越,暂向瀛洲访金阙。蓝田太白若可期,为余扫洒石上月。(《鲁郡尧祠送窦明府薄华还西京(时久病初起作)》)

下面这首又哪里是真实的事件:

韩众骑白鹿,西往华山中。玉女千馀人,相随在云空。见我传秘诀,精诚与天通。何意到陵阳,游目送飞鸿。天子昔避狄,与君亦乘骢。拥兵五陵下,长策遏胡戎。时泰解绣衣,脱身若飞蓬。鸾凤翻羽翼,啄粟坐樊笼。海鹤一笑之,思归向辽东。黄山过石柱,巘崿上攒丛。因巢翠玉树,忽见浮丘公。又引王子乔,吹笙舞松风。朗咏紫霞篇,请开蕊珠宫。步纲绕碧落,倚树招青童。何日可携手,遗形入无穷。(《至陵阳山登天柱石,酬韩侍御见招隐黄山》)

附录　李白与《庄子》

据《韵语阳秋》卷十一载：

> 李太白《古风》两卷，近七十篇，身欲为神仙者，殆十三四：或欲把芙蓉而蹑太清，或欲挟两龙而凌倒景，或欲留玉舄而上蓬山，或欲折若木而游八极，或欲结交王子晋，或欲高挹卫叔卿，或欲借白鹿于赤松子，或欲餐金光于安期生。岂非因贺季真有谪仙之目，而固为是以信其说邪？抑身不用，郁郁不得志，而思高举远引邪？①

葛立方发现了李白在《古风》近七十首里，"身欲为神仙者，殆十三四"。为什么这样？他的猜测是两个原因：一是李白自以为是谪仙；二是现实的压抑促使他想着高思远引。其实，还有一个原因，那就是受庄子的影响，以心造之境实现对现实局限的超越。

其实，关于这一点，前人已有模糊的直觉和表达。

皮日休《刘枣强碑》说李白："言出天地外，思出鬼神表，读之则神驰八极，测之则心怀四溟，磊磊落落，真非世间语者。"②

王世贞《艺苑卮言》说李白："太白古乐府。杳冥惝恍，纵横变幻，极才人之致，然自是太白乐府。"③

姚鼐《五七言今体诗钞序目》说李白："盛唐人，禅也；李白则仙也。于律体中以飞动票姚之势，运旷远奇逸之思，此独成一境者。"④

---

① 葛立方《韵语阳秋》卷十一，上海：上海古籍出版社，1979年，第133—134页。
② 皮日休《皮子文薮》卷第四《刘枣强碑》，四部丛刊初编本。
③ 王世贞《艺苑卮言》，见丁福保《历代诗话续编》，北京：中华书局，1983年，第1006页。
④ 姚鼐《今体诗钞·五七言今体诗钞序目》(《四部备要》本)，北京：中华书局，1920年，第1页。

赵翼《瓯北诗话》说李白"(李白)诗之不可及处,在乎神超识迈,飘然而来,忽然而去,不屑屑于雕章琢句,亦不劳劳于镂心刻骨,自有天马行空,不可羁勒之势"。①

非世间语也好,杳冥惝恍也好,飞动票姚旷远奇逸也好,神超识迈天马行空也好,都是指李白虚构的迷离之境。这种迷离之境,并非实有,乃由心造,是心中的幻影,当然飘然而来,忽然而去。

其他如陈绎曾说李白:

> 李白诗……善掉弄,造出奇怪,惊动心目,忽然撇出,妙入无声,其诗家之仙者乎?格高于杜,变化不及。②

为何李白的诗格高于杜甫?就是因为李白超越了现实,摆脱了事实的羁绊,而入于无碍的表达自由。自由是艺术的最高境界,也是艺术手法的最高境界。而拘泥于事实的杜甫,虽然别有一份沉郁顿挫,但总是显得着力,在修辞之中显扛鼎之功,而李白则"乱头粗服,益见其佳"(《三唐诗品》)。

受《逍遥游》的影响,李白诗歌的意象往往是超越现实的。他很少对普通事物、日常生活、习见场景感兴趣,他也很少描述这些,这是他和杜甫的巨大区别,使得他的诗歌和杜甫的诗歌呈现出巨大的视觉上的差异,杜甫写自己的生活,皆真实、老实、平实、现实、朴实、写实、如实,比如写忧愁,杜甫只说:"烽火连三月,家书抵万金。白头搔更短,浑欲不胜簪。"(《春望》)"烽火连三月",写实;"家书抵万金",虽是夸张,却也是建立在基本事实的基础上——那时根本没有通家书的可能,所以,这无法用金钱来计算,他只是说,想通一封

---

① 赵翼《瓯北诗话》卷一,北京:人民文学出版社,1963年,第3页。
② 胡震亨《唐音癸籖》卷六引,上海:上海古籍出版社,1981年,第53页。

家书,就如同拥有一万金一样难——确实是一样难,因为都不可能。"白头搔更短",写实;"浑欲不胜簪",是夸张,却也是写实——简直要(浑欲)不胜簪,杜甫老实,他已经告诉你了,不是真的,或者已经"不胜簪",而是差一点就要"不胜簪"了。从发落稀少而短,到不胜簪,是合乎情理的。夸张的基本底线,就是合乎情理。

而李白是如何写的呢?"白发三千丈,缘愁似个长。不知明镜里,何处得秋霜。"(《秋浦歌》)这不再是夸张,因为它已经违背了基本事实,已经完全不合情理。问题是,李白也不认为他是在夸张,他写出的,是自己内心实实在在的真实的感受,有下句"缘愁似个长"为证。所以,我们说,《庄子》中有关大鹏、任公子钓大鱼等描写,不是夸张,是庄子心中的事实,或者说,是他心理上的真实,李白的诸如此类的描写,比如"燕山雪花大如席"(《北风行》)也是如此。

拿杜甫和李白这一点比较的,还有杨万里:

> 杨诚斋云:"李太白之诗,列子之御风也;杜少陵之诗,灵均之乘桂舟、驾玉车也。无待者,神于诗者与?有待而未尝有待者,圣于诗者与?"①(《杨升庵外集》)

列子御风,是超越经验的;灵均御车,是经验的。按庄子的说法,无待而神,自由无碍;有待而圣,不免牵挂。这是直接用《庄子·逍遥游》的意象和概念来描述李白。谢榛《四溟诗话》则用《庄子·齐物论》的意象说李白:

> 太白作《古离别》、《蜀道难》,乃讽时事,虽用古题,体格变化,若疾雷破山,颠风簸海,非神于诗者不能

---

① 杨慎《杨升庵外集》卷五十九,《文渊阁四库全书》本。

道也。①

方东树说:"大约太白诗与庄子文同妙,意接而词不接,发想无端,如天上白云卷舒灭现,无有定形。"②任华说李白作诗"至于他作多不拘常律,振摆超腾,既俊且逸。或醉中操纸,或兴来走笔。手下忽然片云飞,眼前划见孤峰出"(《杂言寄李白》)。李白诗,庄子文,多是意象、心象,而非实有之象,当然卷舒灭现,无有定形!

我们还可以把李白与岑参做个比较来说明这个问题。

就其自身情感特征及文体风格言,岑参与李白很相似,只是他尚有藩篱,尚有规矩,尚有分寸,不像李白那样无法无天,没大没小。岑参若再狂放一些,大言狂言再多一些,再不着边际一些,再眼高于顶、目中无人一些,他就是李白了。他的天性中,最特殊的一点是"好奇"。杜甫《渼陂行》说"岑参兄弟皆好奇",殷璠说他"语奇体峻,意亦造奇"(《河岳英灵集》),沈德潜说他"岑诗能作奇语,尤长于边塞"(《唐诗别裁》),翁方纲说他"嘉州之奇峭,入唐以来所未有,又加以边塞之作,奇气益出"(《石洲诗话》)。好奇的人往往也好炫耀,他就是这样的人,他把边塞的艰苦化为"奇",再以炫耀的口吻向人道出。

《白雪歌送武判官归京》写雪,写寒,写送别,《走马川行奉送出师西征》写风,写寒,写战争,都没有厌恶与悲伤,而是惊奇与惊喜,也因此才有那有名的梨花之喻,以及传神的轮台九月风夜吼的描写。这里面当然会有些夸饰,但是,总体而言,他还是写实的。他一生至少两次出塞,他的边塞诗大

---

① 谢榛《四溟诗话》卷一,北京:人民文学出版社,1961年,第28页。
② 方东树《昭昧詹言》卷十二,北京:人民文学出版社,1961年,第249页。

多作于两次出塞时期。《唐才子传》:"参累佐戎幕,往来鞍马风尘间十余载,极征行别离之情,城障塞堡,无不经行。"直言之,他笔下的,就是他眼前的,至多是加上了文学的修饰和夸张。所以,洪亮吉说他的奇是"奇而入理",为什么呢？洪亮吉以自己游终南山遇急雨,谪戍祁连、夜行戈壁遇沙石这样的亲身经历,说明岑参的相关描写乃是"奇而实确","非妄语"(《北江诗话》)。岑参热衷于写白雪天山,荒凉奇寒,他是为内地之人,未有出塞经验之人写作的——这就使得他介于李白和其他诗人之间:其他诗人写的是经验世界,李白写的是超经验世界,他呢？写的是自己经验而读者没有经验的世界！

他在向他们炫耀:这边塞的种种奇观,种种怪异,种种神奇;边塞将士们的种种伟大,种种艰苦,种种卓绝,种种浪漫与豪情,种种侠骨与柔肠——我来了,我看到了！

是的,岑参的诗,正是以他亲身经历为素材,写的是他"看到的";这正是他和李白的区别,李白写的,是他"想到的"。

李白写自己的生活,往往空无事实——此正是庄子的文法:只在表意,不顾事实。"人物土地,皆空无事实"[①],岑参似李白而终于不是李白,区别就在于——岑参的艺术是夸张,李白的艺术来自《庄子》——是虚构。

---

① 鲁迅《汉文学史纲要》第三篇《老庄》,《鲁迅全集》第九卷,北京:人民文学出版社,1981年,第364页。

# 第三章 李白与《齐物论》

萧望卿在《李白的思想与艺术观》中认为:"李白和庄子一样,由'心齐''坐忘',以达到忘人我,齐生死,万物一体的,逍遥自适的境域。"①这种看法在某种程度上意识到了李白和《齐物论》之间的微妙关系。

《齐物论》是庄子的最重要著作,其中阐述的思想是整个庄子哲学的基础或前提。在内七篇的整体框架里,它既相当于它前面《逍遥游》的哲学说明,也是它后面五篇相应的人生哲学的逻辑前提。在外、杂篇里,很多文字都是对《齐物论》的补充、发挥、引申,重要的如《秋水》《至乐》《山木》《天地》《缮性》《知北游》等等。尤其是《秋水》篇,在历来治庄者心目中,其重要性不亚于内篇。李白也深爱此篇,"过此无一事,静谈秋水篇"(《赠宣城宇文太守兼呈崔侍御》)。所以,本文讨论李白与《齐物论》,是讨论李白与《齐物论》的思想之间的关联,并非专限于这一篇的文字。事实上,李白诗歌中,直接提到《齐物论》中的文字,或者说,直接使用《齐物论》典故的,并不多,也就六七处(出于技术原因,不可能有明确的统计。比如,"梦""天籁"这样的词,很难说一定就是出于《齐物论》,但是,其中体现的思想上的同质性,还是可以确定的)。但是,李白思想中的诸多方面,仍然明显地有着"齐物论"的影响。

---

① 萧望卿《李白的思想与艺术观》,《文学杂志》第二卷第二期,1947年7月。

所以，本文要探讨的，是李白和庄子的"齐物论"思想（或观点）的关系，而不仅仅是与一篇文章的关系。因此，本文涉及到"齐物论"时，往往会是打引号的"齐物论"，而不是书名号的《齐物论》。

《齐物论》的重要思想之一，一如它的题目所蕴含的，是对物论——我们对世界的认知和逻辑表述及其在此基础上形成的世界观和人生观——的"齐"，目的是打破我们的迷信和执着，消除我们的成见和成心，清除我们和世界之间的屏障，从而实现我们和世界的赤诚相见。问题在于，要达成这样的目标，必将清扫一切现行价值、一切分别、一切执着。最终可能导致两个结果：一、思想极大解放；二、同时也会产生虚无主义。

李白的思想，就很是自由奔放，不受任何一种价值观左右，不执着于任何一种人生观。可能也正因如此，他的思想里往往被虚无的情绪控制。自由和虚无，是他思想和情感的两翼。

## 第一节　李白的"人生如梦"思想与"齐物论"

李白受"齐物论"影响最明显、最直接、也最重要的，是《齐物论》《外物》等篇中的"人生如梦"、"其生若浮，其死若休"思想。他的《春夜宴从弟桃花园序》就是这种思想的直接表述：

> 夫天地者，万物之逆旅；光阴者，百代之过客。而浮生若梦，为欢几何？古人秉烛夜游，良有以也。况阳春召我以烟景，大块假我以文章，会桃李之芳园，序天伦之乐事。群季俊秀，皆为惠连；吾人咏歌，独惭康乐。幽赏

未已,高谈转清。开琼筵以坐花,飞羽觞而醉月,不有佳作,何伸雅怀? 如诗不成,罚依金谷酒数。

《全唐诗》中收集的李白诗,"梦"字出现了七十五处,而诗歌总数远远超过李白的杜甫只有二十三个。并且,很多处的"梦"字,都和对生命、人生的感觉有关,以下这首诗是其典型代表:

> 处世若大梦,胡为劳其生。所以终日醉,颓然卧前楹。觉来盼庭前,一鸟花间鸣。借问此何时,春风语流莺。感之欲叹息,对酒还自倾。浩歌待明月,曲尽已忘情。(《春日醉起言志》)

这种对人生、生命的感受,和庄子有关,诗中"大梦""觉""劳生"都是《庄子》的典故。《齐物论》:"觉而后知其梦也。且有大觉而后知此其大梦也。"李白此诗,就是写梦后觉来的人生。《古风》其九称:

> 庄周梦胡蝶,胡蝶为庄周。一体更变易,万事良悠悠。乃知蓬莱水,复作清浅流。青门种瓜人,旧日东陵侯。富贵故如此,营营何所求。

"青门种瓜人,旧日东陵侯。"这些现实中发生过的人事变迁、命运翻转、富贵不长,就是《齐物论》中的"梦饮酒者,旦而哭泣;梦哭泣者,旦而田猎"。更多的例子如《与元丹丘方城寺谈玄作》:"茫茫大梦中,惟我独先觉。"《送陆判官往琵琶峡》:"长安如梦里,何日是归期。"《酬王补阙惠翼庄庙宋丞泚赠别》:"轩盖宛若梦,云松长相亲。"《江夏赠韦南陵冰》:"赤壁争雄如梦里,且须歌舞宽离忧。"《赠郭将军》:"畴昔雄豪如梦里,相逢且欲醉春晖。"《早秋赠裴十七仲堪》:"功业若梦里,抚琴发长嗟。"《登高丘而望远》:"银台金阙如梦中,秦皇汉武

附录 李白与《庄子》

空相待。"《洞庭醉后送绛州吕使君果流澧州》:"昔别若梦中,天涯忽相逢。"《登金陵凤凰台》云:

> 凤凰台上凤凰游,凤去台空江自流。吴宫花草埋幽径,晋代衣冠成古丘。三山半落青天外,二水中分白鹭洲。总为浮云能蔽日,长安不见使人愁。

凤去台空,吴花埋幽,衣冠为丘……还有,曾经的长安不见,风光难再,这一切,都使人愁。它们都曾经存在,又都湮灭于时光之中,宛如一梦。梦醒时,一边惆怅,一边感悟一切皆空。

庄子揭橥"人生如梦",固然起因于对人生不可把握的感性领受,充满无奈和忧伤,但其归结则是要破我们的人生诸多执着,比如富贵、爱欲等等,把寄生于我们心灵中的"外物"剔除,从而自物质世界中解放我们的心灵。可是,从上面所列举的李白的相关诗句里,我们发现,李白从中看出的,是人生的无常,是一切人间事业包括个人成功的虚无,甚至是历史——无论是人类历史还是个人历史——的虚无。这当然是庄子思想的题中应有之义或合乎逻辑的延伸,但却不是他的哲学旨归。我们当然可以认为这是李白试图从人生失意中解脱自己,并以此坚定及时行乐的世界观;但是,还有一个原因似乎不可忽略,那就是李白喜欢危言耸听,哗众取宠,而唐突价值,调戏圣贤。对人间一切世俗价值作出极端否定的评价,正是他"哗众取宠"的手段之一。值得提醒的是,对人间一切价值加以怀疑并大加嘲讽,这种做法的祖师爷,也是庄子。

我们看看李白的这一首《东山吟》:

> 携妓东土山,怅然悲谢安。我妓今朝如花月,他妓

古坟荒草寒。白鸡梦后三百岁,洒洒浇君同所欢。酣来自作青海舞,秋风吹落紫绮冠。彼亦一时,此亦一时,浩浩洪流之咏何必奇。

先说明一下,虽然李白也小瞧过谢安,"莫学东山卧,参差老谢安"(《送梁四归东平》)。但总体而言,李白对谢安,还是尊敬的,《书情题蔡舍人雄》说自己"尝高谢太傅,携妓东山门",评价谢安是"暂因苍生起,谈笑安黎元。余亦爱此人,丹霄冀飞翻"。《登金陵冶城西北谢安墩》说谢安"谈笑遏横流,苍生望斯存"。这评价何等高,而谢安"功成拂衣去,归入武陵源"(同上),"功成拂衣去,摇曳沧洲傍"(《玉真公主别馆苦雨,赠卫尉张卿二首》其二),更变成了李白自己终生向往的人生理想。(当然,他在《当涂赵炎少府粉图山水歌》中也说过"若待功成拂衣去,武陵桃花笑杀人"。但李白这样自我矛盾处极多,当不得真。)在《永王东巡歌》里,"但用东山谢安石,为君谈笑静胡沙",他直接把自己比作了谢安。可是,此诗中,当他带着女妓,登上东山,他怅然而悲者,乃是"我妓今朝如花月,他妓古坟荒草寒",这固然是悲谢安,其实又何尝不是在悲自己:今日古坟荒寒者,曾经不也如花似月;今朝如花如月者,瞬间不也会花落人亡。"彼亦一时,此亦一时",典型的庄子语式,虽然包含着他的自负,却在人事兴替中包含着自己也终当湮灭的感伤。全诗虽有些轻薄古人的味道,却有着黑色幽默,幽默中有着无奈和悲哀。这类诗歌在李白集中甚多,兹举例如下:

  人亡馀故宅,空有荷花生。念此杳如梦,凄然伤我情。(《对酒忆贺监二首》其二)
  长绳难系日,自古共悲辛。黄金高北斗,不惜买阳春。石火无留光,还如世中人。即事已如梦,后来我谁

身。提壶莫辞贫,取酒会四邻。仙人殊恍惚,未若醉中真。(《拟古十二首》其三)

今日风日好,明日恐不如。春风笑于人,何乃愁自居。吹箫舞彩凤,酌醴鲙神鱼。千金买一醉,取乐不求馀。达士遗天地,东门有二疏。愚夫同瓦石,有才知卷舒。无事坐悲苦,块然涸辙鱼。(《拟古十二首》其五)

月色不可扫,客愁不可道。玉露生秋衣,流萤飞百草。日月终销毁,天地同枯槁。蟪蛄啼青松,安见此树老。金丹宁误俗,昧者难精讨。尔非千岁翁,多恨去世早。饮酒入玉壶,藏身以为宝。(《拟古十二首》其八)

生者为过客,死者为归人。天地一逆旅,同悲万古尘。月兔空捣药,扶桑已成薪。白骨寂无言,青松岂知春。前后更叹息,浮荣安足珍。(《拟古十二首》其九)

他在《下途归石门旧居》中透露:"余尝学道穷冥筌,梦中往往游仙山。"他的人生,现实和梦境交替,并且,到底哪一种更真实、更本质,可能他自己都难以下结论。他梦中固然是梦,醒着时,无论是醉于酒,还是醉于自己的激情,他也未必"现实"过——李白是一个严重缺乏现实感的人。庄子虽然从哲学的角度怀疑现实与梦境到底有无分野,但是,他自己的生活,还是清醒的。而李白是真的用自己的现实生活,在诠释着"人生如梦"这个命题。且看《梦游天姥吟留别(一作别东鲁诸公)》:

……我欲因之梦吴越,一夜飞度镜湖月。湖月照我影,送我至剡溪。谢公宿处今尚在,渌水荡漾清猿啼。脚著谢公屐,身登青云梯。半壁见海日,空中闻天鸡。千岩万转路不定,迷花倚石忽已暝。熊咆龙吟殷岩泉,栗深林兮惊层巅。云青青兮欲雨,水澹澹兮生烟。列缺霹雳，丘峦崩摧。洞天石扇，訇然中开。青冥浩荡不见底，日月照耀金银台。霓为衣兮风为马，云之君兮纷纷而来下。虎鼓瑟兮鸾回车，仙之人兮列如麻。忽魂悸以魄动，怳惊起而长嗟。惟觉时之枕席，失向来之烟霞。世间行乐亦如此，古来万事东流水。别君去时何时还，且放白鹿青崖间，须行即骑访名山。安能摧眉折腰事权贵，使我不得开心颜。

这首诗实际上就是庄子所揭櫫的"梦中之梦"：梦游天姥山，是一层梦境；从"洞天石扉"至"仙之人兮列如麻"，又是他在长安的梦幻般经历的象征：天宝元年(公元742年)，四十二岁的他被玄宗征召，晋京之后，玄宗"降辇步迎，如见绮皓。以七宝床赐食，御手调羹以饭之。……置于金銮殿，出入翰林中，问以国政，潜草诏诰，人无知者"(李阳冰《草堂集序》)——这样的待遇，又是一层梦境。这一层梦境折射出的，是世事的恍惚惝怳，是一切富贵荣华的不可依恃，是命运的不可捉摸。

## 第二节　李白的"及时行乐"思想与"齐物论"

"人生如梦"的认知，往往带来对"及时行乐"的认同。李白固然有大济苍生的雄心，更有鲲鹏展翅的野心，但是，他又常常处在颓废之中不能自拔，这正是他之所以是他，而没有成为杜甫的原因。事实是，他很喜欢这种颓废的感觉，常常沉湎于这种颓废之中，问题是，从他的诗中，我们还能看出他常常借庄子说颓废，如《访道安陵遇盖还为余造真箓，临别留赠》："举手谢天地，虚无齐始终。"《赠别从甥高五》："天地一浮云，此身乃毫末。忽见无端倪，太虚可包括。"《月下独酌四首》其三:"穷通与修短,造化夙所禀。一樽齐死生,万事固难审。醉后失天地,兀然就孤枕。不知有吾身,此乐最为甚。"对他而言,颓废是一种道德上的放假,而设置这种假期、批准他放假的,正是庄子。他太爱好这样的闲适散淡、与朋友喝得昏天黑地的道德假日了。《夜泛洞庭,寻裴侍御清酌》:"人生且行乐,何必组与珪。"应该说,"及时行乐"不是庄子的原意,但是,庄子的建立在悲观基础之上的达观,是"乐观"的最后最坚实的基础,且看李白的《梁园吟》:

> ……洪波浩荡迷旧国,路远西归安可得。人生达命岂暇愁,且饮美酒登高楼。平头奴子摇大扇,五月不热疑清秋。玉盘杨梅为君设,吴盐如花皎白雪。持盐把酒但饮之,莫学夷齐事高洁。昔人豪贵信陵君,今人耕种信陵坟。荒城虚照碧山月,古木尽入苍梧云。梁王宫阙今安在,枚马先归不相待。舞影歌声散绿池,空馀汴水东流海。沉吟此事泪满衣,黄金买醉未能归。连呼五白行六博,分曹赌酒酣驰辉。歌且谣,意方远。东山高卧时起来,欲济苍生未应晚。

此诗作于天宝三载(744),此时他在长安铩羽,东游梁宋。李白对权贵说话,一贯不三不四,这首诗也有这样的句子:"持盐把酒但饮之,莫学夷齐事高洁。"他把大唐当做西周,把玄宗当武王,当然不算不敬,但是,他却把自己当做了叩马而谏、不被接纳反被扶而去之的夷齐,只要明白夷齐是决绝地反对武王并最终义不食周粟宁愿饿死的,就可知他这句诗的"悖谬",而他却又调侃玄宗:我可不愿学夷齐不食周粟,您送的千金我收下了,我此刻在梁园里用您的钱食如花吴盐饮大碗美酒呢。

了解了这样的作诗的背景,以及他的愤懑不满,我们就好理解他情感及其变化轨迹了。

"人生达命岂暇愁,且饮美酒登高楼"是这首诗的主眼所在,后面从"昔人豪贵信陵君"至"空馀汴水东流海"写的是人生的虚无感。人生的虚无感在当下被遮掩,但是,把它放到时间的长河——历史——中,就可以一目了然。无论是谢安妓,还是信陵坟、吴宫花草、晋代衣冠、梁王宫阙、枚马风流,都随风而去。李白笔下常有虚无感、无把握感,故不坚持而放弃,不维护而抛弃,所以,接下来的,就是近乎放纵和恶意堕落的寻欢作乐:"连呼五白行六博,分曹赌酒酣驰辉。"最后四句,欲济苍生等等,与全诗的意思不联不类,显得很没有逻辑,近乎蛇尾,然这正是李白无适无莫的风格做派,我们也无可奈何。

这首诗的内在逻辑就是由悲观到达观到乐观,这种建立在悲观基础上的乐观,是庄子的内在理路。事实上,李白这里的"达命"之论,正是《庄子·达生》的典故:

> 达生之情者,不务生之所无以为;达命之情者,不务知之所无奈何。

这样的话,充满着生命的哀伤。《庄子·人间世》言:

> 知其不可奈何而安之若命,德之至也。

这"不可奈何"的东西是什么?就是人类的命运、人间的功业、世俗的成功、肉体的物欲、精神的名声等等。那么,不务"无以为"、不务"无奈何",务什么呢?庄子的答案是回到生命本身,让生命作为自然,而与天地大道合一。但是,生命的自然,与生命时时蠢蠢欲动的欲望,如好逸恶劳,如贪图享受,又如何分得清?听任并追随生命的自然,岂能不听任并追随肉体的欲望?李白就是在这样的地方沉湎了:

> 君不见黄河之水天上来,奔流到海不复回。君不见高堂明镜悲白发,朝如青丝暮成雪。人生得意须尽欢,莫使金樽空对月。天生我材必有用,千金散尽还复来。烹羊宰牛且为乐,会须一饮三百杯。岑夫子,丹丘生,将进酒,君莫停。与君歌一曲,请君为我侧耳听。钟鼓馔玉不足贵,但愿长醉不愿醒。古来圣贤皆寂寞,惟有饮者留其名。陈王昔时宴平乐,斗酒十千恣欢谑。主人何为言少钱,径须沽取对君酌。五花马,千金裘,呼儿将出换美酒,与尔同销万古愁。(《将进酒》)

前四句,时间的流逝与生命的短暂,这就是"无以为"的不可奈何。面对着这样的"不可奈何",自然就是"人生得意须尽欢"。为何要"尽欢"?因为过期作废。注意,不是尽责,不是尽职,不是尽忠尽孝尽节尽力尽瘁,而是"尽欢",因为其他一切不值得"尽",只有一己之欢、当下之乐,才值得尽力而为。下面接着的,就是典型的李白式的极端化情绪和极端化表达,恨不得把财富一日用尽,恨不得把美酒一次饮尽,恨不得把一生欢乐一次享尽,然后,将万古愁也一日销尽——很有一些末日狂欢的味道。这样的恣意尽欢,《襄阳歌》有过之而无不及:

> ……鸬鹚杓,鹦鹉杯,百年三万六千日,一日须倾三百杯。遥看汉水鸭头绿,恰似葡萄初酦醅。此江若变作春酒,垒麹便筑糟丘台。千金骏马换小妾,笑坐雕鞍歌落梅。车傍侧挂一壶酒,凤笙龙管行相催。咸阳市中叹黄犬,何如月下倾金罍。君不见晋朝羊公一片石,龟头剥落生莓苔。泪亦不能为之堕,心亦不能为之哀。清风朗月不用一钱买,玉山自倒非人推。舒州杓,力士铛,李白与尔同死生。襄王云雨今安在,江水东流猿夜声。

从时间上,他要把一生的百年三万六千日都付之于酒,从空间上,他要把这世界到处都变成酒海糟山,甚至宣称要和"舒州杓,力士铛"同死生,也真是齐物大平等!

## 第三节 李白的自我意识与"齐物论"

李白受"齐物论"影响的第三个方面,是他强烈的自我意识,对自我的极端推崇、肯定,和他的明显强于一般人的自尊、自大和自负。这种自尊、自大和自负,显然和《逍遥游》有很大的关系,和他把自己看作"大鹏"有很大的关系,这一点,我们在《李白与〈逍遥游〉》中已有论述。不过,李白的自尊、自大和自负,也和"齐物论"有关,试说明之。

李白非常高傲,这一点给后人留下了深刻的印象,以至于民间都有他在宫中戏弄高力士、讽刺杨玉环的传说。《唐才子传·李白》记李白游四方,乘醉跨驴过华阴县治,被华阴县令拘执,"白供状不书姓名,曰:'曾令龙巾拭吐,御手调羹,贵妃捧砚,力士脱靴。天子门前尚容走马,华阴县里不得骑驴?'"有这种行为的人当然不须书姓名,因为这样的事只有他干得出。所以,华阴县令一看,便惊愧拜谢:"不知翰林至此!"而李白长笑而去。这事之真假,难辨也无须辨,因为问题的实质,不在事之真假,而在情之可信。杜甫也曾描写过李白的狂傲:"李白斗酒诗百篇,长安市上酒家眠。天子呼来不上船,自称臣是酒中仙。"(《饮中八仙歌》)宋李纲云:"谪仙英豪盖一世,醉使力士如使奴。"[①],又说:"谪仙乃天人,薄游人间世。词章号俊逸,迈往有英气。明皇重其名,召见如绮季。

---

① 李白著、王琦注《李太白全集》卷之三十三,北京:中华书局,1977年,第1498页。

万乘尚僚友,公卿何芥蒂。脱靴使将军,故耳非为醉。"(《读四家诗选四首之一》)①王穉登《李翰林分体合集序》:"沉湎于至尊之前,啸傲御座之侧。目中不知有开元天子,何况太真妃,高力士哉!"②宋戴埴《鼠璞》甚至有这样的记载:"唐人言李白不能屈身,以腰间有傲骨。"③这种荒诞的传言背后却隐藏着一个基本的事实,即李白确实给人非常傲慢的印象。《梦游天姥吟留别》:"安能摧眉折腰事权贵,使我不得开心颜",是对权贵的傲慢;《君道曲》:"小白鸿翼于夷吾,刘葛鱼水本无二",是对君臣上下关系的反对。《少年行》:"府县尽为门下客,五侯皆是平交人",王侯将相,宁有种乎?《南陵别儿童入京》:"仰天大笑出门去,我辈岂是蓬蒿人",在自我肯定的同时,也暗含着对平庸之辈的鄙视。这一类抬高自己、贬低他人的诗歌在李白的诗歌里比比皆是。这看起来与庄子的"齐物论"颇为矛盾,其实,却有着内在逻辑理路。

《齐物论》中有这样一段话:

> 天下莫大于秋豪之末,而大山为小;莫寿于殇子,而彭祖为夭。天地与我并生,而万物与我为一。

前面两句,太山之于秋毫,彭祖之于殇子,是要说明"因其所大而大之,则万物莫不大;因其所小而小之,则万物莫不小"(《秋水》),是站在"道"的立场,审视万物之"德",从而万物其德自足,无大无小。在这样的前提之下,下面两句,庄子一下子提升了个体"我"的地位:"天地与我并生,而万物与我为一。"这样的"我","知天地之为稊米也,知豪末之为丘山也"

---

① 李白著、王琦注《李太白全集》卷之三十三,第1498页。
② 李白著、王琦注《李太白全集》卷之三十三,第1515页。
③ 李白著、王琦注《李太白全集》卷之三十三,第1623页。

(《秋水》),天地至大,在道这里,不过是稊米;秋毫至微,在道这里,不亚于丘山。那么,茫茫大块之间,渺小的"我",与天地一体混融,亦自有一种尊严和自大。李白的自大,正是这种独立于天地之间的自大。《庐山谣寄卢侍御虚舟》:"登高壮观天地间,大江茫茫去不还。黄云万里动风色,白波九道流雪山。……先期汗漫九垓上,愿接卢敖游太清。"《别鲁颂》:"独立天地间,清风洒兰雪。"《对雪奉饯任城六父秩满归京》:"独用天地心,浮云乃吾身。虽将簪组狎,若与烟霞亲。"《游泰山六首(天宝元年四月从故御道上泰山)》其三:"平明登日观,举手开云关。精神四飞扬,如出天地间。"《同族侄评事黯游昌禅师山池二首》其一:"一坐度小劫,观空天地间。"《登峨眉山》:"倘逢骑羊子,携手凌白日。"《友人会宿》:"醉来卧空山,天地即衾枕。"《秋夕书怀(一作秋日南游书怀)》:"始探蓬壶事,旋觉天地轻。"即便失意,也在天地之间:"奈何天地间,而作隐沦客。"(《送岑征君归鸣皋山》)即便朽灭,也与天地同尽:"齐公凿新河,万古流不绝。丰功利生人,天地同朽灭。"(《题瓜州新河,饯族叔舍人贲》)——与天地同灭,就是庄子的与天地并生。

另外,《庄子·天下》篇中的"独与天地精神往来而不敖倪于万物,不谴是非,以与世俗处","上与造物者游,而下与外死生、无终始者为友",都可以为上引的李白诗作注脚。

受庄子"齐物论"影响,李白有着强烈的自我主义倾向,有着自我与宇宙合二为一的豪迈之气。请看李白的《日出行(一作日出入行)》:

　　日出东方隈,似从地底来。历天又入海,六龙所舍安在哉。其始与终古不息,人非元气,安得与之久裴徊。草不谢荣于春风,木不怨落于秋天。谁挥鞭策驱四运,

> 万物兴歇皆自然。羲和羲和,汝奚汩没于荒淫之波。鲁阳何德,驻景挥戈。逆道违天,矫诬实多。吾将囊括大块,浩然与溟涬同科。

前面六句写人与天地(日)之区别,日终古不息,而人生短暂,不得与之久徘徊。接下来四句,写对自然的委顺,再接下来的四句,是对"逆道违天"行为的批评,《李太白全集》王琦注引胡震亨言:"言人安能如日月不息,不当违天矫诬,贵放心自然,与涬溟同科也。"①《唐宋诗醇》:"言不如委顺造化也。"②可以说是抓住了这首诗的基本思想,并且这个基本思想与《庄子》的思想是相同的。但是,这首诗的最后两句,却显示出李白的奇崛和倔强:在委顺自然的同时,他并不认为自己就是自然的驯服的奴隶,他还能囊括大块,他还有浩然之气,他能与溟涬同科。这与庄子的"天地与我并生,万物与我为一"一样,都是在不违天矫诬的同时,申明自我的价值。而这最后两句,用的正是《庄子》的典故,《庄子·在宥》:"堕尔形体,吐尔聪明,伦与物忘;大同乎涬溟,解心释神,莫然无魂。"

清人余道夫在《石园诗话》卷一有云:"太白起句缥缈,其以'我'字起者,亦突兀而来。如'我随秋风来'、'我携一尊酒'、'我家敬亭下'、'我觉秋兴逸'、'我昔钓白龙'、'我有万古宅'、'我行至商洛'、'我有紫霞想'、'我今浔阳去'、'我昔东海上'、'我本楚狂人'、'我来竟何事'、'我宿五松下'、'我浮黄河去京阙'、'我吟谢朓诗上语'之类是也。"今人更是发现,李白诗中,"我"字出现的频率大异常人。罗时进《李白诗

---

① 李白著、王琦注《李太白全集》卷之三,第211页。
② 《御选唐宋诗醇》卷二,《文渊阁四库全书》本。

的自我确认意识与表现——以"我"字使用为中心的讨论》指出:"统计表明,在唐代诗人中'我'字的使用频度以李白最高,这一突出的创作现象正反映出李白诗歌强烈的自我确认意识,折射出浓厚的狂放色彩。""李白诗笔挟雷霆万钧之势,时时震荡雄风,而雄风中心旋动的始终是一个'我'的形象。"①郑庆君《李白绝句中的"人际称谓"及其功能与意义分析》也指出:"在字数极其有限的绝句里,'我'的出现并不见多。"但是,李白是一个例外,而且,"如果说,绝句中大量使用代词'我',让第一人际显性化,把一般绝句中往往省略的人际词语凸显出来,显示了诗作者强烈的个人主观意识,那么直接使用字、号甚至姓名,在绝句中率直以'太白、青莲居士、李白'自称,则更是将这种浓烈的'自我'意识推向了一种极至!"②

齐物,或者齐论,庄子都意在泯灭世俗的大小、修短、白黑之别。这种思想往往为后世者用以为弱小者的生存依据,或者用以为自己安分守己的理论,比如白居易。其实,李白也有这样的思想,如《空城雀》:

嗷嗷空城雀,身计何戚促。本与鹪鹩群,不随凤凰族。提携四黄口,饮乳未尝足。食君糠秕馀,尝恐乌鸢逐。耻涉太行险,羞营覆车粟。天命有定端,守分绝所欲。

此一首简直不似李白口吻,而绝似白居易言语。白居易是把庄子"齐物论"作为自己安分守己生活态度的理论根据

---

① 罗时进《李白诗的自我确认意识与表现——以"我"字使用为中心的讨论》,《淮阴师范学院学报》(哲学社会科学版)2002年第6期。
② 郑庆君《李白绝句中的"人际称谓"及其功能与意义分析》,《浙江树人大学学报》2006年第6卷第4期。

的。但是,李白在总体上而言,他是不安分守己的,他不会在比自己"大"的对象面前装小,也不会在比自己尊贵的对象面前自卑。"齐物论"被李白用来作为自大的理论根据——就像秋毫在太山面前自大一样。他"戏万乘若僚友,视同列如草芥"(苏轼《李太白碑阴记》)。在《冬夜于随州紫阳先生餐霞楼送烟子元演隐仙城山序》中,他自承:"吾不凝滞于物,与时推移,出则以平交王侯,遁则以俯视巢许。""不凝滞于物,与时推移"交代了自己"平交王侯,俯视巢许"思想与道家的关系。在《代寿山答孟少府移文书》则说自己"不屈己,不干人"。

我们看他的诗:

> 大贤虎变愚不测,当年颇似寻常人。君不见高阳酒徒起草中,长揖山东隆准公。入门不拜骋雄辩,两女辍洗来趋风。(《梁甫吟》)

> 凤凰初下紫泥诏,谒帝称觞登御筵。揄扬九重万乘主,谑浪赤墀青琐贤。(《玉壶吟》)

> 昔在长安醉花柳,五侯七贵同杯酒。气岸遥凌豪士前,风流肯落他人后。(《流夜郎赠辛判官》)

> 忆昔洛阳董糟丘,为余天津桥南造酒楼。黄金白璧买歌笑,一醉累月轻王侯。(《忆旧游,寄谯郡元参军》)

第一首是借郦食其在刘邦面前"不拜长揖"(《汉书·高帝纪》)的风采,来表达自己在权贵面前的啸傲自若。李白最喜欢的历史人物类型,就是这类有着纵横气息的人物,其重要原因,即在此类人大都桀骜不驯,狂放不羁,在诸侯天子面前不卑而亢。李白为何特别推崇鲁仲连?司马迁说:"鲁连其指意虽不合大义,然余多其在布衣之位,荡然肆志,不诎于诸侯,谈说于当世,折卿相之权。"(《史记》卷八十三《鲁仲连邹阳列传》第二十三）其实，庄子本人也是这样的风度，《山木》载：

> 庄子衣大布而补之，正緳系履而过魏王。魏王曰："何先生之惫邪？"庄子曰："贫也，非惫也。士有道德不能行，惫也；衣弊履穿，贫也，非惫也；……今处昏上乱相之间，而欲无惫，奚可得邪？此比干之见剖心，徵也夫！"

第二首是写他奉召晋京时的情形，对朝廷大员、玄宗近臣"赤墀青琐贤"进行"谑浪"，固然很狂放；而对"九重万乘主"进行"揄扬"，也颇为轻佻。这正是李白"没大没小"的表现，正是"齐物论"的表现。第三、第四首意思大致相同，写他在长安，在洛阳，面对着所谓的"五侯七贵"，他毫不自卑，毫不气馁，与他们同杯而饮，气岸遥凌。凡此种种态度，也与庄子一生出处相似。

## 第四节　李白的平等思想与"齐物论"

李白受"齐物论"影响的第四个方面，是他的万物平等思想。

《古风》五十七：

> 羽族禀万化，小大各有依。周周亦何辜，六翮掩不挥。愿衔众禽翼，一向黄河飞。飞者莫我顾，叹息将安归。

这是他用万物平等来诉求自己受损的利益。李白的天性就不受拘束，他眼中既没有完美的好人，似乎也没有什么一无是处的坏人；没有什么事情一定是对的，也没有什么事情一定是错的。儒道侠的思想及其人物，都好，都被他歌颂，也都被他嘲弄。入世济世,好;出世隐居,也好。"庄屈实二,不可以并,并之以为心,自白始;儒、仙、侠实三,不可以合,合之以为气,又自白始也。"(龚自珍《最录李白集》)为什么在别人看来不可以"并"的,他"并"了,不可以合的,他能"合"?就是因为他不谴是非,不别伯仲,不分轩轾。在他看来,庄屈也好,儒仙侠也罢,本无分别。在庄子那里,"朝三暮四"或"朝四暮三"并无分别,李白这里,也没有什么"实二""实三"之别,他在某种意义上,还真是齐了物论。

庄子"齐物论",既倡导万物平等,反对"不齐之论",对于那些因为自身局限而不知天高地厚的"自大"者的"自大"言论就必然要予以批判,因为"自大"的另一面就是贬低他者,这是世上那些"不齐之论"的主要滋生土壤。斥鷃自以为它的翱翔于蓬蒿之间的飞翔为"飞之至",这种自大的另一面,就是和蜩与鸴鸠一起嘲笑大鹏(《逍遥游》);河伯的"以天下之美为尽在己",也包含着对他者的鄙视;埳井之鼃把自己"擅一壑之水,而跨跱埳井之乐"称之为"此亦至矣",还可笑地包含着对东海之鳖的小看。这类"用管窥天,用锥指地"的察物方式,"不亦小乎!"(《秋水》)庄子实际上是在有意无意之中,揭示了一个令人感叹的现象:这个世界上的歧视性思想和观念,往往倒是来自于弱势分子——他们因为缺少眼界、见识,反而更为狭隘、固陋和排他。因此庄子感叹道:"井蛙不可以语于海者,拘于虚也;夏虫不可以语于冰者,笃于时也;曲士不可以语于道者,束于教也。"(《秋水》)李白的《答长安崔少府叔封游终南翠微寺太宗皇帝金沙泉见寄》一开始,就嘲笑河伯:"河伯见海若,傲然夸秋水。小物昧远图,宁知通方士。"这思想和庄子完全一致。

出于狭隘无知的自大,固然不能齐物齐论,出于不自信的自卑和自我否定,崇拜他者,同样不能齐物和齐论,在庄子看来,本来"举莛与楹、厉与西施、恢恑憰怪,道通为一"(《齐物论》),万物既然为一,就没有高低贵贱之分:

> 以道观之,物无贵贱。以物观之,自贵而相贱。以俗观之,贵贱不在己。……以功观之,因其所有而有之,则万物莫不有;因其所无而无之,则万物莫不无;知东西之相反而不可以相无,则功分定矣。以趣观之,因其所然而然之,则万物莫不然;因其所非而非之,则万物莫不非。(《秋水》)

即使如东西之相反,也不能相无,所以,万物既不该"自贵而相贱",也无须"自贱而羡他",以至于泯灭了自我。《庄子·天运》所说的"丑人"就是在自贱羡他中丧失了自己:

> 西施病心而矉其里,其里之丑人见之而美之,归亦捧心而矉其里。其里之富人见之,紧闭门而不出,贫人见之,挈妻子而去走。

类似的,还有《秋水》篇中的"邯郸学步"的故事:

> 子独不闻夫寿陵余子之学行于邯郸与?未得国能,又失其故行矣,直匍匐而归耳。

对于庄子的这两个故事,李白是深有体会。《玉壶吟》:"西施宜笑复宜颦,丑女效之徒累身。"《效古二首》其二:"自古有秀色,西施与东邻。蛾眉不可妒,况乃效其颦。"如果说这两首整体立意还在于嘲笑东施的无知丑陋,那么《古风》之三十五,则与庄子的哲学极其贴切:

> 丑女来效颦,还家惊四邻。寿陵失本步,笑杀邯郸人。一曲斐然子,雕虫丧天真。棘刺造沐猴,三年费精

> 神。功成无所用,楚楚且华身。大雅思文王,颂声久崩沦。安得郢中质,一挥成斧斤。

东施、寿陵余子之可笑,在于其"自贱而羡他",结果就是"雕虫丧天真"。李白鼓吹"清水出芙蓉,天然去雕饰"(《经乱离后天恩流夜郎忆旧游书怀赠江夏韦太守良宰》),也是出于这样的哲学思想。《鞠歌行》则是典型的"厉与西施,恢诡谲怪,道通为一"思想的体现:

> 丽莫似汉宫妃,谦莫似黄家女。黄女持谦齿发高,汉妃恃丽天庭去。人生容德不自保,圣人安用推天道。君不见蔡泽嵌枯诡怪之形状,大言直取秦丞相。又不见田千秋才智不出人,一朝富贵如有神。二侯行事在方册,泣麟老人终困厄。夜光抱恨良叹悲,日月逝矣吾何之。

前四句,可以《庄子·山木》来解释:"阳子之宋,宿于逆旅。逆旅人有妾二人,其一人美,其一人恶,恶者贵而美者贱。阳子问其故,逆旅小子对曰:'其美者自美,吾不知其美也;其恶者自恶,吾不知其恶也。'阳子曰:'弟子记之!行贤而去自贤之行,安往而不爱哉!'"不持分别之心,则自足自安,自信自尊。"容德"就是尊重容受自己的"德",德就是"真",就是自身既有的一切。——当然,李白是在批判这个世道不容德,不自谦,高傲之人,反而大行其道。"君不见"下四句,可用《庄子·人间世》来解释:"支离疏者,颐隐于脐,肩高于顶,会撮指天,五管在上,两髀为胁。挫针治繲,足以餬口;鼓筴播精,足以食十人。上征武士,则支离攘臂而游于其间;上有大役,则支离以有常疾不受功;上与病者粟,则受三钟与十束薪。夫支离其形者,犹足以养其身,终其天年,又况支离其德者乎!"

齐物平等还包括对万物自我本性的尊重,不能以己度人,主观臆断,更不能要求对方按照自己的爱好和观念生活。《齐物论》中的这一则非常精彩:

> 民湿寝则腰疾偏死,鳅然乎哉?木处则惴慄恂惧,猨猴然乎哉?三者孰知正处?民食刍豢,麋鹿食荐,蝍蛆甘带,鸱鸦耆鼠,四者孰知正味?猨猵狙以为雌,麋与鹿交,鳅与鱼游。毛嫱丽姬,人之所美也,鱼见之深入,鸟见之高飞,麋鹿见之决骤。四者孰知天下之正色哉?

《庄子·至乐》:

> 昔者海鸟止于鲁郊,鲁侯御而觞之于庙,奏九韶以为乐,具太牢以为膳。鸟乃眩视忧悲,不敢食一脔,不敢饮一杯,三日而死。此以己养养鸟也,非以鸟养养鸟也。

"以己养养鸟",很符合儒家的"己欲立而立人,己欲达而达人"(《论语·雍也》)的主张,但是,这种抹杀海鸟自我本性的养鸟行为,"非以鸟养养鸟",结果是造成海鸟的死亡。自我个性突出的李白显然对这个故事颇为感慨。《赠任城卢主簿》:

> 海鸟知天风,窜身鲁门东。临觞不能饮,矫翼思凌空。钟鼓不为乐,烟霜谁与同。归飞未忍去,流泪谢鸳鸿。

齐物平等当然包含着民族的平等。在唐代诗人中,也许与李白的出身和特殊经历有关,他较少夷夏之防的传统观念,虽然他在反对胡人扰边和安史之乱时,对"胡人"有过严厉的言辞,如《胡无人》《塞下曲六首》等,但是总体而言,他的立场和评价,来自于对是非的判断而不是对民族的判断,这一点非常可贵。比如他在《上云乐》中,真诚欣赏"康老胡雏":"生彼月窟。巉岩容仪,戌削风骨。碧玉炅炅双目瞳,黄金拳拳两鬓红。华盖垂下睫,嵩岳临上唇。不睹诡谲貌,岂知造化神。"甚至扬言:"大道是文康之严父,元气乃文康之老亲。……女娲戏黄土,团作愚下人。散在六合间,濛濛若沙尘。生死了不尽,谁明此胡是仙真。"把胡人看作是我们同宗同祖,同由女娲抟土而成散落六合间的同胞,并且表现了阔别之久、相逢之乐:"西海栽若木,东溟植扶桑。别来几多时,枝叶万里长。"这种深厚的感情已经不仅仅是一种哲学上的平等齐物,和庄子的"万物皆种"(《寓言》)思想一致,更是一种普天下民族共生同种的炽热情怀。

据《乐府诗集》卷五十一记载:"按《上云乐》又有《老胡文康辞》,周捨作,或云范云。"①王琦《李太白全集》注引胡震亨曰:"太白拟作,视捨本词加肆。"②王琦全录周捨《老胡文康辞》,云:"太白此篇拟之而作,辞义多相出入。"③李白《上云乐》与周捨《老胡文康辞》之"出入"处,"加肆"处,就在于这样的天下一家的情怀。

类似的还有如《幽州胡马客歌》:"幽州胡马客,绿眼虎皮冠。笑拂两只箭,万人不可干。弯弓若转月,白雁落云端。双双掉鞭行,游猎向楼兰。出门不顾后,报国死何难。"李白对于胡人扰边的战争,他是反对的,所以,这首诗的后面,紧接着的,就是"天骄五单于,狼戾好凶残。……旄头四光芒,争战若蜂攒。白刃洒赤血,流沙为之丹。名将古谁是,疲兵良可叹。何时天狼灭,父子得闲安"。

---

① 郭茂倩《乐府诗集》卷五十一,北京:中华书局,1979年,第744页。
② 李白著、王琦注《李太白全集》卷之三,第204页。
③ 李白著、王琦注《李太白全集》卷之三,第205页。

但同样,他对于中央政权拓边的战争,也是反对的,《战城南》:"去年战桑干源,今年战葱河道。洗兵条支海上波,放马天山雪中草。万里长征战,三军尽衰老。……乃知兵者是凶器,圣人不得已而用之。"我们当然不能说李白没有民族之分,但他更看重是非之分。周勋初先生《李白评传》通过对安史之乱、石堡城之战、云南战事三件战事李白的态度和当时其他诗人态度的比较,得出的结论是:"众人反对安史之乱,他也反对安史之乱;众人对石堡城之战和云南战事持支持的态度,李白则持反对的态度。可知他既反对外族的扰乱华夏,也反对中央政权的对外扩张,进行残民的战争。"①李白的这种可贵的思想,其形成有多种原因,也与他个人的见识有关,但是,《庄子》的齐物思想的影响,也不可排除。《齐物论》中有这样的一个故事:

> 昔者尧问于舜曰:"我欲伐宗、脍、胥敖,南面而不释然。其故何也?"舜曰:"夫三子者,犹存乎蓬艾之间。若不释然,何哉?昔者十日并出,万物皆照,而况德之进乎日者乎!"

有"德"之人,必能尊重他人之"德"而齐物而包容,尧欲伐宗、脍、胥敖而不释然,就是他的这种行为和他的"德"产生了冲突,他潜意识里宗、脍、胥敖也有其"德",也就是说,它们也是合乎于道的存在,伐灭它们是有违于道的。舜的劝告就是对其"不释然"的"解释":"万物皆照"者,万物皆齐也! 有意思的是,李白恰恰曾经用这个思想反对过战争,反对战争对普通人民的损害,这就是他的名作《经乱离后天恩流夜郎忆旧游书怀赠江夏韦太守良宰》。此诗开头即痛斥"九十六圣君,

---

① 周勋初《李白评传》,南京:南京大学出版社,2004年,第252页。

浮云挂空名。天地赌一掷,未能忘战争"。接下来写安史之乱之"白骨成丘山,苍生竟何罪",而李白对此进行谴责的道德依据即是"日月无偏照,何由诉苍昊。良牧称神明,深仁恤交道"。比较一下儒、墨、道反对战争的根据,是有意思的:孔子从政治角度反对战争,或者说反对不合政治秩序和程序的战争,他认为所有人都受天子的保护;墨子从道德角度反对战争,从道德的角度反对损人利己;庄子从哲学的角度反对战争,因为他认为万物平等,所有人都受道的保护,而战争,剥夺他人的利益甚至剥夺他人的生命,是违背天地宇宙人类的根本之"道"的!

# 参考文献

《庄子集释》(新编诸子集成本),郭庆藩撰,王孝鱼点校,中华书局,1961年。

无求备斋《庄子集成初编》,艺文印书馆,1972年。

《庄子今注今译》,陈鼓应,中华书局,2009年。

《庄子哲学》,王博著,北京大学出版社,2004年。

《老子校释》(新编诸子集成本),朱谦之撰,中华书局,1984年。

《论语正义》,刘宝楠撰,中华书局,1957年。

《孟子正义》,焦循撰,沈文倬点校,中华书局,1981年。

《四书章句集注》(新编诸子集成本),朱熹著,中华书局,1983年。

《王弼集校释》,楼宇烈校释,中华书局,1980年。

《史记》,司马迁撰,中华书局,1959年。

《旧唐书》,刘昫等撰,中华书局,1975年。

《新唐书》,宋祁等撰,中华书局,1975年。

《先秦政治思想史》,梁启超著,东方出版社,1996年。

《先秦学术概论》,吕思勉著,上海书店出版社,1992年。

《中国思想史》,韦政通著,上海书店出版社,2003年。

《中国文学史新著》,章培恒、骆玉明著,复旦大学出版社,2007年。

《唐五代文学编年史》，傅璇琮主编，辽海出版社，1998年。

《唐才子传校笺》，傅璇琮主编，中华书局，1989年。

《李白评传》，周勋初著，南京大学出版社，2005年。

《白居易传》，王拾遗著，陕西人民出版社，1983年。

《白居易评传》，蹇长春著，南京大学出版社，2002年。

《隋唐佛教史稿》，汤用彤著，中华书局，1982年。

《全唐诗》，彭定求等编，中华书局，1960年。

《全唐文》，董诰等编，中华书局，1983年。

《唐诗纪事》，计有功编，上海古籍出版社，1987年。

《今体诗钞》（四部备要本），姚鼐编，中华书局，1920年。

《御选唐宋诗醇》，《文渊阁四库全书》本。

《乐府诗集》，郭茂倩编，中华书局，1979年。

《白居易集》，顾学颉校点，中华书局，1979年。

《白居易集笺校》，朱金城笺校，上海古籍出版社，1988年。

《白居易诗集校注》，谢思炜校注，中华书局，2006年。

《珂雪斋集》，袁中道著，钱伯城点校，上海古籍出版社，1989年。

《袁宏道集笺校》，袁宏道著，钱伯城笺校，上海古籍出版社，1981年。

《杨升庵外集》，杨慎著，《文渊阁四库全书》本。

《王阳明全集》，王阳明撰，上海古籍出版社，1992年。

《历代诗话》，何文焕辑，中华书局，1981年。

《历代诗话续编》，丁保福编，中华书局，1983年。

《韵语阳秋》，葛立方著，上海古籍出版社，1979年影印宋刻本。

《瓯北诗话》，赵翼撰，人民文学出版社，1963年。
《四溟诗话》，谢榛撰，人民文学出版社，1961年。
《养一斋诗话》，潘德舆撰，《续修四库全书》本。
《唐诗汇评》，陈伯海主编，浙江教育出版社，1995年。
《而庵说唐诗》(《四库存目丛书》集部396册)，徐增著，齐鲁书社，1997年。
《艺概》，刘熙载著，上海古籍出版社，1978年。
《昭昧詹言》，方东树撰，汪绍楹校点，人民文学出版社，1961年。
《唐音癸籖》，胡震亨撰，上海古籍出版社，1981年。
《元白诗笺证稿》，陈寅恪著，三联书店出版社，2001年。
《骆玉明老庄随谈》，骆玉明著，复旦大学出版社，2007年。
《盛唐诗》，宇文所安著，贾晋华译，三联书店出版社，2004年。
《唐诗风貌》(修订本)，余恕诚著，中华书局，2010年。
《积淀与突破》，陈炎著，广西师范大学出版社，1997年。
《中国艺术精神》，徐复观著，华东师范大学出版社，2001年。
《白居易集综论》，谢思炜著，中国社会科学出版社，1997年。
《白居易生存哲学本体研究》，肖伟韬著，南京大学出版社，2009年。
《白居易闲适诗研究》，毛妍君著，中国社会科学出版社，2010年。
《美的历程》，李泽厚著，中国社会科学出版社，1984年。
《中国古代思想史论》，李泽厚著，安徽文艺出版社，

1999年。

《〈齐物论〉及其影响》,陈少明著,北京大学出版社,2004年。

《想象力的世界——道教与唐代文学》,葛兆光著,现代出版社,1990年。

# 后　记

《白居易与〈庄子〉》是我博士论文《唐诗与〈庄子〉》中的一部分，附录以作为比较研究的《李白与〈庄子〉》也是。

作为博士论文，答辩通过是在 2011 年 5 月，那时，我的老师余恕诚先生清癯而明朗。我曾经用"清"来形容老师的气质，我觉得，他无论是身体，还是精神，都给人"清洁"之感。我因此总以为我老师一定是长寿之人。没想到，到我这本书出版、写此后记时，我老师已经逝世快两年了——2014 年 8 月 23 日，老师在北京去世。从查出疾病，到去世，只有半年多的时间。此前，我想，当我这本书出版的时候，一定要老师给我写个序，哪怕是严厉批评也行。此刻，想到这个，心中只有深深的隐痛。

老实说，我觉得老师对我这篇博士论文是不满意的。他曾经希望我做"唐诗与唐代民族关系研究"这个题目，但是，我做了两年的相关准备，最后发现凭我的能力真是无法完成。后来，我本科同学、博士研究生时已进入博士生导师组的胡传志教授，建议我做《唐诗与〈庄子〉》，这才做成这个样子。老师大概也觉得再逼我也没什么结果，也就默认这个样子了。

之所以没有把《唐诗与〈庄子〉》拿来出版，而是抽出白居易和李白这两部分，是以下两个原因：第一，写白居易这一部分文字太多，近十万字，与写唐代其他诗人部分分量不大协调;第二,《唐诗与〈庄子〉》中,也还有一些重要的章节没有写出。比如中晚唐诗僧与《庄子》,就是很值得关注的,但我一直没有时间来补写这些章节。老师去世了,缺少管教的我,更是心力懒散倦怠,不知何时才能补写完,在等了五年之后,自己对自己都不抱希望,索性先把白居易部分出版了,并附上李白部分作为对比研究。

《唐诗与〈庄子〉》中,包括白居易和李白的,都公开发表过一些,好像还有关于陈子昂的,关于初唐其他诗人包括唐太宗、唐玄宗的一些章节。时间久了,老师没了,我也懒得去查对了。

该课题还得到上海市教委的支持,是"上海市教育委员会科研创新项目"论文,项目编号:09ZS209。这一点在此前公开发表的论文里,都注明了。在此再次表示感谢。这是我唯一在学校要求下申报的拿政府资助的项目。

复旦大学的骆玉明教授,全程关注并指点了我的论文写作,事实上,这么多年来,他对我的指导早已超越一两篇论文,他给了我很多人生的教导。陈尚君老师作为"上海市教育委员会科研创新项目"的评审专家,在论文申报阶段就给予我很好的指点。

要感谢的人很多,我的同门师兄弟方锡球教授、郭自虎教授、徐礼节教授、莫山洪教授,他们的才华、勤勉和成就,虽然时时让我自卑,但更多的还是自励和鞭策,在我读博和论文写作期间,他们给我的指点和友谊,更让我感动。我有时想,人生的路上如果没有他们的陪伴和鼓励,我不知道会是什么样子。

还有邹春秀副教授、陈光锐副教授,他们本来应该喊我师伯,后来与我一起读博,成了师妹师弟,邹春秀因为比我早毕业，甚至扬言要做我师姐，让我充分认识到有志不在年高，无志空活百岁。光锐则永远都是憨厚朴诚的样子，每次见到他，就觉得古风犹存。在读博期间，他们给了我很多鼓励和切实的帮助，甚至填写各类表格这些烦难的事情，他们都帮我做了很多。

很多大学时的同学，在我芜湖读博期间，给我解决一些研究和生活中的困难，请我吃饭，陪我散步，跟我闲聊并给我鼓励，让我度过很多寂寞时光，这里就不一一列举了。

还有，我太太每次看完我书的后记都要说一句：你每次感谢那么多人，咋就不感谢一下我呢？这次记住了，必须感谢一下她。

但是，我如何能轻松说出感谢我的余恕诚老师？我虽然冥顽不化，余老师还是改变了我，使我知道仰望高山，景仰圣贤，虽不能至，然心向往之。

鲍鹏山<br>2016年8月5日于浦东偏安斋

图书在版编目(CIP)数据

白居易与《庄子》/鲍鹏山著. —上海:复旦大学出版社,2017.1(2020.4 重印)
(复旦文库)
ISBN 978-7-309-12511-5

Ⅰ.白… Ⅱ.鲍… Ⅲ.①白居易(772—846)-人物研究②《庄子》-研究
Ⅳ.①K825.6②B223.55

中国版本图书馆 CIP 数据核字(2016)第 197527 号

白居易与《庄子》
鲍鹏山 著
责任编辑/宋文涛

复旦大学出版社有限公司出版发行
上海市国权路 579 号 邮编:200433
网址: fupnet@fudanpress.com    http://www.fudanpress.com
门市零售: 86-21-65642857    团体订购: 86-21-65118853
外埠邮购: 86-21-65109143
浙江新华数码印务有限公司

开本 890×1240  1/32  印张 8.25  字数 169 千
2020 年 4 月第 1 版第 2 次印刷

ISBN 978-7-309-12511-5/K·585
定价:32.00 元

如有印装质量问题,请向复旦大学出版社有限公司发行部调换。
版权所有    侵权必究